»Richtig wandern«

Sardinien

Fremde Kulturen kennenlernen und gastfreundlichen Menschen begegnen – wie sehr genießen wir das auf Reisen. Zu Hause bei uns jedoch wird mancher Ausländer von einer kleinen Minderheit beschimpft, bedroht und sogar mißhandelt. Alle, die in fremden Ländern Gastrecht genossen haben, tragen hier besondere Verantwortung. Deshalb: Lassen Sie es nicht zu, daß Ausländer diffamiert und angegriffen werden. Lassen Sie uns gemeinsam für die Würde des Menschen einstehen.

Verlagsleitung und Mitarbeiter des DuMont Buchverlages

In der vorderen Umschlagklappe: Übersichtskarte Sardinien

In der hinteren Umschlagklappe: in den Karten verwendete Symbole

»Richtig wandern«

Sardinien

Andreas Stieglitz

DuMont Buchverlag Köln

Umschlagvorderseite: die Westküste bei Nebida
Seite 1: Launèddas-Spieler
Frontispiz: Trachten aus Orune
Umschlagrückseite, innen: das Tal des Tirso im Goceano

Über den Autor: Andreas Stieglitz, 1961 in Kassel geboren, studierte Geographie und Germanistik. Seit einigen Jahren ist er als Reisejournalist tätig.

Die Deutsche Bibliothek – CIP-Einheitsaufnahme

Stieglitz, Andreas:
Sardinien / Andreas Stieglitz. – Köln : DuMont, 1993
(Richtig wandern)
ISBN 3–7701–2834–6

© 1993 DuMont Buchverlag, Köln
Alle Rechte vorbehalten
Satz und Druck: Rasch, Bramsche
Buchbinderische Verarbeitung: Bramscher Buchbinder Betriebe

Printed in Germany   ISBN 3-7701-2834-6

Inhalt

Der ›kleine Kontinent‹ am Rande Europas

Wandern auf Sardinien

Inhalt

Inhalt

Der kleine Kontinent
am Rande Europas

Land und Leute

Unter allen Inseln des Mittelmeeres ist Sardinien vielleicht die rätselhafteste. Erst zu Beginn dieses Jahrhunderts wurde die ›vergessene Insel‹ von den Reisenden entdeckt. Beeindruckt von einer archaischen Kultur und einem fremdartigen, zuweilen abweisend-öden Land, beschrieb D. H. Lawrence 1921 in ›Sea and Sardinia‹ das Gefühl des Urtümlichen und Zeitlosen, das die Besucher Sardiniens bis heute ergreift: »Nun war kein Leben in Sicht, nicht einmal ein Schiff auf dem blaßblauen Meer... Felsgestein tritt zutage. Es war ein wildes, dunkel-buschiges Land, dem Himmel ausgesetzt, dem Meer und der Sonne überlassen.« Während Italien unsere Vorstellung einer klassischen Kulturlandschaft geformt hat, wird das Antlitz Sardiniens bis heute von einer viel älteren, vorgeschichtlichen Kultur geprägt. Die vielen tausend Nuraghen zeugen davon, und auch das oft karge, felsige Land scheint in eine ferne Vorzeit zu verweisen.

Jahrtausende der Menschheitsgeschichte sind an der Insel vorbeigezogen, scheinbar ohne sie in ihrem Wesen verändert zu haben. Irgendwo zwischen

Mauern überziehen zur Einfriedung von Feldern und Weiden die Landschaft

Europa und Afrika gelegen, befand sich Sardinien in geschichtlicher Zeit stets am Rande der abendländischen Kulturen. Die Insel wurde von fernen Herrschern regiert, doch gelang es ihnen nie, von ihr wirklich Besitz zu ergreifen. Der *genius loci* konnte sich auch – und gerade in den Zeiten der Fremdherrschaft – erhalten; langanhaltende Isolation hat bis in unser Jahrhundert hinein archaische Traditionen am Leben erhalten.

Einige Fakten und Zahlen: Sardinien (ital. *Sardegna*, sard. *Sardinnia*) gehört politisch zu Italien und hat seit 1948 den Status einer Autonomen Region. Angesichts ihrer Größe und landschaftlichen Vielfalt wird die Insel oft auch als ›kleiner Kontinent‹ bezeichnet. Mit einer Fläche von 23 813 km² ist Sardinien nur geringfügig kleiner als Sizilien, die größte Insel im Mittelmeer. Zwischen der Punta del Falcone im äußersten Norden und der Südspitze am Capo Teulada sind es 271 km, bei einer maximalen West-Ost-Erstreckung von 143 km. Einschließlich der kleinen, vorgelagerten Inseln erreicht Sardinien eine Küstenlänge von 1843 km. Der Umriß gleicht einem leicht eingebuchteten Rechteck, dessen entfernte Ähnlichkeit mit einem Fußabdruck die griechischen Schriftsteller der Antike zu der Bezeichnung *ichnousa* (›Sohle‹) oder *sandaliotis* (›Sandale‹) veranlaßt hat. Der Ursprung des Namens Sardinien liegt indes im dunkeln. Vielleicht stammt er von den Sardana, einem Seevolk, das von Ramses II. im 12. Jh. v. Chr. besiegt wurde. Ob die Sardana allerdings je auf Sardinien seßhaft waren, ist ungewiß.

Das zentral im westlichen Mittelmeer gelegene Sardinien ist von seiner Nachbarinsel Korsika durch die nur 12 km breite Meerenge von Bonifacio getrennt, doch bestand nie viel Kontakt zwischen beiden Inseln. Nur 175 km sind es zur afrikanischen Küste, 200 km zum europäischen Kontinent. Damit ist Sardinien weiter vom Festland entfernt als jede andere Mittelmeerinsel.

Als ein Volk von Hirten und Bauern lebten die Sarden bis vor kurzem eher meerabgewandt, Fischfang und Handelsschiffahrt waren unbedeutend. Es fehlten geschützte Naturhäfen, und überdies waren die Küstenebenen bis in dieses Jahrhundert als malariaverseuchte Fiebergründe gefürchtet. Erst der in den sechziger Jahren einsetzende Badetourismus hat eine Umkehr gebracht und den Blick auf die Küsten gelenkt.

Sardinien ist eine Insel der Steine und Felsen. In blaßblauen Schattierungen zeichnen sich schier endlos gestaffelte Gebirgsketten in dunstiger Ferne ab. Gezackte Granitkämme, zerschnittene Schiefergebirge und schroffe Karstmassive mit tiefen Felsschluchten wechseln einander ab. Majestätische Tafelberge und kühne Vulkankegel erheben sich aus weiten, afrikanisch anmutenden Ebenen. Wind und Wetter haben phantastisch geformte Granitfelsen geschaffen. Weitverzweigte Tropfsteinhöhlen erstrecken sich im Innern der Kalksteingebirge, reiche Erzadern durchdringen kahles paläozoisches Bergland. Und nicht zu vergessen, das Werk der Menschen: Unzählige Mauern, aus den so überreich vorhandenen Steinen geschichtet, überziehen zur Einfriedung von Feldern und Weiden die herbe Landschaft.

Etwa die Hälfte der Insel wird von Bergland eingenommen. Es besteht aus einem Gewirr von Hochflächen, Bergketten und Kuppen, das in den Monti

Fast ein Viertel der Sarden lebt in und um Cagliari

del Gennargentu kulminiert (Punta La Marmora, 1834 m). Das verhältnis-
mäßig flache Relief Sardiniens mit Verebnungsflächen in unterschiedlichen
Höhenlagen und wenig ausgeprägten Berggipfeln bietet oftmals das Bild einer
Mittelgebirgslandschaft. In diesen weiten Gebirgsräumen herrscht bis heute

Häufige Flur- und Landschaftsnamen Sardisch–Deutsch

In diesem Verzeichnis werden vorwiegend die gebräuchlichsten logudoresischen Ausdrücke (l.) angegeben, von denen sich die unterschiedlichen dialektalen Varianten (Campidanesisch = c.) noch am leichtesten ableiten lassen. In vielen Dialekten fallen einzelne Buchstaben und Silben aus oder sind vertauscht. Beispielsweise heißt ›Rabe‹ *kórvu* l., *króbu* c.; daneben gibt es aber auch *kórbu*, *kólbu* usw. Für ›Fluß‹ kennen schon die beiden Hauptdialekte des Sardischen eine Vielzahl von Varianten wie *flumen* l., *fiumen* l., *flumene* l., *frumini* c., *flumini* c. – Wörter ohne Verweis sind nicht auf einen Dialekt beschränkt.

abba l.	Wasser	koddu	kleiner Hügel
arku	Paß, Sattel	kódula	Felsgestein, Felsschlucht
atta l.	steiler Gipfel, Grat	kònka	Kopf, Gipfel; Höhlung
azza c.	siehe atta	kòsta	Bergflanke
badde l.	Tal	krastu l.	Stein, Felsspitze
baku	Schlucht, Einschnitt	kúkkuru	Gipfel, Hügel
barraka	Hütte	kuíle l.	Schafstall
badu	Furt	mèsa	kleine Ebene
bèna l.	Quelle, Rinnsal	mizza	Quelle
béntu l.	Wind	nurra	Loch
binza l.	Weinberg	ospìle l.	Kälberpferch
bòe l.	Ochse	padènte	Wald
brunku l.	Hügelkuppe	pàdru l.	Wiese
funtana	Quelle	paúle l.	Sumpf
garróppu c.	Wasserstrudel	pèdra	Stein
gènna	Paß, Sattel	pranu	Ebene
golléi	kleine Basaltebene	sàltu l.	Ödland, Weideland
gùtturu	Schlucht	skala	steiler Pfad
istrampu l.	Steilhang	spéndula c.	Wasserfall
janna	siehe gènna	takku	Kalksteinturm
kampu	Ebene	tanka	umfriedetes Privatland
kàntaru l.	gefaßte Quelle	tónneri	Kalksteintafel
kapra	Ziege	ukka l.	Höhle, Paß

die Weidewirtschaft vor. Tiefebenen, die traditionellen Agrarräume der Insel, nehmen auf Sardinien nur rund zwanzig Prozent der Oberfläche ein. Am größten ist der Campidano, eine rund 100 km lange und etwa 15 km breite Ebene zwischen dem Golf von Cagliari und dem Golf von Oristano.

Außer dem Lago di Baratz gibt es auf Sardinien keine natürlichen Seen, dafür aber etwa 80 kleinere, brackige Strandseen *(stagni)*. Die Wasserführung der Flüsse wird von der im Jahresverlauf sehr unregelmäßigen Verteilung der Niederschläge bestimmt. Die größten Flüsse Sardiniens, der Tirso (159 km), der Coghinas (123 km) und die Flumendosa (122 km), führen ganzjährig Wasser, während Bäche im Sommer austrocknen. Größter der zahlreichen Stauseen ist der in den Jahren 1918 bis 1924 geschaffene Lago Omodeo am Mittellauf des Tirso (21 km² Wasseroberfläche).

Mit einer Bevölkerungszahl von nur 1,6 Millionen ist Sardinien die am dünnsten besiedelte Region Italiens. Fast ein Viertel der Bevölkerung wohnt im Großraum Cagliari, wo sich Industrie, Handel und Gewerbe konzentrieren. Die geschäftige Hauptstadt Cagliari hat 240.000 Einwohner. Zweitgrößte Stadt mit 120.000 Einwohnern ist Sassari im Norden der Insel. Die restliche Bevölkerung lebt überwiegend in Dörfern und einigen Kleinstädten; Einzelgehöfte und Streusiedlungen sind die Ausnahme.

Traditionell wurde beim Hausbau das örtliche Gestein verwandt, Granit etwa in Tempio, Trachyt in Bosa, Lehmziegel in den Schwemmlandebenen, vor allem im Campidano. Heute beherrschen jedoch eher triste Neubauten aus Hohlblocksteinen und Beton die meisten Ortsbilder. Und dennoch haben diese ländlichen Städtchen und Dörfer ihre ganz eigene, unvergleichliche Atmosphäre. Eine typisch sardische Dorfszene: schlichte Fassaden, schattige Gassen. Auf den Bänken an der *piazza* sitzen die Alten und diskutieren. Gelegentlich unterbricht ein knatterndes Dreirad die Stille, dann kehrt wieder Ruhe ein. Ein Hund trottet heran, kennt seinen Weg. Der blaue Überlandbus hält, modisch gekleidete Jugendliche steigen aus, scherzen miteinander, verstreuen sich. Glockengeläut ruft zur Messe, schwarz gekleidete Frauen verschwinden in der schmalen Seitentür der Kirche. Wieder kehrt Ruhe ein. Und die Alten sitzen auf ihren Bänken und diskutieren...

Ein geologischer Überblick

Zusammen mit der Nachbarinsel Korsika bildete Sardinien ursprünglich ein Randgebiet des europäischen Urkontinentes. Der sardisch-korsische Festlandsblock (die sogenannte Tyrrhenische Landmasse) wurde erst im Tertiär von der europäischen Platte abgespalten und in seine heutige Position verschoben. Im Unterschied zum erdgeschichtlich jungen italienischen Festland begann die Entstehung Sardiniens und Korsikas bereits vor über einer halben Milliarde Jahren – ein selbst in geologischen Dimensionen beachtlicher Zeitraum. Beim Wandern auf der Insel können wir daher eine kleine Reise durch die Erdgeschichte unternehmen.

Paläozoikum (Erdaltertum; vor 570 bis 225 Millionen Jahren)

Fast dreiviertel der Oberfläche Sardiniens besteht aus Gesteinen des Paläozoikums. Die ältesten Gesteine stammen aus dem **Kambrium**. In dieser Zeit wurden an einer seichten Meeresstelle teils tonige, teils sandig-kalkige Sedi-

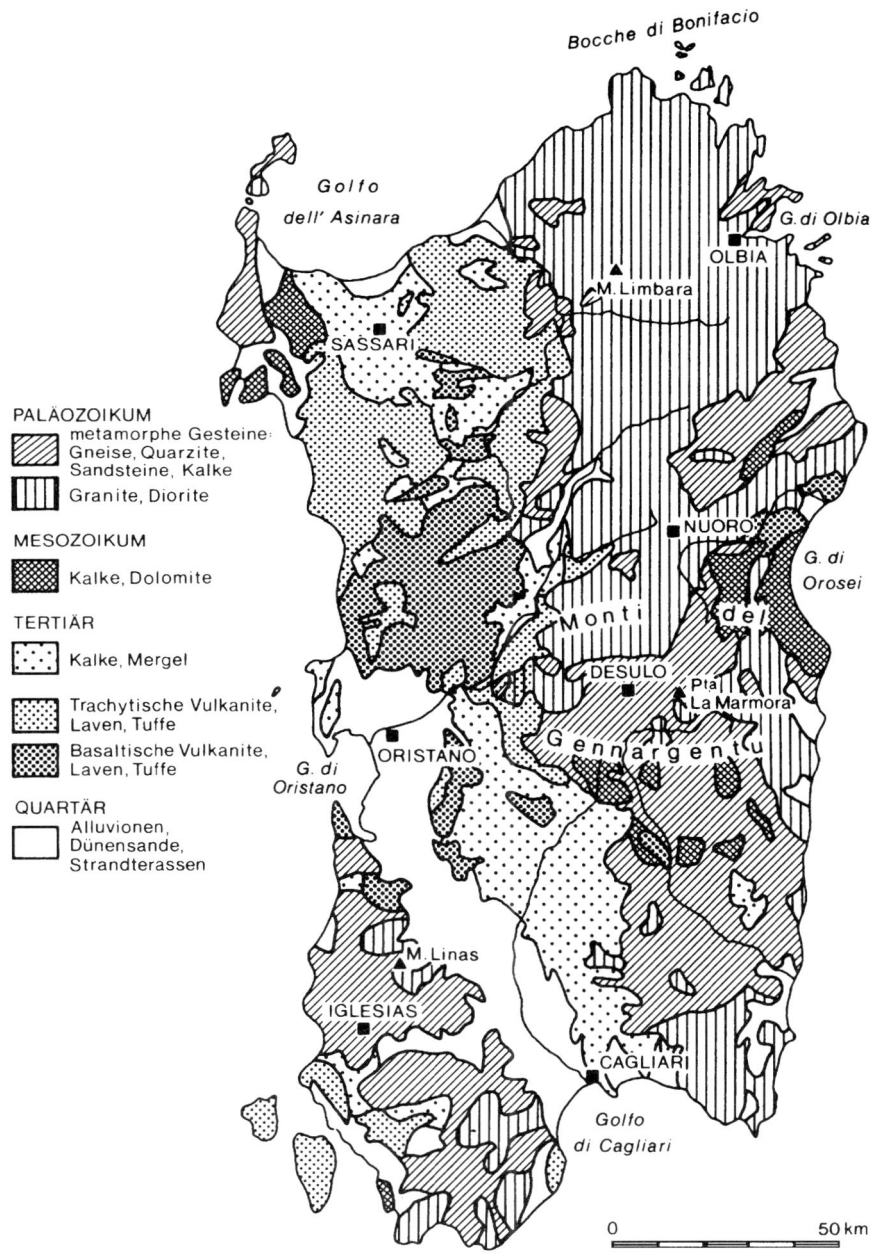

Geologische Übersichtskarte

mente abgelagert, deren Alter aufgrund von Fossilien bestimmt werden kann. Im Iglesiente und im Sulcis erreichen kambrische Schichten noch heute örtlich eine Gesamtmächtigkeit bis 2000 m, im Sarrabus und im Gerrei rund 500 m. Sie wurden im ausgehenden Kambrium und **Ordovizium** während einer ersten Phase der Gebirgsbildung über den Meeresspiegel angehoben und gefaltet. Im **Silur** und **Devon** überflutete das Meer die junge Landoberfläche und lagerte vorwiegend tonige Sedimente ab. Wir sehen sie heute als Schwarzschiefer vor allem im Gerrei, der südlichen Barbagia und dem östlichen Iglesiente.

Im **Devon** setzte eine neue Phase der Gebirgsbildung ein, die im **Karbon** ihren Höhepunkt erreichte und bis ins **Perm** andauerte. Glutflüssige Gesteinsschmelze konnte in die Erdkruste eindringen, wo das erstarrende Magma einen mächtigen, vorwiegend aus Graniten aufgebauten Tiefengesteinskörper entstehen ließ. Dieser sogenannte sardischkorsische Batholith bildet heute das Fundament der beiden Inseln. Alle bisherigen Ge-

Übersicht der geologischen Erdzeitalter

(Beginn vor Millionen Jahren)

Känozoikum (Erdneuzeit; seit 65 Millionen Jahren)

Quartär		1,8
Holozän		0,01
Pleistozän		1,8
Tertiär		65
Pliozän	⎱ Jungtertiär	5
Miozän	⎰	22,5
Oligozän	⎱	37,5
Eozän	⎰ Alttertiär	53,5
Paleozän		65

Mesozoikum (Erdmittelalter; 65 – 225 Millionen Jahre)

Kreide	135
Jura	190
Malm	
Dogger	
Lias	
Trias	225
Keuper	
Muschelkalk	
Buntsandstein	

Paläozoikum (Erdaltertum; 225 – 570 Millionen Jahre)

Perm	280
Karbon	345
Devon	395
Silur	435
Ordovizium	500
Kambrium	570

steinsschichten wurden dabei unter Druck und Hitze gefaltet, teilweise in kristalline Schiefer umgewandelt und über den Meeresspiegel angehoben. Es entstand ein Faltengebirge aus Gneisen, Phylliten und Glimmerschiefern. Wo diese Gesteinsschichten in späteren Erdzeitaltern abgetragen wurden, treten die einst unter ihnen verborgenen Granite heute weitflächig zutage. Granitlandschaften sind vor allem in Ostsardinien verbreitet, so in der Gallura, der nördlichen Barbagia und dem Sarrabus.

Mesozoikum (Erdmittelalter; vor 225 bis 65 Millionen Jahren)

Nach den gewaltigen Umwälzungen des Paläozoikums stellte sich auf Sardinien im Mesozoikum eine Zeit relativer Ruhe ein. Infolge sanfter Senkungen und Hebungen der Landmasse überflutete ein Flachmeer wiederholt große Gebietsteile. Während einer über Jahrmillionen andauernden Meeresbedeckung lagerten sich auf der untergegangenen Landoberfläche viele hundert Meter mächtige Flachwassersedimente aus Kalken und Dolomiten ab. Diese vorwiegend der **Jura-** und **Kreidezeit** entstammenden Gesteinsschichten wurden nach dem Rückzug des Meeres im Tertiär weitgehend abgetragen. Heute sind nur noch kleine Restvorkommen aufzufinden, etwa am Golf von Orosei (Supramonte), in der südlichen Barbagia, im Sarcidano und in der Nurra. In diesen mesozoischen Kalkstein- und Dolomitgebirgen liegen die meisten der berühmten Tropfsteinhöhlen Sardiniens.

Känozoikum (Erdneuzeit; seit 65 Millionen Jahren)

Bereits in der Kreidezeit setzte mit der weltweiten Kontinentalverschiebung eine neue Phase der Gebirgsbildung ein, die im **Tertiär** ihren Höhepunkt erreichte. Im Kollisionsbereich der Platten wurden große Gebirgsketten aufgefaltet. Die Alpen und der Apennin entstanden infolge des Zusammenstoßes der apulischen mit der europäischen Platte. Andernorts führte die Plattentektonik auch zu Zerrungen und schließlich einem Auseinanderreißen von Kontinenten. Europa und Afrika wurden von Amerika getrennt, und der Atlantische Ozean begann sich auszubilden. Der sardisch-korsische Festlandsblock wurde von der europäischen Platte abgespalten, gegen den Uhrzeigersinn gedreht und aus seiner ursprünglichen Position im Golfe du Lion in seine heutige Lage verschoben.

Diese Kontinentalverschiebung en miniature verlief alles andere als reibungslos. Zwar stand der Insel auf ihrer Drift keine Platte im Wege, wodurch es nicht zur Auffaltung alpiner Gebirge kam. Sardinien wurde jedoch kräftig gezerrt und gedehnt. Die Erdkruste zerbrach dabei in einzelne Schollen, die später angehoben wurden oder abgesunken sind. Quer durch die Insel, vom Golf von Cagliari im Süden bis zum Golf von Asinara im Norden, begann im Eozän ein gewaltiger Graben einzubrechen, der genetisch mit dem Rhone- und Rheingraben verwandt ist. Längs dieser zentralen Einbruchszone schlossen sich drei große Hebungsgebiete an: das mächtige ostsardische Gebirge (es erstreckt sich von der Gallura im Nordosten bis zum Sarrabus im Südosten), das Bergmassiv des Iglesiente im Südwesten und das Argentiera-Bergland im Nordwesten.

Vom **Oligozän** bis zum **mittleren Miozän** kam es infolge der bruchtektonischen Beanspruchung der Insel zu heftigem Vulkanismus. Entlang zahlreicher Spalten und Risse in der Erdkruste konnte Magma bis zur Erdoberfläche aufsteigen. Ungeheure Mengen saurer und daher dünnflüssiger Laven, vor al-

In der Barbagia bei Dorgali

lem Trachyt, trachytische Tuffe und Andesit, ergossen sich weiträumig über die Westhälfte Sardiniens. Während Andesit häufig kuppelförmig in Erscheinung tritt (etwa im Burgberg von Acquafredda), bildeten Trachyte und Tuffe sich wechselweise überlagernde, bis 1000 m mächtige Decken. Sie treten heute weitflächig verbreitet in der Anglona, im Bergland zwischen Bosa und Alghero sowie gebietsweise im Sulcis und auf den Inseln San Pietro und Sant'Antioco auf. Auch im Untergrund des Logudoro, des Altopiano della Campeda und weiterer Bereiche des zentralsardischen Grabens liegen Lava- und Tuffdecken, doch sind diese Landschaften mit jüngeren Sedimenten und Vulkaniten bedeckt. Im Gegensatz zu diesen flachen Deckenergüssen, die durch die dünnflüssige Konsistenz der sauren Laven begünstigt wurden, entstanden auf Sardinien keine typischen Vulkankegel. Selbst der Monte Ferru besitzt als größter Inselvulkan eine nur wenig charakteristische Aufbauform.

Im **Miozän** konnte das Meer immer weiter in die absinkende Grabenzone eindringen; während der Zeit der Meeresbedeckung wurden bis 800 m mächtige, vorwiegend kalkig-mergelige Sedimente abgelagert. Die Grabenfüllung

aus Sedimenten und Vulkaniten wurde seit dem **Pliozän** wieder gebietsweise angehoben. Die zentralsardische Grabenzone erscheint daher heute im Landschaftsbild nicht mehr als einheitlicher Graben mit erkennbarem Gesamtverlauf, sondern besteht vielmehr aus Verebnungen in unterschiedlicher Höhenlage: In ihrem südlichen Abschnitt kam es zu einer weiteren Absenkung, die zur Entstehung der heutigen weiten Tiefebene des Campidano führte. Der mittlere und nördliche Bereich der Grabenzone wurde hingegen angehoben. So kommt es, daß wir die hier abgelagerten marinen Sedimente heute bis 700 m über dem Meeresspiegel vorfinden.

Im **Mittel- und Jungpliozän**, während einer zweiten, weitaus schwächeren vulkanischen Phase, überfluteten basaltische Laven den mittleren Teil Westsardiniens. Als geringmächtige Deckenbasalte überkleiden sie hier viele Hochebenen, so den Altopiano di Abbasanta und den Altopiano della Campeda. In der Marmilla und im Hinterland des Golfs von Orosei sehen wir die pliozänen Vulkanite heute als kleine Basalttafelberge.

Die jüngste erdgeschichtliche Epoche, das **Pleistozän** (Eiszeitalter), hat die Insel kaum geprägt, denn im Gegensatz zur Nachbarinsel Korsika blieb Sardinien unvergletschert. Im Meilogu-Logudoro brachen kleine Vulkane aus, deren Schlackenkegel bis heute fast unverändert erhalten sind.

Verkarstung

Unter den klimatischen Bedingungen des Mitteltertiärs wurden die Kalk-
stein- und Dolomitmassive Sardiniens, unter ihnen der Supramonte, der
Monte Albo und die Nurra, durch vielfältige Formen der Lösungsverwitterung entscheidend überprägt.

›Karst‹ ist eigentlich der Name des östlich von Triest gelegenen Berglandes.
Verallgemeinernd bezeichnet er Gebirge, für die die Lösungsverwitterung in
Kalkstein und Dolomit kennzeichnend ist. Diese Gesteine sind wasserdurch-
lässig und unter bestimmten Bedingungen wasserlöslich, so daß sie allmählich durch das Regenwasser aufgelöst und mit dem abfließenden Wasser weg-
geschwemmt werden können. An der Gesteinsoberfläche entstehen dabei
zunächst rillen- und lochförmige Vertiefungen, sogenannte **Karren** (s. Abb
S. 109). Das Regenwasser dringt außerdem durch Klüfte in das Gestein ein,
die es durch die Lösungstätigkeit zu Hohlräumen erweitert, welche schließlich zu einem weitverzweigten Höhlensystem zusammenwachsen. Das Gebirge wird gleichsam durchlöchert und von innen her aufgelöst, bleibt aber
äußerlich weitgehend bestehen.

Schematische Darstellung einer Karstlandschaft

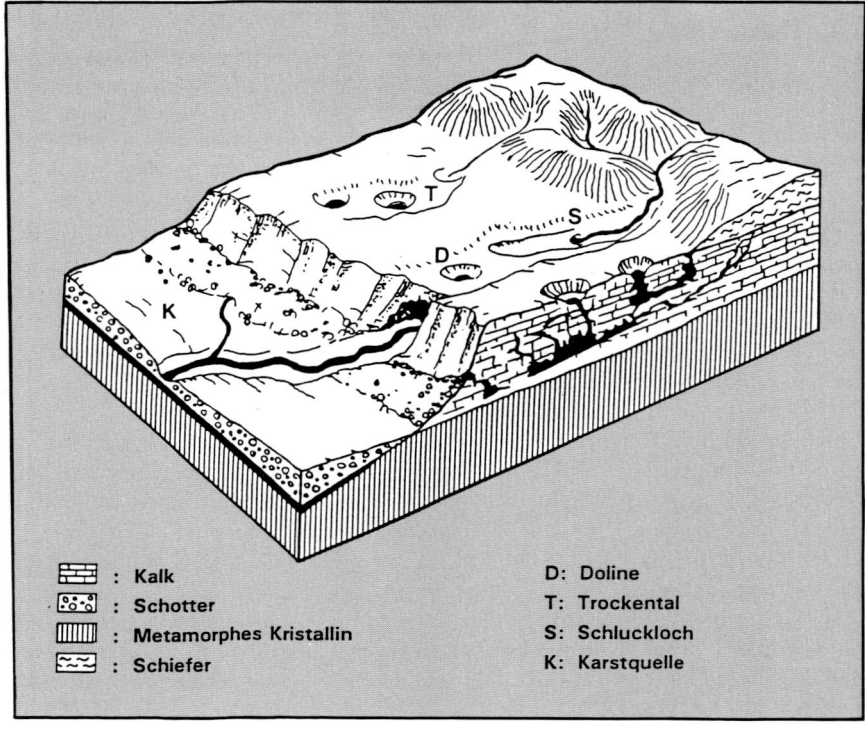

▦ : **Kalk**	**D: Doline**
⬚ : **Schotter**	**T: Trockental**
▥ : **Metamorphes Kristallin**	**S: Schluckloch**
⌇ : **Schiefer**	**K: Karstquelle**

Ist dieses Stadium der Verkarstung einmal erreicht, tritt die Oberflächen-
formung durch Abtragung hinter der unterirdischen Lösungsverwitterung
zurück. Die Folge sind wasserlose Hochebenen mit Trockentälern, denn das
Regenwasser fließt nun kaum noch an der Oberfläche ab. Der größte Teil des
Wassers entschwindet sogleich durch **Schlucklöcher** oder **Karstschlünde**
(sard. *nurra* oder *distérru*) in ein weitverzweigtes Höhlensystem, um als
Karstwasser unterirdisch durch das Gebirge zu strömen. Die Höhlenausgänge
öffnen sich in den Tälern und an den Rändern des Karstgebirges, zum Beispiel
am Golf von Orosei. Falls das Höhlensystem Wasser führt, treten an seinen
Ausgängen starke **Karstquellen** zutage (z.B. Sorgente de su Gologone).

Das durch die Karsthöhlen strömende Wasser kann nicht unbegrenzt Kalk
lösen; vielmehr wird bei Überschreitung eines temperaturabhängigen Sätti-
gungswertes ein Teil des gelösten Kalks wieder ausgeschieden. Das Wechselspiel von Gesteinslösung und -bildung läßt in den Karsthöhlen phantastisch
geformte **Stalaktiten** und **Stalagmiten** entstehen. Solche Höhlen werden daher gewöhnlich als **Tropfsteinhöhlen** bezeichnet.

Verwitterungsformen in Granitlandschaften

Auf der Osthälfte Sardiniens sind granitische Gesteine weitverbreitet. Ihre
vielfältigen, geradezu phantastischen Verwitterungsformen tragen zum besonderen Reiz typischer Granitlandschaften wie der Gallura und dem Sarrabus bei. Die Verwitterung folgt dem im Kristallgefüge des Granits bereits angelegten regelmäßigen Kluftnetz. Aus den Klüften wird das verwitternde Gestein nach und nach in Form von sandig-körnigem Granitgrus ausgespült. Es
bleiben grobe, abgerundete Blöcke übrig, die aufgrund ihrer charakteristischen Form auch als ›Wollsäcke‹ bezeichnet werden. Falls die Verwitterung
anhält und immer mehr Feinmaterial abgespült wird, werden die zunächst
noch im Boden verborgenen ›Wollsäcke‹ schließlich als Felsblöcke freigelegt.
An der Erdoberfläche setzt ein veränderter Verwitterungsvorgang ein, der zur
Entstehung jenes bizarren Formenschatzes führt, für den insbesondere die
wie von Künstlerhand modellierten, bisweilen an moderne Skulpturen erin-
nernden Granitfelsen der Gallura berühmt sind.

Zu den Verwitterungsformen gehören auch Aushöhlungen von Fels-
blöcken, die seit den Forschungen des deutschen Geographen Albrecht Penck
nach dem korsischen Wort für Fenster *(tafone)* als **Tafoni** bezeichnet werden.
Diese Verwitterungshöhlen können an allen Stellen des Felsens – bevorzugt
auf der windabgewandten Seite – entstehen und erweitern sich bei ausreichender Luftfeuchtigkeit schräg nach oben in das Gestein hinein. Durch die
Entstehung mehrerer Tafoni kann sich eine wabenartige Oberfläche ausbilden; manchmal werden die Felsen auch völlig von Tafoni durchlöchert. In der
Gallura heißen die Verwitterungshöhlen *kònki* (*kònka* = ›Mulde‹); anderswo
auf Sardinien werden tafonierte Felsblöcke als *perdas pertuntas* (›durch-
löcherte Steine‹) bezeichnet.

Der ›Bär‹ bei Palau

Granitverwitterung

Häufig bilden sich bizarre pilzförmige Felsen aus, zu denen der sogenannte ›Pilz‹ *(fungo)* in Arzachena und der ›Bär‹ *(orso)* am Capo d'Orso östlich von Palau gehören. Dieser Granitmonolith ist von der Fähre aus, die Palau mit La Maddalena verbindet, gut zu erkennen. Traditionell werden Tafoni von den Hirten als natürliche Unterstände genutzt, die Schutz vor Sonne und Regen bieten; nicht selten sind sie durch Mäuerchen unterbaut. Tafoni kommen auch in anderen Gesteinen wie zum Beispiel Trachyt vor, sind jedoch am häufigsten im Granit entwickelt.

Die stark zerklüfteten Gipfelregionen von Granitgebirgen werden von monolithischen **Glocken-** und **Schildbergen** gekrönt, an denen die Verwitterung nur langsam durch ein schalenförmiges Abplatzen der Gesteinsrinde voranschreitet. Die auffälligen gezackten Kammlinien bestehen aus einer besonders widerständigen, mittel- bis feinkörnigen Granitvarietät. In den grobkörnigen Granitgebieten konnten sich hingegen durch die relativ leichte Abtragung intramontane Becken ausbilden, die mit Ansammlungen von gerundeten Granitblöcken, sogenannten **Felsburgen**, übersät sind.

Klima

Das Klima Sardiniens entspricht mit trockenheißen Sommern, regnerischen Übergangsjahreszeiten und kühlen Wintern den typisch mediterranen Verhältnissen. Während in den Tiefländern nur selten Frost auftritt, sind Höhenlagen ab etwa 900 m im Winter mit Schnee bedeckt. So liegen die mittleren Januartemperaturen in den Bergländern der Barbagia und Gallura nur um 4 °C, an der Küste und in den Tiefebenen (z.B. Campidano) hingegen betragen sie immerhin noch 10 °C. Im Juli und August steigt das Thermometer unter dem Einfluß eines stabilen mediterranen Hochdruckgebietes tagsüber auf über 40 °C.

Die durchschnittlichen Jahresniederschläge liegen mit 500 mm im südlichen Campidano am niedrigsten, während sie in Höhenlagen oberhalb von 900 m Werte bis über 1000 mm erreichen. Eine Besonderheit des sardischen Klimas stellen die starken, oft stürmischen Winde dar. Nur an durchschnittlich 25 Tagen im Jahr herrscht völlige Windstille. Etwa die Hälfte aller Tage weht der *maestrale*. Dieser Nordwestwind aus dem Rhonetal kann vor allem im Winter Sturmstärke erreichen. Er regnet sich an den Westhängen der Gebirge als Steigungsregen ab und erreicht als trockener Fallwind den Süden der Insel. In exponierten Gegenden, vor allem den Tiefebenen und Hochplateaus, neigen sich die Bäume unter dem Einfluß des *maestrale* nach Südosten und nehmen oft groteske Wuchsformen an.

Die Pflanzenwelt

»Wenn aber auch der Charakter verschiedener Weltgegenden von allen äußeren Erscheinungen zugleich abhängt, wenn Umriß der Gebirge, Physiognomie der Pflanzen und Tiere, wenn Himmelsbläue, Wolkengestalt und Durchsichtigkeit des Luftkreises den Totaleindruck bewirken, so ist doch nicht zu leugnen, daß das Hauptbestimmende dieses Eindrucks die Pflanzendecke ist.« Alexander von Humboldt, *Ansichten der Natur* (1808)

Wie fast überall im Mittelmeerraum ist auch auf Sardinien das natürliche Pflanzenkleid durch das Wirken des Menschen stark verändert. Nur an wenigen, entlegenen Standorten sind noch ungestörte Pflanzengesellschaften anzutreffen. Einst waren ausgedehnte Laubmischwälder verbreitet, die noch in der Mitte des 19. Jh. die weiten Bergländer der Insel bedeckten. Mit der einsetzenden Industrialisierung fielen riesige Waldgebiete einem verheerenden Kahlschlag zum Opfer. Das Holz der Steineichen wurde im Bergbau als Brennmaterial zur Verhüttung der Erze, aber auch beim Ausbau des Schienennetzes und zur Papierherstellung benötigt. 1863 wurden über 2000 km^2 Hochwald, insbesondere Flaum- und Steineichenbestände, durch staatliche Konzessionen zur Abholzung freigegeben; in dieser Zahl ist der normale Holzeinschlag und die Abholzung von Niederwäldern nicht einmal enthalten. Tatsächlich wurde bis 1910 die riesenhafte Fläche von 5860 km^2 Wald abgeholzt, rund ein Viertel der Gesamtfläche Sardiniens. Fast überall in den Bergen brannten zu jener Zeit die Kohlenmeiler, um die in großem Umfang benötigte Holzkohle zu erzeugen. Ihre runden Steinterrassen sind noch heute auf Wanderungen durch das Bergland allenthalben anzutreffen.

Auch die zahlreichen verheerenden Waldbrände, die meist von Hirten, Bodenspekulanten oder als Racheakt gelegt werden und seltener aus Fahrlässigkeit oder Selbstentzündung entstehen, tragen bis heute zur Zerstörung der Wälder bei. Jedes Jahr gehen durch Brandstiftung etwa 400 km^2 Macchie und Wald verloren. Gegenwärtig sind dank größerer Aufforstungen fünf Prozent der Insel mit Wald bedeckt.

Unter natürlichen Bedingungen herrschen in Lagen bis etwa 800 m, dem Bereich der mediterranen Höhenstufe, immergrüne Hartlaubgewächse mit der bestandsbildenden Steineiche *(Quercus ilex)* vor. Alte Steineichenwälder sind heute nurmehr vereinzelt und kleinräumig erhalten, während die aus Stockausschlägen hervorgegangenen Niederwälder verbreiteter sind. Größere geschlossene Steineichenbestände sind vor allem in den Bergländern des Iglesiente, Supramonte und Monte dei Sette Fratelli anzutreffen.

◁ Sardische Landschaft bei Brutta: Mauern, Pisanerkirche und vom *maestrale* gebeugte Korkeiche

Mastixstrauch *(Pistacia lentiscus)*

Gewöhnlicher Eukalyptus
(Eucalyptus globulus)

Korsische Nieswurz *(Helleborus)*   Französische Zistrose *(Cistus monspeliensis)*

    Auf sauren Böden, wie sie vor allem aus Granitgestein hervorgehen, wird die Steineiche durch die ebenfalls immergrüne Korkeiche *(Quercus suber)* verdrängt. Korkeichenwälder sind besonders in der Gallura weit verbreitet. Da die Stämme fast überall regelmäßig zur Korkgewinnung geschält werden, kann der eigentlich recht stattliche Baum nur selten seine ungestörte Wuchsform entwickeln. Es herrschen daher lichte, unterwuchsreiche Niederwälder vor, die als Weidegebiete dienen.

    In Höhenlagen über etwa 800 m ändern sich die klimatischen Gegebenheiten. Einer insgesamt besseren Wasserversorgung aufgrund höherer Nieder-

Erdbeerbaum *(Arbutus unedo)*

Weißer Affodill *(Asphodelus albus)*

Stechpalme *(Ilex aquifolium)*

schlagswerte steht eine durch die Wintermonate unterbrochene Vegetationsperiode gegenüber; Frost und Schnee sind keine Seltenheit. Auf dieser submediterranen Höhenstufe sind lichte, sommergrüne Laubwälder mit der bestandsbildenden Flaumeiche *(Quercus pubescens)* verbreitet, die gelegentlich auch durch die nahe verwandte Art *Quercus virgiliana* vertreten wird. Die Flaumeiche mutet vertraut an, da sie der mitteleuropäischen Traubeneiche sehr ähnlich sieht. In ihrem Unterwuchs gedeihen vielfältige Sträucher und Kräuter, unter ihnen die Großblättrige Pfingstrose *(Paeonia mascula)* und die endemische Korsische Nieswurz *(Helleborus lividus corsicus)*. Eine Besonderheit stellen die auf der Flaumeichenstufe örtlich verbreiteten Kastanienwälder dar. Ursprünglich auf Sardinien nicht heimisch, bildet die Edelkastanie *(Castanea sativa)* vor allem an den Hängen des Gennargentu ausgedehnte Bestände.

Nur in den Monti del Gennargentu befinden sich größere Gebiete in Höhenlagen über 1200 m. Der für diese Bergstufe oberhalb des Flaumeichengürtels typische Buchenwald fehlt aufgrund der sommerlichen Trockenheit. Auch die auf Korsika bis zur dortigen Baumgrenze waldbildende Schwarzkiefer *(Pinus nigra laricio)* kommt auf Sardinien nur vereinzelt und nicht in geschlossenen Beständen vor.

Als Reliktpflanzen aus einem früheren Erdzeitalter, dem wärmeren Tertiär, sind auf Sardinien die Eibe *(Taxus baccata)* und die Stechpalme *(Ilex aquifo-*

Botanische Namen Deutsch–Sardisch

l. = Logudoresisch, c. = Campidanesisch;
Wörter ohne Verweis sind nicht auf einen Dialekt beschränkt

Affodill	l. *prammuttu*, c. *kadillòni*
Baumheide	*skòva*, c. *tùvara*
Edelkastanie	l. *kastanza*, c. *kastangia*
Eibe	l. *tassu*, c. *longufresu, éni*
Erdbeerbaum	l. *olidòne*, c. *oliòni*
Flaumeiche	l. *kérku*, c. *orròli*
Gemeiner Oleander	l. *neulake*, c. *leonaxi*
Gemeiner Wacholder	*innìpiri, zinnìperi 'e monte*
Großblättrige Pfingstrose	l. *rosa peonia*, l. *franka di zirulia*, c. *peònika*
Korkeiche	l. *ortigiu*, c. *suérgiu*, c. *ortígu*
Korsische Nieswurz	*sibidiglia*
Lavendel	l. *spikku*, l. *ispigu*, c. *spigu*
Mastixstrauch	l. *kèssa*, c. *moddizzi*
Myrte	*murta*
Rosmarin	l. *romasinu*, c. *zíppiri*
Schwarzerle	l. *àlinu*
Stechpalme	l. *kolóstru*, l. *kolostrighe*, c. *arangiu burdu*
Stechwacholder	l. *nibaru*, l. *ghinìperu*, l. *innìbaru*, c. *zinnìperi eru*
Steineiche	l. *elighe*, c. *iligi*
Steinlinde	l. *aladéru*, l. *alidéru*, *arridelu*
Wilder Ölbaum	l. *ozzastu*, c. *ollastu*
Wolfsmilchgewächs	*lua*
Zistrose	c. *murdégu*
Zwergpalme	l. *palmittu*, c. *prammizzu*

lium) vertreten. Leider kann man beide Arten nur noch vereinzelt in den Bergwäldern antreffen, da die giftigen, alkaloidhaltigen Eiben von den Hirten seit jeher ausgerottet wurden, während die Stechpalmen trotz ihrer derb ledrigen, dornig bezähnten Blätter nicht von den Weidetieren verschont werden. Das Stechlaub wurde früher überdies zur Teezubereitung verwandt. Heute stehen beide Arten unter Naturschutz.

Seit Jahrtausenden werden die Laubmischwälder zur Schaffung von Kulturland und Weideflächen sowie durch übermäßigen Holzeinschlag zurückgedrängt. Neben Kulturpflanzen wie dem Ölbaum *(Olea europaea)* sind heute auf Sardinien unterschiedlich hohe Strauchformationen weit verbreitet. Fast immer handelt es sich um sekundäre Pflanzengesellschaften, die sich erst durch Brand und Rodung der ursprünglichen Wälder gebildet haben.

Als **Macchie** wird ein meist 2 bis 5 m hoher Buschwald aus überwiegend immergrünen Sträuchern bezeichnet. Zu den Charakterpflanzen der hohen Macchie, insbesondere auf sauren Böden, gehören die im Frühjahr weißblühende Baumheide *(Erica arborea*, gelegentlich auch *Erica scoparia)* und der Erdbeerbaum *(Arbutus unedo)*. Im Herbst zieren ihn zahlreiche in Büscheln zusammenhängende, dunkelrote Früchte, die an Erdbeeren erinnern. Sie sind zwar eßbar, jedoch fade im Geschmack; daher wohl der lateinische Name *unedo*, der besagt: Eine ist genug.

Weit verbreitet ist der während der größten Sommerhitze noch dunkelgrüne Mastixstrauch *(Pistacia lentiscus)*. Er wird von den Weidetieren aufgrund seiner tanninreichen Blätter verschont. Häufig in der Macchie vertretene Arten sind auch die bevorzugt auf Kalkgestein siedelnden Steinlinden *(Phillyrea angustifolia* und *Phillyrea latifolia)*, der Immergrüne Kreuzdorn *(Rhamnus alaternus)*, die aromatisch duftende Myrte *(Myrtus communis)*, der gelbblühende Geißklee *(Cytisus triflorum)* und der Wilde Ölbaum *(Olea europaea* var. *sylvestris)*. Zu den Zypressengewächsen gehören der Stechwacholder *(Juniperus oxycedrus)*, der Phönizische Wacholder *(Juniperus phoenicea)* und *Juniperus macrocarpa*.

Die **Garigue** oder Felsheide mit ihren niedrigen, bis 1,5 m hohen Sträuchern und Halbsträuchern stellt eine weitere Stufe der Degradationsreihe dar,

Ölbäume bei Isili

die vom Wald über die Macchie bis zur völligen Versteppung führen kann. Die Artenzusammensetzung der Garigue ist der Macchie ähnlich, wird jedoch stark von der Art und Intensität der Beweidung beeinflußt. Meist herrschen nur wenige Straucharten vor, die aufgrund schlechten Geschmacks, Giftigkeit oder Bedornung von den Weidetieren gemieden werden. Zwischen den einzelnen Sträuchern gedeihen vielfältige Kräuter, insbesondere Zwiebel- und Knollenpflanzen, die im Frühjahr eine bunte Blütenpalette bilden.

Zu den stark aromatischen Gewürz- und Heilkräutern gehören der blaublühende Rosmarin *(Rosmarinus officinalis)* sowie verschiedene Arten von Salbei, Lavendel und Thymian. Weiterhin sind zahlreiche, teilweise endemische Ginster-Arten vertreten, unter ihnen *Genista corsica, Genista morisii* und *Genista aetnensis.* Zu den Herbstblühern gehört die Vielblütige Heide *(Erica multiflora)* mit ihren leuchtend rosaroten Blütenständen. Auf Kalkgestein in Küstennähe sieht man häufig auch die charakteristischen, bis 2 m hohen Kugelbüsche der Baumartigen Wolfsmilch *(Euphorbia dendroides).* Sie blüht im Frühjahr in leuchtend gelben, doldenartigen Blütenständen; bei Eintritt der Trockenzeit fallen ihre Blätter rasch ab.

Die Zistrosen tragen je nach Höhenlage von April bis Juni zum reichen Blütenzauber der Macchie und Garigue bei. Die weißblühende Montpellier-Zistrose *(Cistus monspeliensis)* bevorzugt saure Böden und ist daher vor allem in Granitlandschaften weit verbreitet. Ihr starker Duft ist für den charakteristischen Geruch der sardischen Macchie verantwortlich und schützt die Pflanze, zusammen mit den klebrigen Blättern, vor Viehverbiß. Ebenfalls weißblühend ist die aromatische Salbeiblättrige Zistrose *(Cistus salvifolius).* Rosarote, zerknittert wirkende Blüten bilden die Graubehaarte Zistrose *(Cistus incanus)* und die Weißliche Zistrose *(Cistus albidus).*

Anhaltende Überweidung und Brand führen mit dem Verschwinden der Holzgewächse zu einer weiteren Degradation der Pflanzengesellschaft. Es entsteht eine äußerst erosionsgefährdete **Grasflur**, die mit der Abschwemmung des Bodens schließlich in die **Felsflur** übergeht. Neben verschiedenen Gräsern und Klee-Arten ist für diese Flurregionen vor allem der zu den Liliengewächsen gehörende Affodill typisch. Sein Ruf als ›Todesbote der Landschaft‹ geht auf die Antike zurück: Die Griechen schmückten ihre Gräber mit Affodill, auf dessen Blüten nach ihrer Vorstellung die Verstorbenen im Hades wandelten. Die Affodillwiesen der Odyssee sind auf Sardinien weit verbreitet. Die dekorative Pflanze bildet hochstengelige Blütenstände mit sternförmig ausgebreiteten, weißen Blütenhüllblättern, die von grünen oder rotbraunen Mittelnerven durchzogen sind. Unter den verschiedenen, für die Weidetiere allesamt ungenießbaren Affodill-Arten ist *Asphodelus ramosus* besonders häufig. Traditionell wurden aus den getrockneten und pulverisierten Wurzelknollen Zuckersirup und Leim hergestellt, und noch heute werden die bis 60 cm langen Blätter in der Planargia südlich von Bosa zur Korbflechterei verwandt.

An den Küsten Sardiniens, vor allem im Westen und Süden, sind verschiedene Nadelhölzer anzutreffen, so die verbreitete, anspruchslose Aleppokiefer

Weideland und Rohstofflieferanten – Korkeichenwälder

Unter natürlichen Bedingungen herrschen auf kalkarmen Böden in Lagen bis etwa 800 m Meereshöhe lichte, unterwuchsreiche Korkeichenwälder vor. Während nährstoffarme, oftmals saure Böden die ackerbauliche Nutzung stark einschränken, ermöglichen Korkeichenwälder die Gewinnung eines geschätzten Rohstoffes und erlauben gleichzeitig die Beweidung durch Rinder, Schafe und Schweine. Neben den anfallenden Eicheln dienen die Kräuter und Sträucher des Unterwuches den Tieren als Nahrung. Diese Waldweidewirtschaft bietet Bauern und Hirten gleichermaßen Vorteile.

Die Korkeiche ist ein immergrüner Baum mit extrem dicker Borke. Die erste Korkernte kann erfolgen, wenn der Baum 20 bis 25 Jahre alt ist. Der rissige und spröde Kork dieser Schälung *(sugherone)* wurde früher als Brennmaterial benutzt, während er heute gemahlen zu Preßkork verarbeitet wird. Später kann ein Baum alle acht bis zehn Jahre geschält werden; mit jedem Schnitt wird der Kork feinporiger. Die frisch entrindeten Stämme leuchten bald dunkelrotbraun, bis sich allmählich wieder eine neue Korkborke bildet. Zur Weiterverarbeitung wird die abgeschälte Borke zunächst mehrere Monate lang in der Sommerhitze getrocknet, dann durch Kochen geschmeidig gemacht, anschließend flachgepreßt und erneut getrocknet.

Die Korkverarbeitung nahm auf Sardinien in der Mitte des 19. Jh. ihren Aufschwung. Bis heute erfolgt die Weiterverarbeitung in zahlreichen Kleinstbetrieben, die unter anderem Schuhe, Sohlen, Dämmplatten und Souvenirs herstellen. Gegenwärtig werden rund achtzig Prozent des italienischen Korks auf Sardinien produziert. In Calangianus (Gallura) ist die *Scuola professionale del sughero* ansässig, die einzige italienische Fachschule für das Korkhandwerk. Angesichts der starken internationalen Konkurrenz wurde mit Unterstützung der sardischen Regionalregierung in Tempio die *Stazione sperimentale del sughero* gegründet. Dieses Forschungsinstitut dient der Entwicklung technologischer Neuerungen und verbesserter Absatzstrategien.

Korkeiche *(Quercus suber)*

(Pinus halepensis), die seit alters her wegen ihrer eßbaren Samen kultivierte Pinie *(Pinus pinea)* und die Igelföhre *(Pinus pinaster)*. In den Schotterbetten der Wildbäche und an Flußufern gedeiht der Gemeine Oleander *(Nerium oleander)*. Dieser immergrüne, bis 4 m hohe Strauch ist aufgrund seines Gehaltes an herzwirksamen Glykosiden sehr giftig. Wenn sich im Sommer seine rosaroten Blüten öffnen, leuchten die Oleanderdickichte in überwältigender Farbenpracht.

Zu den endemischen Pflanzen, die nur auf Sardinien und eventuell noch auf der Nachbarinsel Korsika vorkommen, zählen die Sardische Johannisbeere *(Ribes sardoum)*, die blaß gelblich-grün blühende Korsische Nieswurz *(Helleborus lividus corsicus)* und die zur Familie der Korbblüter gehörende Flockenblumenart *Centaurea horrida*. Eine Charakterpflanze der Insel bildet das kräftige, bis 2 m hohe Großblütige Steckenkraut *(Ferula grandiflora)* mit seinem großen, gelben Blütenstand. Unter den auf Sardinien eingeführten und zum Teil verwilderten Pflanzen befindet sich der im Süden der Insel verbreitete Echte Feigenkaktus *(Opuntia ficus-indica)*. Diese bis 5 m hohe, gelblühende Kakteenart wird wegen ihrer saftigen Früchte und als undurchdringliche Weidebegrenzung häufig angepflanzt.

Die Tierwelt

Mufflon

Sardinien ist reich an endemischen, d.h. nur hier verbreiteten Arten, besitzt jedoch eine insgesamt weniger vielfältige Fauna als das Festland. Offenbar gelang es vielen Tierarten nicht, den Sprung auf die Insel zu schaffen, die sich bereits im Alttertiär (vor etwa sechzig Millionen Jahren) vom Festland abtrennte und allmählich in ihre heutige Position driftete. Gerade die Säugetiere, die sich erst im Laufe des Tertiärs zu ihrer heutigen Artenvielfalt entwickelten, konnten die Insel oftmals nicht erreichen. So fehlen rund fünfzig Prozent aller festländischen Säugerarten, unter anderem Bär, Dachs, Eichhörnchen, Feldmaus, Fischotter, Maulwurf und Wolf. Als typisches Merkmal einer Inselfauna sind die sardischen Tierarten gegenüber den vergleichbaren festländischen Arten durchweg etwas kleiner, weichen aber ansonsten in ihrem Habitus nur geringfügig von ihren Verwandten auf dem Kontinent ab. Zu den endemischen Säugerarten gehören die Sardische Wildkatze *(Felis libyca sarda)*, der Sardische Fuchs *(Vulpes vulpes ichnusae)*, der Siebenschläfer *(Pachiura etrusca)* und das häufig in alten Gemäuern lebende Sardische Wiesel *(Mustela nivalis boccamela)*. Den sardischen Namen *bucca 'e mele* –

›Honigmaul‹ – verdankt das Wiesel seinem Ruf, eine schier unersättliche Gefräßigkeit zu besitzen.

Selbst als Wanderer hat man meist nur eine geringe Chance, diese Tiere in freier Wildbahn zu Gesicht zu bekommen. Wie anderswo auch, wurden auf Sardinien nicht wenige Arten durch den Menschen in ihrem Bestand stark dezimiert oder völlig ausgerottet. Bis auf wenige Exemplare, die ausgerechnet am Capo Caccia (›Jagd-Kap‹) überlebten, starb der Damhirsch *(Dama dama)* 1969 auf der Insel aus. Unter Naturschutz stehen der Mufflon und der Korsische Hirsch, die früher bevorzugt gejagt und ebenfalls nahezu ausgerottet wurden. Natürliche Rückzugsräume und Schutzgebiete für diese und andere gefährdete Tierarten wurden vor allem im Gennargentu, Supramonte, Iglesiente und Monte dei Sette Fratelli ausgewiesen.

Der dunkelbraune Mufflon *(Ovis ammon musimon)* repräsentiert die westlichste Unterart des Wildschafs. In Europa ist der Mufflon außer auf Sardinien nur noch auf Korsika und Zypern heimisch. Der Widder trägt ein mächtiges, kreisförmig nach hinten gebogenes Gehörn, das Weibchen ist ungehörnt. Es gibt heute noch etwa 1000 Exemplare auf der Insel, die hauptsächlich in den abgelegenen Bergländern Ostsardiniens in kleinen Rudeln leben. Mit etwas Glück bekommt man als Wanderer einzelne dieser scheuen Tiere in freier Wildbahn zu Gesicht.

Einst war der Korsische Hirsch *(Cervus elaphus corsicanus)* auf Korsika und Sardinien weit verbreitet. Während er auf der Nachbarinsel bereits als

In freier Wildbahn ...

ausgerottet gilt, leben in drei Schutzgebieten Südsardiniens noch insgesamt etwa 300 Exemplare. Eine Besonderheit unter den Großsäugern stellen die halbwilden Pferde Sardiniens dar (s. S. 196).

Die Jäger stellen heute vor allem Wildschweinen, Hasen *(Lepus capensis mediterraneus)*, Waldkaninchen *(Sylvilagus cuniculus)*, Feldhühnern und Singvögeln nach. Die Jagd auf Rebhühner, Wachteln und Drosseln hat den gesamten Vogelbestand reduziert, trotz eigentlich idealer Brut- und Lebensbedingungen in den Macchien. Das Wildschwein *(Sus scrofa meridionalis)* ist in den Laubwäldern heimisch, wo es sich hauptsächlich von Eicheln ernährt. Auch die Hausschweine werden im Herbst in die Wälder getrieben, wo sie einige Monate sich selbst überlassen bleiben und erst nach der Mast wieder eingefangen werden. Durch eine Mischung der Rassen sind halbwilde Hausschweine entstanden, denen man auf Wanderungen in den Bergen recht häufig begegnet.

Unter den Greifvögeln herrschen die Geier vor. Selten geworden sind der grauschwarze, unterseits gelbe Bart- oder Lämmergeier *(Gypaetus barbatus)*, der eine Flügelspannweite von beinahe 3 m erreicht, und der dunkelbraune Mönchsgeier *(Aegypius monachus)*; etwas häufiger ist der fahlbraune Gänsegeier *(Gyps fulvus)*. Der Eleonorenfalke *(Falco eleonorae)*, so von La Marmora zu Ehren der sardischen Nationalheldin (s.S. 46) benannt, kommt auf den Felsinseln des Mittelmeeres und an der nordwestafrikanischen Küste vor. Auf Sardinien ist er nur noch in einsamen südlichen Bergregionen heimisch. Im Mittelalter war der Eleonorenfalke als Jagdfalke geschätzt und sogar gesetzlich vor Ausrottung geschützt. Unter den Adlern ist der Steinadler *(Aquila crysaetos)* vertreten.

An den Strandseen und Lagunen im Umkreis von Cagliari und der Sinis-Halbinsel finden sich Mitte August bis zu achttausend Flamingos *(Phoenicopterus ruber)* ein, um hier zu überwintern (rund ein Prozent der weltweiten Gesamtpopulation). Im Gegensatz zu anderen Zugvögeln wandern die Flamingos Ende März in das heiße Afrika zurück, um dort den Sommer zu verbringen.

Sardinien ist außerordentlich artenarm an Reptilien und Amphibien. Die Insel bildet das einzige Gebiet Europas, in dem keine Frösche existieren. Man findet verschiedene Schildkröten- und Eidechsen-Arten; die Schlangen sind durch vier ungiftige Arten vertreten. Eine Besonderheit stellt der Sardische Schleuderzungensalamander *(Hydromantes genei)* dar. Dieser blinde Molch lebt in den Höhlengewässern Mittel- und Südsardiniens und kommt mit verwandten Arten nur noch auf dem italienischen Festland sowie in Kalifornien vor. Die merkwürdige Verbreitung läßt darauf schließen, daß es sich bei diesem Höhlensalamander um den Angehörigen einer sehr alten Art handelt, die schon vor der Trennung Amerikas von Europa in der späten Kreidezeit (vor 65 Millionen Jahren) ausgebildet war und sich seither kaum noch verändert hat.

Wirtschaft und Verkehr

»Sardinien ist nicht eben das bequemste Land zum Reisen. Nur derjenige, welcher sich vollkommen, wie für eine Wüstenfahrt, ausrüstet, Pferde, Bettzeug, Cantine, Lebensmittel mitnimmt, und dem es nicht an Dienerschaft fehlt, kann sich ohne Beschwerde von den wenigen großen Hauptstraßen entfernen und in den seltner bereisten Theil des Innern vordringen.«

Heinrich Freiherr von Maltzan, 1869

Vier Stunden braucht die Schmalspurbahn für die 36 Kilometer lange Strecke von Arbatax nach Seui

Keuchend und prustend klettert das Schmalspurbähnchen in unzähligen Windungen an den Hängen entlang, macht abenteuerliche Schleifen, scheint wieder zurückzufahren und nutzt die Serpentinen doch nur, um ein wenig an Höhe zu gewinnen. Für die Strecke von Arbatax nach Seui, nur 36 Kilometer, braucht das Bähnchen gut viereinhalb Stunden – wenn alles problemlos läuft. Indes durchfährt der Schnellzug von Cagliari nach Olbia die Insel in nur vier Stunden. Alghero, Olbia und Cagliari verfügen über moderne Flughäfen, und selbst entlegene Bergdörfer sind an ein gut ausgebautes Straßennetz angeschlossen. Kein Zweifel: Sardinien hat den Anschluß an das Industriezeitalter gefunden, wenn auch mit erheblicher Verspätung gegenüber dem Festland.

Noch in den ersten beiden Jahrzehnten nach dem Zweiten Weltkrieg herrschte eine traditionelle Wirtschaftsweise mit einem gleichsam kolonialen Güter- und Warenaustauschsystem vor. Mehr als die Hälfte der Erwerbstätigen arbeitete in der Landwirtschaft; daneben war nur der Bergbau wirtschaftlich bedeutend. Mit der Öffnung der Weltmärkte erlebte der traditionsreiche, aber unrentabel gewordene Bergbau seinen unaufhaltsamen Niedergang. Im Sulcis war die Situation besonders problematisch. Hier hatte Mussolini den Abbau der stark schwefelhaltigen Braunkohle gewaltig ausweiten lassen, doch schon bald nach Kriegsende brach der Kohlebergbau zusammen. Auch die Zahl der Beschäftigten in der Landwirtschaft war seit Mitte der fünfziger Jahre rückläufig, und Industriebetriebe, die die freiwerdenden Arbeitskräfte hätten auffangen können, gab es auf der Insel nicht.

Angesichts steigender Arbeitslosigkeit und fehlender Zukunftsperspektiven wanderten zahlreiche Sarden als Gastarbeiter in die oberitalienischen Industriezentren und nach Deutschland aus. Zwar wurde bereits 1948 der Piano di rinascita (›Plan der Wiedergeburt‹) beschlossen, der über einen Hilfsfond, die Cassa per il Mezzogiorno, eine wirtschaftliche Entwicklung Süditaliens und Sardiniens fördern sollte, doch erst 1962 wurden die nötigen Finanzmittel zu seiner Umsetzung bewilligt.

Die riesigen Anlagen der petrochemischen Großindustrie, welche dann mit milliardenschweren Subventionen im Golf von Cagliari, um Porto Torres und im Tirso-Tal entstanden, erwiesen sich – nicht zuletzt hinsichtlich der abgeflossenen Schmiergelder und Korruptionsskandale – als äußerst kapitalintensiv. An der hohen Arbeitslosigkeit haben diese Großprojekte jedoch kaum etwas zu ändern vermocht. Tatsächlich ist die Anzahl der Beschäftigten in der Industrie seit Mitte der sechziger Jahre sogar leicht rückläufig. Nurmehr 23 Prozent aller Erwerbstätigen sind heute in der Industrie beschäftigt.

Ein Spiegelbild der wirtschaftlichen Entwicklung ist die Bauindustrie, die auf der Insel eine herausragende Rolle spielt. Wesentliche Wachstumsimpulse erhielt diese florierende Branche nicht allein von staatlich subventionierten Großprojekten (etwa dem Bau von Staudämmen), sondern seit den sechziger Jahren auch durch den Aufschwung des Tourismus. Überdies wurden die im Ausland erwirtschafteten Gelder sardischer Gastarbeiter zu einem beträchtlichen Teil in den privaten Hausbau investiert.

Die Landwirtschaft hat seit Ende des Zweiten Weltkriegs für den Arbeitsmarkt erheblich an Bedeutung verloren und wird durch weitere Rationalisierungen künftig noch weniger Menschen beschäftigen. Waren 1951 noch 56 Prozent aller Erwerbstätigen in der Landwirtschaft beschäftigt, sank diese Zahl bis 1989 auf 13 Prozent. Der Anteil der Landwirtschaft am Bruttosozialprodukt ging zugleich von 32 Prozent auf 6,2 Prozent zurück.

In den fruchtbaren Tiefländern Westsardiniens herrschen heute intensive Bewässerungskulturen mit Obst- und Gemüseanbau (z.B. Artischocken) vor.

Auch die Olivenproduktion und die Korkgewinnung spielen eine wichtige Rolle. Rebland ist in allen Teilen der Insel bis in Höhenlagen um 500 m verbreitet. Der Weinanbau verzeichnete die größte Zuwachsrate in der Landwirtschaft; allein von 1945 bis 1975 wurde die Anbaufläche verdoppelt. Etwa achtzig Prozent des sardischen Weins wird genossenschaftlich erzeugt.

Mit einem Bestand von etwa vier Millionen Tieren herrscht in der Weidewirtschaft die Schafzucht vor. Durch den Ankauf oder die Dauerpacht von aufgegebenem, da unrentablem Ackerland in den Tiefländern konnten sich viele Hirten mittlerweile eine solide Existenzgrundlage schaffen. Überdies ist die Transhumanz, das halbnomadische Wandern zwischen Sommer- und Winterweidegebieten, durch Stallungen und den Einsatz von Trockenfutter allmählich im Rückgang begriffen. Schafsmilch wird in rund dreihundert über die Insel verstreuten Kleinbetrieben zu Käse verarbeitet. Die Weidewirtschaft beschäftigt gegenwärtig rund 23.500 Hirten. Einschließlich der unmittelbar von ihr abhängigen Bereiche wie Käseherstellung, Wollverarbeitung, Transport und Vertrieb (sardischer Käse ist in den USA ein Exportschlager!) ist jedoch etwa die zehnfache Anzahl von Arbeitsplätzen an diese Branche gekoppelt.

Trotz des schwierigen Umstellungsprozesses in der Landwirtschaft und der beträchtlichen Probleme im industriellen Bereich ist der Lebensstandard in den beiden letzten Jahrzehnten deutlich gestiegen. Sardinien weist heute ein höheres Pro-Kopf-Einkommen als alle süditalienischen Regionen auf. Motor der wirtschaftlichen Entwicklung ist der Dienstleistungsbereich, der gegenwärtig bereits zwei Drittel aller Erwerbstätigen beschäftigt. Daran ist neben der öffentlichen Verwaltung und dem Handel vor allem der Tourismus entscheidend beteiligt.

Noch Ende der fünfziger Jahre konzentrierte sich der Fremdenverkehr auf den traditionsreichen Badeort Alghero. Als jedoch Prinz Karim Aga Khan 1962 die galluresische Ostküste ›entdeckte‹ und hier sein exklusives Urlaubsparadies entstehen ließ, nahm der Tourismus auf Sardinien seinen Aufschwung. Mit dem Erwerb von 35 km² Küstenland und dem werbeträchtigen Kunstnamen Costa Smeralda (›Smaragdküste‹) gründete Aga Khan 1963 sein bekanntes Ferienkonsortium. Bis heute wurden allein in dieser Region rund zehntausend Arbeitsplätze geschaffen, mit wirtschaftlichen Impulsen für die gesamte Insel. Dank des vorherrschenden Residenztourismus und renommierter Architekten wie Jacques Couëlle wurden die von anderen Mittelmeerküsten her sattsam bekannten Bausünden auf Sardinien bislang vermieden, andererseits aber die Sarden selbst von der *costa rubata* (›geraubten Küste‹) ferngehalten.

Nach dem erfolgreichen Beispiel der Costa Smeralda ließen internationale Ferienkonsortien und sardische Investoren auch an anderen Küstenabschnitten Hotels, Ferienhäuser und Zweitwohnungen errichten. Das sardische Regionalparlament hat mit der Verabschiedung von Flächennutzungsplänen auf die rege Bautätigkeit an den Küsten reagiert und sich damit teilweise gegen die Kommunen gestellt, denen die ausgewiesenen Baugebiete mitunter viel zu klein erschienen.

Seit einigen Jahrzehnten wird die Ausweisung von Naturparks und Naturreservaten diskutiert. Die Naturreservate könnten zum Beispiel das Capo Caccia, den Monte Albo und einen Teil des Archipels von La Maddalena umfassen. Als Naturparks, die strengeren Schutzbestimmungen unterliegen, sollen unter anderem der Monte Limbara und der Monte Linas ausgewiesen werden. Für das Gennargentu-Massiv, die Gebirgszüge des Supramonte sowie die angrenzende Küste im südlichen Golf von Orosei ist sogar an den Status eines Nationalparks gedacht. Die Umsetzung dieser Pläne stößt jedoch auf den Widerstand unterschiedlicher Interessengruppen, vor allem der stets um ihre Weiderechte bangenden Hirten. Am 25. Juni 1992 wurde zwischen Rom und der sardischen Regionalregierung beschlossen, diesen Parco nazionale del Gennargentu e Parco Blu del Golfo di Orosei innerhalb der nächsten zwanzig Jahre zu verwirklichen.

Wie anderswo auch gestaltet es sich auf Sardinien schwierig, die ökologischen Belange mit den wirtschaftlichen Interessen in Einklang zu bringen. Ansätze sind immerhin vorhanden, etwa im *agriturismo* (›Ferien auf dem Bauernhof‹) oder mit den Überlegungen zur Umfunktionierung ehemaliger Bergbausiedlungen. Auch das eingangs erwähnte Schmalspurbähnchen kann so als *trenino verde* (›grünes Züglein‹) für Touristen langfristig überleben.

Bronzestatuette eines nuraghischen Fürsten

Geschichte, Kultur und Brauchtum

Zweieinhalb Jahrtausende Fremdherrschaft

»Wir fühlten uns vereinsamt und vereinzelt, vom übrigen Europa durch viel mehr als nur die tyrrhenische See getrennt, seelisch und geistig von unsern Quellen abgeschnitten, einer fremden, zwar großartigen, aber gewalttätigen Natur ausgeliefert, in der Mensch und Menschenwerk, besonders im Vergleich mit den überreichen italienischen Kulturlandschaften, nur eine sehr bescheidene Rolle spielten« ...   Eckart Peterich 1963

Die Geschichte Sardiniens ist eine einzige Abfolge von Ausbeutung und Fremdherrschaft, ein stetes Auf und Ab der Insel hinsichtlich ihrer Bedeutung für fremde Mächte. Seit dem Ende der vorgeschichtlichen Nuraghenkultur, die sich im freien Austausch mit anderen mediterranen Völkern eigenständig entfalten konnte, gab es eine nie vollständig überwundene Kluft zwischen der heimischen Inselbevölkerung und ihren wechselnden Herrschern. Karthager, Römer, Pisaner und Genuesen, Katalanen und Spanier, Italiener:

Spuren der Nuraghenkultur und der Pisaner bei Macomer

Sie alle waren an den einst reichen Ressourcen Sardiniens interessiert, während sie die Insel im Grunde verachteten und zuweilen sogar haßten. Anfänglich kämpften die Bewohner um ihre Freiheit, zogen sich dann aber immer weiter in das Landesinnere zurück, in die unzugänglichen Bergländer, die keine fremdländische Macht je vollständig erobern konnte. Fortan lebten die Sarden meerabgewandt, ein noch heute kennzeichnender Wesenszug, während sich die Fremdherrscher an den Küsten und in den fruchtbaren Tiefländern festsetzten. Die lange Zeit der inneren Emigration begann, der Rückzug der Menschen in sich selbst, in die Familie und in die Dorfgemeinschaft. Die Sarden entwickelten eine Haltung des Gleichmuts gegenüber den äußeren Geschehnissen, ein beharrliches Festhalten an traditionellen Werten aus Angst vor Überfremdung und Identitätsverlust. Aber das war nicht immer so. Der Spatenstich des Archäologen hat faszinierende Erkenntnisse über die vorgeschichtlichen Kulturen Sardiniens zutage gebracht.

Besiedlung in der Steinzeit (bis 2700 v. Chr.)

Die ältesten Spuren der Anwesenheit von Menschen auf Sardinien stammen aus der Altsteinzeit: Steinwerkzeuge, deren Alter auf rund 150 000 Jahre geschätzt wird. In der Jungsteinzeit (6000–2700 v. Chr.) erlebte die Insel dank der reichen Obsidianvorkommen des Monte Arci (›Erzberg‹) eine erste wirtschaftliche Blüte. Obsidian, ein schwarzes, glasiges Gestein vulkanischen Ursprungs, war ein begehrter Rohstoff zur Herstellung von Waffen und Werkzeugen; sardischer Obsidian wurde bis nach Südfrankreich und Norditalien exportiert.

Die am höchsten entwickelte Kultur der Jungsteinzeit ist die von Ozieri (oder San Michele; 3400–2700 v. Chr). Neben Keramikscherben finden sich nun erstmals auch Denkmäler, die noch heute in der Landschaft zu sehen sind: Die Bestattung der Verstorbenen erfolgte in Grabhöhlen, die in Felswänden künstlich angelegt wurden. Auf der Insel sind heute über eintausend solcher Grabhöhlen nachgewiesen. Auf Sardisch werden sie *domus de janas* (wörtlich ›Feenhäuser‹; *jana* leitet sich von der römischen Göttin Diana ab) genannt (s. S. 227). Sie reichen von schlichten Einzelgräbern bis zu weitläufigen, palastartigen Nekropolen. Grabbeigaben aus der Spätzeit der Ozierikultur enthalten bereits Gegenstände aus Kupfer und Silber. Unter dem Einfluß der westlichen Megalithkulturen entstanden nun Monumente wie Steingräber (Dolmen), Steinsäulen (Menhire) und Steinkreise.

Sardiniens Blütezeit: Die Nuraghenkultur (1500–500 v. Chr.)

Ihre wirtschaftliche und kulturelle Blüte erlebte die Insel in der Bronzezeit. Die vorgeschichtliche Kultur der Nuragher, nach ihren zyklopischen, aus tonnenschweren Steinblöcken errichteten Rundtürmen (sard. *nurakes*) benannt, brachte die am höchsten entwickelten Megalithbauten des westlichen Mittelmeeres hervor. Einst standen wohl etwa zehntausend Nuraghen auf Sardinien; über dreitausend von ihnen sind bis heute mehr oder weniger gut erhalten. Fast alle Nuraghen erhoben sich weithin sichtbar in der Landschaft und mußten schon allein durch ihr beeindruckendes Äußeres auf mögliche Angreifer abschreckend wirken.

Der typische Nuraghe besteht aus einem sich leicht nach oben verjüngendem Rundturm mit einem Innenraum, der von einem ›falschen Gewölbe‹ überdeckt wird. Dieses besteht aus übereinandergelegten, vorkragenden Mauerringen, die eine sogenannte Kragkuppel bilden. Größere Nuraghen besitzen zwei, gelegentlich sogar drei Stockwerke. Nicht selten wurden die Nuraghen im Laufe der Zeit zu komplexen Festungsanlagen ausgebaut, indem der bereits bestehende Hauptturm von einer Ringmauer mit Seitentürmen umgeben wurde.

Diese meisterhaften Festungsbauten verdeutlichen den kriegerischen Charakter der Nuraghenkultur. Die einzelnen Stämme oder Sippen waren offenbar trotz gemeinsamer Sprache und Kultur auch untereinander verfeindet. In Zeiten kriegerischer Auseinandersetzungen mit Nachbarstämmen dienten die Nuraghen, der jeweilige Hauptsitz einer Sippe, als wehrhafte Zufluchtsstätten. In Friedenszeiten lebten die Menschen in kleinen Dörfern aus eng zusammengedrängten Rundhütten, die äußerlich den heute noch vereinzelt anzutreffenden Hirtenhütten *(pinnètas)* glichen. Diese Hüttendörfer befanden sich in der Nähe größerer Nuraghen, jedoch oft auch weit von ihnen entfernt.

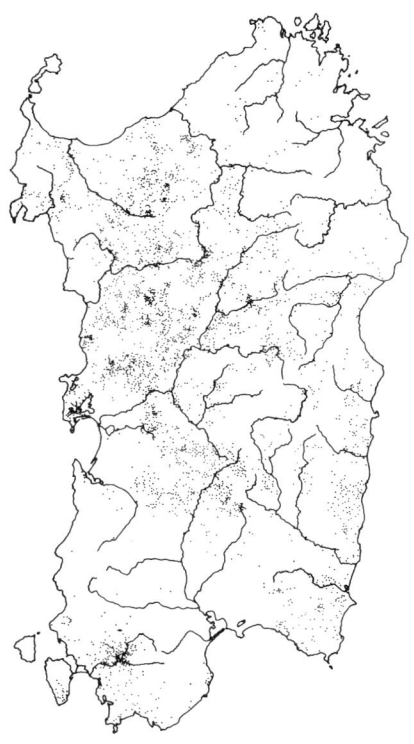

Die Karte erfaßt etwa die Hälfte (3117) der heute bekannten Nuraghen. Vor 3000 Jahren werden es dreimal so viele gewesen sein

Oft wurden die Nuraghen mittels einer Ringmauer zur Festung ausgebaut

Der genaue Zusammenhang zwischen Wohnstätten und fluchtburgartigen Nuraghen ist nicht geklärt.

Die Nuraghenkultur blühte nicht in insularer Abgeschiedenheit auf, sondern entstand in regem wirtschaftlichem und kulturellem Austausch mit anderen mediterranen Kulturen. Sardinien war als Handelspartner offenbar aufgrund seiner reichen Bodenschätze begehrt, vor allem wegen des im östlichen Mittelmeerraum recht seltenen Kupfers, das auf der Insel in verschiedenen Erzlagern vorkommt. Durch intensive Kontakte mit Zypern und der Mykenischen Kultur (1650–1050 v.Chr.) sowie nachfolgend mit den Phöniziern erhielten die Nuragher wesentliche Anregungen, die zu eigenständigen kulturellen Leistungen weiterentwickelt wurden.

Um das 10. Jh. v. Chr. begannen die Nuragher mit der Herstellung kunstvoller Bronzestatuetten, die als Votivgaben an den Kultstätten aufgestellt, aber auch in großem Umfang exportiert wurden. Dargestellt sind Menschen aus allen Bevölkerungsgruppen, Haus- und Wildtiere, dämonische Wesen, Schiffchen sowie allerlei Werkzeuge und Gerätschaften. Noch heute erhält der Betrachter einen überaus lebendigen Einblick in die sozial geordnete Welt der Nuragher: Die Kleinbronzen zeigen Stammesfürsten, Krieger und Priester, aber auch Hirten und Bauern, Musikanten und Handwerker, Kranke und Geheilte.

Vor zwanzig Jahren wurde die überraschende Entdeckung gemacht, daß die Nuraghenkultur auch freistehende Großplastiken hervorgebracht hat. Die aufgefundenen Bruchstücke von überlebensgroßen Steinfiguren zeigen Bogenschützen und Faustkämpfer. Ihre Datierung ist strittig, doch sollten sie bereits im 8. Jh. v. Chr. entstanden sein (wofür stilistische Merkmale sprechen), so wären sie älter als die frühgriechische Großplastik – was einer wissenschaftlichen Sensation gleichkäme.

Das Ende der Freiheit: Phönizier und Punier auf Sardinien (9.–3. Jh. v. Chr.)

Mit dem Untergang der Mykenischen Kultur gewannen die Phönizier an Macht. Ab 1000 v. Chr. frequentierten sie auf ihrem Handelsweg nach Britannien immer häufiger die sardischen Küsten, und schließlich gründeten sie dort kleine Handelsniederlassungen. Offenbar mit Einwilligung der nuraghischen Stammesoberhäupter entstanden von Phöniziern bewohnte Küstenorte wie Karali (Cagliari), Nora und Bosa.

Die Nuraghenkultur blühte, doch nahm das friedliche Nebeneinander ein rasches Ende, als die Phönizier mit der Kolonialisierung der Insel begannen. Als Kaufleute waren sie gekommen, um Handel zu treiben, doch nun wollten die Phönizier selbst über die reichen Erzlager der Insel verfügen. *Furat ki venit da 'e su mare*: »Es stiehlt, wer über das Meer kommt«, sagt ein altes sardisches Sprichwort – eines der wenigen, die sich auf das Meer beziehen. Als die Phönizier immer weiter ins Inselinnere vorzudringen begannen, griffen die bedrängten Nuragher die Küstenstädte der Fremden an. Um sich zu verteidigen, suchten diese die Unterstützung von Karthago, der mächtigsten phönizischen Kolonie.

Die Karthager (von den Römern als Punier bezeichnet) hatten schon 540 v. Chr. versucht, die gleichsam vor der Haustüre liegende Insel aus Rivalität mit den Griechen unter ihre Kontrolle zu bringen, mußten jedoch auf diesem ersten Feldzug eine vernichtende Niederlage hinnehmen. Doch nach weiteren Kämpfen gelang es ihnen, im Jahre 509 v. Chr. den größten Teil der Insel (mit Ausnahme der späteren Barbagia) zu erobern. 271 Jahre lang herrschten die Punier über die Küstenlandstriche, fruchtbaren Ebenen und erzreichen Bergländer, bauten Straßen und Festungen, gründeten zahlreiche Niederlassungen im Inselinneren, errichteten Tempel und Kultplätze. In den besetzten Gebieten kam es zu einer kulturellen und ethnischen Verschmelzung von Puniern und Nuraghern.

Die ungeliebte Provinz: Sardinien während der römischen Herrschaft (238 v. Chr.–455 n. Chr.)

Im Kampf um die Vormacht im westlichen Mittelmeer erzwang Rom nach dem Ersten Punischen Krieg im Jahre 238/237 v. Chr. von Karthago die Ab-

Zeugnis römischer Herrschaft: der Tempel von Antas bei Iglesias

tretung der strategisch wichtigen Insel, die sich fortan zur wohlbehüteten Kornkammer und Erzgrube des Römischen Reiches entwickeln sollte. In den folgenden zweihundert Jahren unternahm Rom zahlreiche Feldzüge gegen die immer wieder aufständischen Bewohner der Insel, die nun als Sarden bezeichnet wurden. Livius beschimpfte sie verächtlich als *Sardi pelliti* (›haarige Sarden‹) und bezog sich dabei auf ein zottiges Kleidungsstück aus Schafsfell, das noch im 20. Jh. auf Sardinien getragen wurde (sard. *bèst'e pedde*).

Die Bergvölker Innersardiniens konnten der römischen Besetzung noch lange Widerstand leisten und blieben daher aus römischer Sicht *civitates barbariae* (›Barbaren‹) – daher die bis heute erhaltene Landschaftsbezeichnung ›Barbagia‹. Die beständigen kriegerischen Auseinandersetzungen waren für beide Seiten äußerst verlustreich, doch während die einheimische Bevölkerung allmählich ausblutete, schickte Rom neue Soldaten und Kolonisten. Mit der Entvölkerung erlahmte die Kraft der Bergbewohner, den Römern weiteren Widerstand zu leisten, und die Restbevölkerung wurde von den römischen Kolonisten schließlich assimiliert.

Während der römischen Kaiserzeit nahm die Insel einen wirtschaftlichen Aufschwung, der auf der Ausfuhr von Getreide, Holz und Metall basierte. Die von den Puniern übernommene Infrastruktur wurde ausgebaut, neue Siedlungen und Städte wurden gegründet. Die wenigen erhaltenen Baudenkmäler aus dieser Zeit (unter ihnen das Amphitheater in Cagliari, der Tempel von

Antas und die Thermen in Fordongianus) besitzen jedoch in keinem Fall überregionale Bedeutung – ein Hinweis darauf, daß die Insel eine unbeliebte und aufgrund der verbreiteten Malaria auch ungesunde Provinz blieb. Juden, Christen und andere Verfolgte wurden zur Zwangsarbeit in die Bergwerke Sardiniens verbannt.

Christianisierung unter byzantinischer Verwaltung (534–9. Jh.)

Nach der Völkerwanderzeit, die auf Sardinien 455 mit der Ankunft der Vandalen unter Geiserich begann, geriet die Insel 534 nach der Rückeroberung unter Kaiser Justinian vorübergehend unter den Einfluß Ostroms. Die Insel wurde in Bezirke (*merèie*) aufgeteilt und von einem byzantinischen Statthalter (*iudex*) verwaltet. Seine militärische Oberherrschaft stand unter dem Kommando eines *dux*, der sein Hauptquartier in Forum Traiani (heute Fordongianus) aufgeschlagen hatte. Von den Byzantinern sowie dem oströmischen Orden der Basilianer wurde die Christianisierung der Insel erfolgreich vorangetrieben.

Mit der Ausbreitung des Islam veränderten sich jedoch die Machtverhältnisse im mediterranen Raum. Die Araber (Sarazenen) besetzten Spanien und Teile Südfrankreichs; 827 n. Chr. begannen sie mit der Eroberung Siziliens. Seit dem 8. Jh. waren auch die Küsten Sardiniens den Überfällen der Araber ausgesetzt, und die byzantinischen Funktionäre verließen schließlich die Insel. Viele Küstenorte mußten aufgegeben und durch Neugründungen landeinwärts ersetzt werden, beispielsweise Sassari anstelle von Porto Torres.

Richterzeit und pisanisch-genuesische Vorherrschaft (9. Jh.–1323)

Vor dem Hintergrund der äußeren Bedrohung, ohne militärischen Schutz und zur Selbstverteidigung gezwungen, bildete sich für kurze Zeit eine Form der sardischen Selbstverwaltung heraus. Offenbar auf der byzantinischen Verwaltungsstruktur basierend, wurde die Insel in gleichberechtigte Kleinkönigreiche (sard. *lógu* – ›Judikat‹) eingeteilt, die jeweils von einem *judike* (›Richter‹) regiert wurden. Es gab vier solcher Judikate: Cagliari, Arborea, Torres (durch die Verbindung mit *lógu* wurde daraus später Logudoro) und Gallura. Das ursprünglich durch Wahl besetzte Richteramt wurde schon bald erblich. Da die Insel durch die arabische Seeherrschaft von der Außenwelt weitgehend abgeschnitten war, stagnierte indes ihre wirtschaftliche und kulturelle Entwicklung.

Eine Wende schien sich abzuzeichnen, als die aufblühenden Stadtstaaten Pisa und Genua mit Sardinien Handelskontakte aufnahmen. Schon bald schwangen sich einige der festländischen Adelsfamilien zu neuen Machthabern auf. Nach der erfolgreichen Zurückschlagung eines arabischen Angriffs gelang es ihnen in der zweiten Hälfte des 13. Jh., die Insel durch Intrigen, Kleinkriege und geschickte Heiratsdiplomatie weitgehend in ihren Einflußbereich zu bringen. Pisanische Adelsfamilien teilten sich schließlich die Judikate Cagliari und Gallura, während genuesische Adelsfamilien über das Judikat Torres herrschten; nur das (genuesisch beeinflußte) Judikat Arborea mit Oristano als Hauptstadt konnte sich eine gewisse Unabhängigkeit bewahren.

Ihren Machtanspruch bekräftigten die neuen Kolonialherren durch den Bau von Burgen und Festungsanlagen. Schon bald kontrollierten sie Produktion und Ausfuhr aller Güter (Getreide, Käse, Holz, Metall) und perfektionierten die Ausbeutung der Insel. Der zunehmende Wohlstand führte zu einem Aufblühen der Städte; zahlreiche Klostergründungen leiteten einen bescheidenen kulturellen Aufschwung ein. Eindrucksvolle Zeugnisse dieser Zeit sind die meist in freier Landschaft errichteten ›Pisanerkirchen‹ im Stil der toskanischen Romanik. Diese schlichten, gegenüber dem Festland zweitrangigen Gotteshäuser haben die Jahrhunderte fast unverändert überdauert und präsentieren sich in bemerkenswerter Stilreinheit.

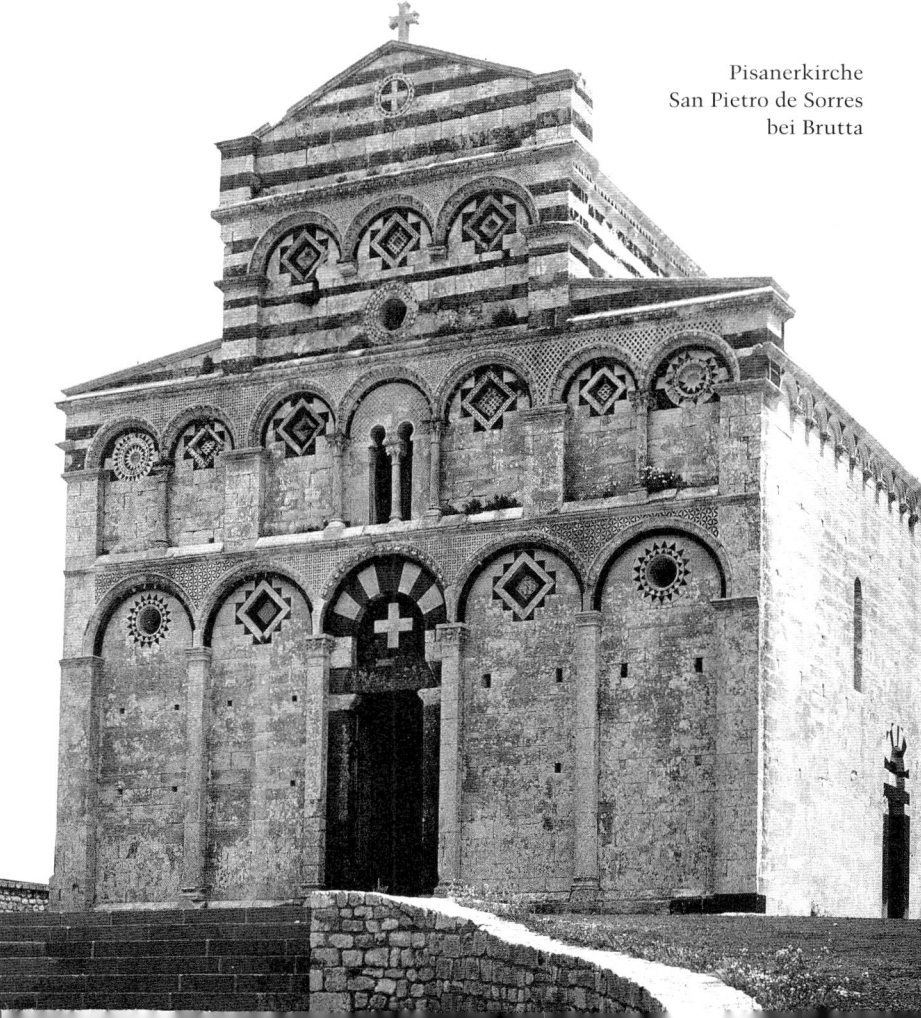

Pisanerkirche
San Pietro de Sorres
bei Brutta

Willkürherrschaft und Zerrüttung:
Die aragonesisch-spanische Herrschaft (1323–1708)

Pisaner und Genuesen machten sich ihren Einflußbereich auf Sardinien jedoch immer wieder streitig. Zahlreiche Kleinkriege mit ständig wechselnden Allianzen, in die auch die noch amtierenden Richter einbezogen waren, überzogen die Insel und gestalten diese Epoche der sardischen Geschichte höchst unübersichtlich. Im Jahre 1297 belehnte Papst Bonifaz VIII. den Aragonesen Jakob II. mit dem (zu dieser Zeit nicht existenten) ›Königreich Sardinien und Korsika‹, um dafür im Austausch Sizilien zu erhalten. Für Jakob II. war dies ein Freibrief, die Insel zu erobern. Der Anlaß zum Angriff bot sich, als der Richter von Arborea um Unterstützung gegen die Pisaner bat. Im Jahre 1323 begann der aragonesische Feldzug mit der Vertreibung der Pisaner aus Cagliari und Iglesias. Anfänglicher Jubel wich jedoch bald der Ernüchterung, als Aragón in den folgenden Jahren weite Teile Sardiniens unter seine Kontrolle brachte. Die Genuesen mochten sich nicht gegen den vom Papst bestimmten rechtmäßigen Lehnsherrn zur Wehr setzen, und Jakob II. von Aragón war so klug, zur Konsolidierung seiner Herrschaft die Besitztümer der Genuesen anzuerkennen.

Mit den Aragonesen begann eine Epoche grausamer Ausbeutung und Willkür, die über fast vier Jahrhunderte jede günstige Entwicklung der Insel verhindern sollte. Anfänglich konnte das Judikat Arborea den neuen Kolonialherren Widerstand leisten, und unter Richter Marianus IV. sah es so aus, als ob man den Befreiungskampf würde gewinnen können. Zur Heldin des sardischen Freiheitsstrebens ist jedoch seine Tochter Eleonora geworden. Sie erkannte, daß der Kampf gegen das übermächtige Aragón wenig Aussicht auf Erfolg hatte, solange es keine innersardische Einigung gab. *Kéntu kònkas, kéntu berrittas* – »einhundert Köpfe, einhundert Mützen«, sagt ein sardisches Sprichwort in Anspielung auf diese Zerstrittenheit.

Eleonora gelang es, fast ganz Sardinien im Befreiungskampf zu einen, doch schon bald nach ihrem Pesttod im Jahre 1402 herrschten die Aragonesen über die gesamte Insel.

Als mit der Vereinigung Aragóns und Kastiliens im Jahre 1479 das Königreich Spanien entstand, verschlechterte sich die ohnehin desolate Lage Sardiniens weiter. Lebten zu Beginn der aragonesischen Herrschaft noch 340.000 Menschen auf der Insel, war die Bevölkerung 1483 auf 150.000 geschrumpft; etwa dreihundert Dörfer waren verschwunden. Sardinien wurde unter einem Vizekönig mit Ständeparlament und mit Hilfe des spanischen Klerus maßlos ausgebeutet. Wirtschaft und Kultur fielen weit hinter die pisanisch-genuesischen Verhältnisse zurück; neuzeitliche Einflüsse wurden ferngehalten. In dieser Zeit der feudalen Willkürherrschaft gründet die sardische Selbstjustiz, die wiederum eine der Wurzeln des Banditentums ist (s.S. 50ff.). Aus Abgrenzung gegenüber den Privilegien und Gesetzen der verhaßten Kolonialherren entwickelten die Menschen ihr eigenes Rechtsverständnis, das von den Herrschenden als Gesetzlosigkeit interpretiert wurde.

Hoffnung und Enttäuschung:
Sardinien und Savoyen (1720–1860)

Nach dem Spanischen Erbfolgekrieg fiel Sardinien 1720 im Austausch für Sizilien an den Herzog von Savoyen-Piemont. Formell durfte dieser nun den Titel ›König von Sardinien‹ führen, doch war das Königreich eine entvölkerte und verarmte Insel, die eigentlich niemand hatte haben wollen. Nicht einmal ausbeuten ließ sich die ungeliebte Insel durch Savoyen, denn dies besorgten weiterhin – gleichsam von Rechts wegen – die spanischen Feudalherren, deren Privilegien 1718 vertraglich festgeschrieben worden waren. An der sardischen Misere änderte sich in den ersten einhundert Jahren der savoyischen Herrschaft nichts. Im Gegenteil: Das Banditentum nahm bedrohliche Ausmaße an, doch waren die Leidtragenden die Sarden selbst, denn Hirten und Bauern bekämpften sich untereinander. *Kéntu kònkas, kéntu berrittas...*

Verhängnisvoll war die Bodenreform von 1820. Ursprünglich befanden sich weite Hügel- und Bergländer in Gemeindebesitz, die nach einem tradierten Verteilungssystem wechselweise als Acker- und Weideland genutzt wurden. Mit einem Erlaß zur Einfriedung *(Editto delle Chiudende)* wurde das umfangreiche Gemeindeland nun privatisiert. Wer das derzeit von ihm bewirtschaftete Land mit einer Mauer oder Hecke umgab, dem sollte es zukünftig gehören. Durch die Abschaffung der veralteten Wechselwirtschaft und die Ausweisung von Privatland sollte der anhaltende Streit zwischen Hirten und Bauern um die Nutzungsrechte beendet und die Macht der Feudalherren eingeschränkt werden. Während aber die Priviligierten in kürzester Zeit riesige Ländereien einzäunen ließen, hatten die Kleinbauern und Hirten das Nachsehen. Die Ungerechtigkeiten waren schließlich größer als je zuvor, und viele Hirten sahen sich gezwungen, in die kargen Bergregionen abzuwandern. Noch heute bestimmen die zahlreichen damals gezogenen Mauern und Hecken das Landschaftsbild Sardiniens.

Das anachronistische Feudalsystem mit seiner von Willkür geprägten Lehnsgerichtsbarkeit wurde erst im zweiten Viertel des 19. Jh. aufgehoben. Die Gemeinden mußten sich jedoch von ihren Feudalherren durch hohe Summen regelrecht freikaufen; die dadurch entstehende Verschuldung brachte neue Abhängigkeiten. 1847 erfolgte die staatsrechtliche Vereinigung Sardiniens und Savoyens, doch wurden die damit verbundenen Erwartungen einer politischen Gleichberechtigung enttäuscht.

Sardinien im italienischen Gesamtstaat (1861 bis heute)

Mit der Gründung des Königreichs Italien im Jahre 1861 degradierte die Insel zum Randgebiet, den wirtschaftlichen Interessen des mächtigen, festländischen Nordens untergeordnet. Von dort setzten Unternehmer die rücksichtslose und gewinnträchtige Ausbeutung der natürlichen Ressourcen Sardiniens fort. Riesige Eichenwälder wurden abgeholzt, die reichen Bodenschätze abgebaut, der Milch- und Käsehandel monopolisiert.

Datumsmarkierungen der DDT-Sprühaktionen aus den fünfziger Jahren sind auf alten Häuserwänden noch zu sehen

Das langsam erwachende sardische Selbstbewußtsein gipfelte 1921 mit Gründung der Sardischen Aktionspartei PSdA *(Partito Sardo d'Azione)* im Ruf nach Autonomie. Zwar strebte ein kleiner Kreis radikaler Separatisten eine vollständige Loslösung Sardiniens vom italienischen Gesamtstaat an, doch die Mehrheit der Sarden ließ sich nicht für die Idee der Eigenstaatlichkeit begeistern. Angesichts der desolaten wirtschaftlichen und sozialen Verhältnisse war jedoch der Wunsch nach mehr Unabhängigkeit weit verbreitet. Eine gewisse Autonomie sollte die gleichsam koloniale Ausbeutung der Insel durch festländische Wirtschaftsmonopole beenden und eine selbstbestimmte wirtschaftliche und politische Integration in den italienischen Gesamtstaat ermöglichen.

Während der faschistischen Zeit wurde jede kulturelle Eigenart Sardiniens massiv unterdrückt. In den versumpften und malariaverseuchten Tiefländern entstanden große Urbarmachungsgebiete wie Mussolinia (heute Arborea), Chilivani und Fertilia, in denen norditalienische Bauern angesiedelt wurden. Gleichzeitig wurde mit der Verwirklichung eines ehrgeizigen Staudammprogramms zur Flußregulierung, Wasserversorgung und Stromerzeugung begonnen. Zur Kohleförderung ließ Mussolini im Sulcis eine ganze Stadt mit dem klangvollen Namen Carbonia aus dem Boden stampfen.

Durch die Verfassung der Republik Italien erhielt Sardinien 1948 den ersehnten Status einer Autonomen Region innerhalb des Staatsverbandes. Die Möglichkeiten der Selbstverwaltung blieben jedoch zunächst begrenzt; wichtige Entscheidungen wurden weiterhin in Rom gefällt.

In den fünfziger Jahren konnte die Malaria, eine Geißel Sardiniens seit den Zeiten der Punier, mit Unterstützung der Rockefeller-Stiftung ausgerottet werden. In Dörfern und Städten fanden regelmäßige DDT-Sprühaktionen statt, deren Datumsmarkierungen noch heute auf manchen alten Hauswänden zu sehen sind. Versumpfte Küstenebenen, seit jeher gefürchtete Malariagründe, wurden durch Anpflanzungen von Eukalyptusbäumen sowie Kanalisierung trockengelegt und urbar gemacht – ein Projekt, das schon unter Mussolini begonnen worden war.

Die Bodenreform-Agentur ETFAS erwarb 930 km^2 Land, rund vier Prozent der Gesamtfläche der Insel, das an Kleinbauern vergeben wurde. Innerhalb weniger Jahrzehnte entstanden zahlreiche weitere Stauseen als wesentliche Voraussetzung eines wirtschaftlichen Wachstums. Der in den sechziger Jahren einsetzende Tourismus trug erheblich zum Strukturwandel auf Sardinien bei. Verstärkt floß ausländisches Kapital auf die Insel; neben dem Dienstleistungsbereich profitierte vor allem die Bauwirtschaft von diesen Investitionen. Die geplante Industrialisierung kam hingegen trotz massiver staatlicher Förderung nicht recht voran. Inflation und Arbeitslosigkeit nahmen zu – mindestens 400.000 Sarden gingen bis 1975 als Gastarbeiter in die Emigration.

Erst 1968, zwanzig Jahre nach der Verankerung des Autonomiestatus in der Verfassung, traten die wesentlichen Anpassungsgesetze zur Durchführung von Regionalwahlen in den zwanzig italienischen Regionen in Kraft. Mitte der siebziger Jahre wurden schließlich auch die legislativen Befugnisse der Regionalparlamente definiert. Heute kann die sardische Regionalregierung eigenständige Gesetze zur wirtschaftlichen Entwicklung, zum Ausbau der Infrastruktur, zur Flächennutzung (z.B. Küstenbebauung) und zum Umweltschutz erlassen. Die nötigen Finanzmittel zur Durchführung solcher Maßnahmen erhält die Regionalregierung über Zuschüsse aus dem italienischen Staatshaushalt sowie durch die Möglichkeit einer regionalen Besteuerung.

Das sardische Regionalparlament spiegelt im wesentlichen das italienische Parteienspektrum wider. Lange Zeit war die Democrazia Cristiana (DC) stärkste politische Kraft. Bei den Regionalwahlen 1984 sorgten die kräftigen Stimmengewinne der Sardischen Aktionspartei PSdA für einiges Aufsehen. Zusammen mit den Kommunisten (PCI) und Sozialisten (PSI) konnte sie eine Linkskoalition bilden. Bei den letzten Regionalwahlen (1989) mußte die PSdA jedoch deutliche Verluste hinnehmen; mit 12,4 Prozent verlor sie ihre Position als drittstärkste Partei. Trotz einer verbreiteten Rückbesinnung auf die eigene Geschichte, Sprache und Kultur haben die Wähler damit dem sardischen Regionalismus auf politischer Ebene eine deutliche Absage erteilt. Zwar fühlt man sich als Sarde, nicht als Italiener, und wünscht sich insofern auch eine gewisse Autonomie. Die Zugehörigkeit zum italienischen Gesamtstaat, dessen Keimzelle die Insel einst bildete, wird jedoch von der großen Mehrheit der Sarden nachdrücklich bejaht.

Hirten und Banditen

»Unterwegs trafen wir manchmal auf andere Hirten, die meinen Vater mit gewohnten, oft völlig sinnlosen Redensarten oder auch mit irgendwelchen Bemerkungen grüßten, nur um nicht stumm aneinander vorbeizureiten. Die Straße war schmal, und diese Begegnung aus nächster Nähe besiegte zumindest einen Augenblick lang das Mißtrauen, das man normalerweise füreinander empfand.«   Gavino Ledda, *Padre Padrone* (1975)

Graziano hatte uns getroffen, nachdem wir in den Bergen von heftigem Regen überrascht worden waren, triefend naß durften wir uns in seinen Wagen setzen.

Es war Anfang Mai, die kargen Sommerweiden des Gennargentu waren vor kurzem noch mit Schnee bedeckt gewesen, und nur spärlich sprossen dünne Grashalme aus dem felsigen Boden. Der Erdweg war durch den Wolkenbruch völlig aufgeweicht, und konzentriert manövrierte Graziano seinen Wagen durch Schlamm und tiefe Pfützen, an Gesteinsschutt vorbei, den die Wassermassen innerhalb von Minuten von den Hängen gespült hatten.

Nun saßen wir in dem Hirtenhäuschen, das er sich in den Kastanienwäldern oberhalb von Desulo gebaut hatte. Nicht eine der traditionellen *pinnètas* mit einer aus groben Steinen geschichteten Rundmauer und einem aus Holzbalken aufgesetzten Spitzdach – diese Hütten sind auch im Gennargentu selten geworden –, vielmehr ein schlichtes Gebäude aus Hohlblocksteinen und Beton, links der Aufenthaltsraum, rechts ein Stall.

Graziano holte Reisig und Holz herbei, das er sorgfältig im offenen Kamin schichtete. Mit der Flamme

eines Gasbrenners entzündet, brannte das Feuer schnell und strahlte wohltu-
end trocknende Hitze ab. Dann breitete Graziano ein Tischtuch über die
Holzplatte, die auf Hohlblocksteinen in der Mitte des Raumes stand, und begann wortlos, den Tisch zu decken. An der Decke hing ein großes Stück
Schinken, von dem er das Fleisch in Scheiben schnitt. Dann holte er einen
Käselaib und wickelte *pane karasau* aus, schwach gesalzene Trockenbrotfla-
den, wie sie die Hirten der Barbagia seit jeher mit in die Berge nehmen. Zum
Essen gab es den kräftigen roten Cannonau-Wein der Gegend, und zum Nach-
tisch klopfte unser Gastgeber Nüsse auf.

Daß er praktisch Analphabet war, bemerkten wir erst, nachdem wir die
Karte herausgeholt hatten und ihn nach Flurnamen fragten. Damit ist Graziano aber beileibe keine Ausnahme unter den älteren Hirten Sardiniens. Der
traditionelle Werdegang war ihm vorgezeichnet und ließ keine Wahl; Schul-
bildung war nicht vorgesehen.

Früher zog Graziano von Mai bis September in die Berge. Die Wege zu den
Hochweiden an den Hängen des Gennargentu waren weit, und nur selten

◁ Mann aus Desulo,
   um 1900

Männer aus Fonni,
um 1900

Hirten bei Ittireddu

kam er ins Dorf herunter. Neue Schotterstraßen wurden gebaut, Fahrwege ge-
walzt, so daß die Hirten mit dem Auto zu den Weidegebieten fahren und die
Milchkannen täglich zur Abholstelle der Molkerei bringen konnten. Ohne
diese Straßen wäre eine Weidewirtschaft, die über die Selbstversorgung hin-
ausgeht, nicht möglich. Alljährlich im Oktober feiert Graziano mit anderen
Hirten in einer kleinen Bergkirche Abschied von der Familie, die er nun für
längere Zeit nicht sehen wird. Der *attramudáre*, der Abtrieb der Herden in
die weit entfernten Tiefländer, beginnt. Der Winter ist rauh im Gennargentu,
in Höhenlagen über 1000 m liegt Schnee.

Graziano kümmert sich allein um seine Herde. Es gibt aber auch Hirten,
die sich zu einer Hirtengemeinschaft zusammenschließen. Solche Hirtengemeinschaften haben eine lange Tradition, aus schierer Not geboren. Bis in unsere Zeit hinein war die Furcht vor Viehdiebstahl allgegenwärtig; sie hat den
Charakter der Hirten, die monatelang in der Einsamkeit verbrachten und in
steter Sorge über ihre Herde wachten, nachhaltig geprägt.

Seit jeher befanden sich die halbnomadisch lebenden Hirten gegenüber den
Großgrundbesitzern und Bauern, die in den fruchtbaren Tälern und Tiefländern siedelten, in der schwächeren Position. Das Einzäunungsgesetz von
1820, mit dem das zuvor gemeinschaftlich genutzte Land privatisiert wurde
(s.S. 47), schränkte die Freiheit der Hirten weiter ein. Für die Winterweiden
im Tiefland, auf die sie angewiesen waren, mußten sie nun hohe Pachtsum-
men zahlen. Die Reaktion blieb nicht aus: Die Hirten der Bergdörfer unter-

nahmen wiederholt bewaffnete Raubzüge – *bardanas* – in das Tiefland, überfielen die Höfe der reichen Großgrundbesitzer und Bauern, plünderten und brandschatzten. Die letzte *bardana* fand 1894 von Orgosolo aus statt, als Tortoli überfallen und fast alle männlichen Einwohner sowie die meisten der dort kasernierten Soldaten getötet wurden.

In das wenig fruchtbare Bergland abgedrängt, begannen die Hirten, sich das Weideland untereinander streitig zu machen. Mit anderen Familien, vor allem aber mit den Bewohnern der Nachbardörfer stand man in ewiger Konkurrenz um die beschränkten Weidegebiete. Immer häufiger wurde Vieh gestohlen, und da der Verlust seiner Herde den bestohlenen Hirten in den Ruin stürzen würde, stand die Dorfgemeinschaft ihm bei. Ursprünglich erhielt er von allen Hirten des Dorfes je ein junges Tier zum Aufbau einer neuen Herde. Als sich aber bewaffnete Raubüberfälle häuften, entstand der *barracéllu*, eine innerhalb der Dorfgemeinschaft organisierte, bewaffnete Feldwache. Bis Ende des 19. Jh. waren solche bewaffneten Hirtengemeinschaften zumindest auf lokaler Ebene offiziell anerkannt. Erst als die Viehdiebstähle weiter zunahmen und es zu blutigen Rachefeldzügen kam, wurde diese Selbstjustiz von amtlicher Seite verboten.

Der Kreislauf der Gewalt, in Bewegung gehalten durch ein ausgeprägtes Ehrgefühl, das immer wieder zu Racheakten herausforderte, nahm jedoch

Livius beschimpfte die Sarden als *Sardi pelliti* (haarige Sarden). Bis in unser Jahrhundert hinein wurde die Schafsfellweste, an die er dabei wohl dachte, von Hirten getragen

kein Ende. Im Gegenteil: Blutige Erbfeindschaften entstanden zwischen Familien und ganzen Dörfern der Barbagia. Die ausgeübte Selbstjustiz gründete sich auf ein archaisches Rechtsverständnis, wonach die Schuld des Individuums zugleich die Schuld der Familie war. Auch Familienangehörige konnten so das Opfer von Rache werden – 42 Menschen starben allein in den Jahren von 1903 bis 1907 in Orgosolo durch Blutrache.

Rache aus Gründen der Ehre wurde als rechtmäßig empfunden, und Straftaten, die von *banditi d'onore* (›ehrenwerten Banditen‹) begangen wurden, genossen einen gewissen Respekt. Dabei war Rache keineswegs immer mit Mord verbunden, sondern konnte auch darin bestehen, den Brunnen des Schuldigen zu vergiften, sein Haus anzuzünden oder sein Vieh zu töten. Die Blutrache verlangte allerdings, daß Mord auch immer mit Mord gerächt wurde, und die Totenklage der Frauen, das *attitare*, rief hierzu mit schrecklichen Flüchen auf. Die einzige Rettung für den Mörder bestand darin, sich rechtzeitig vor einem Überfall des Bluträchers zu verstecken, also in die Macchie zu gehen.

In seiner ›klassischen‹ Ausprägung ist das sardische Banditentum nicht mit Kriminalität zu verwechseln. Es stellte vielmehr eine nur aus der sozialen Ordnung heraus begreifbare Form der Selbstjustiz dar, von der Außenstehende per se nicht betroffen waren. Eine entscheidende Veränderung trat ein, als in den sechziger Jahren die Moderne in diese archaische Hirtenwelt einbrach. Man brauchte nicht erst aufs Festland zu schauen – auch an der Costa Smeralda wurde der neue Lebensstil, *la dolce vita*, vorgeführt. Anstelle des verletzten Ehrgefühls als Tatmotiv war es nun reine Bereicherungsabsicht, die zu Raub, Erpressung und Mord führte, und statt der *banditi d'onore* von einst waren nun Gewalttäter ohne ›Moral‹ am Werk.

Feste und Feiern

In der traditionellen Hirten- und Bauerngesellschaft Sardiniens bildeten Feste eine willkommene Abwechslung zum schweren, oft auch einsamen Alltag. Auf zahlreichen Festen werden noch heute altes Brauchtum gepflegt und Trachten getragen. Die größeren Feierlichkeiten verlieren allerdings durch den Zulauf der Touristen, aber auch durch den gesellschaftlichen Wandel an Authentizität und beginnen einen folkloristischen Charakter anzunehmen.

Noch das kleinste Dorf hat seinen Schutzpatron, dessen Namenstag feierlich begangen wird. In größeren Ortschaften finden farbenprächtige Prozessionen statt, in denen die Statue des Heiligen mit Blumen geschmückt durch die Straßen getragen wird. Es gibt auch überregionale Veranstaltungen mit Teilnehmern aus ganz Sardinien, von denen die wichtigsten und prächtigsten erwähnt werden sollen. Am berühmtesten ist die Sagra di Sant'Efisio in Cagliari zum Gedenken an den römischen Märtyrer Efisius, der die Stadt im Jahre 1657 von der Pest errettet haben soll. In Erfüllung eines Gelübdes zieht Anfang Mai eine feierliche Prozession mit der Statue des Heiligen von Cagliari nach Nora, der Stätte seines Martyriums. Prächtig geschmückte Planwagen *(trakkas)*, von Ochsengespannen gezogen, begleiten den Festzug.

Die Processione dei Candelieri in Sassari geht auf ein Dankesgelübde nach dem Ende der Pestepidemie von 1582 zurück. Acht riesige hölzerne Kerzen, geschmückt mit Blumen, Fahnen und langen Bändern, werden am 14. August von Mitgliedern der Gremi (der mittelalterlichen Handwerker- und Kaufmannsgilden) durch die Stadt getragen. Die Teilnehmer der Prozession sind mit zeitgenössischen spanischen Kostümen bekleidet; Flöten und Trommeln untermalen den Umzug musikalisch. Ebenfalls in Sassari findet am vorletzten Sonntag im Mai die Cavalcata Sarda statt. Ursprünglich aus Ehrerbietung gegenüber adligen Besuchern der Stadt veranstaltet, ziehen heute Trachtengruppen aus allen Teilen der Insel mit den kostümierten Reitern durch die Straßen.

Jeweils am letzten Sonntag im August findet in Nuoro die Sagra del Redentore mit einer Prozession von der Stadt zur Erlöserstatue auf dem Monte Ortobene statt. Gefeiert wird anschließend vor allem im Stadion von Nuoro mit Musik und Tanz.

Unter den Reiterfesten berühmt ist die Sartiglia in Oristano (Sonntag und Dienstag vor Fastnacht), ein Pferdeturnier mit maskierten Reitern in historischen Kostümen, sowie die Ardia in Sedilo (6./7. Juni).

Wallfahrtskirchen wie San Francesco bei Lula, San Mauro bei Sorgono und San Cosimo oberhalb von Mamoiada sind ebenfalls Mittelpunkt lebendiger Feste. Während der Feiertage wohnen die Teilnehmer in schlichten Pilgerunterkünften *(kumbessías)*, die die Kirche umgeben. Auf diesen Festen wird ausgiebig gegessen und getrunken, musiziert und getanzt, und auch die religiösen Feierlichkeiten, bei denen sich Volksfrömmigkeit mit vorchristlichem Brauchtum mischt, werden nicht vergessen. Häufig findet noch der traditionelle Dichterwettstreit statt. Bei diesem improvisierten Wettgesang in sardischer Sprache macht einer der Dichter zu einem bestimmten, von der Jury vorgegebenen Thema den Anfang. Der Gegenpart muß an den letzten Reim anknüpfen und die Geschichte weitererzählen, und so geht es dann oft mehrere Stunden lang hin und her.

Archaischen Ursprungs sind die Karnevalsbräuche einiger Bergdörfer der Barbagia und des Nuorese. In Mamoiada ziehen Männer (die *mamuthones* – ›Schreckbilder‹) mit bizarren schwarzgefärbten Holzmasken, in Schaffelle gehüllt und mit schweren Kuhglocken behangen, durch das Dorf. Sie sind von den sogenannten *issokadores* (›Strickfängern‹) begleitet, rotgekleideten Gestalten, die mit den *mamuthones* einen rituellen Kampf aufführen.

Musik

Sardische Musik wirkt archaisch und kunstvoll zugleich; Mehrstimmigkeit und Tempowechsel sind typisch. Religiöse Hymnen, teilweise ein Überbleibsel byzantinischer Kirchenmusik, begleiten die Prozessionen. Vom einfachen Wiegenlied bis zum Rezitativ eines Wechselgesangs, vom Liebeslied bis zur Totenklage reichen die weltlichen Gesänge, deren schwebendes Näherkommen und Verwehen sich für unsere an Tonalität gewöhnte Ohren recht fremdartig anhören.

Manche Lieder werden von den *launèddas* begleitet, einem Holzblasinstrument mit drei Rohren. Der vom Klang der *launèddas* untermalte, klagende Sprechgesang klingt mit seinem Gemisch brummender, surrender und rasselnder Töne uneuropäisch. Das Instrument scheint schon vor Jahrtausenden auf Sardinien bekannt gewesen zu sein, denn es ist auf einer nuraghischen Bronzestatuette (ca. 8. Jh. v. Chr.) dargestellt. Die *launèddas* spielen zu können erfordert ein hartes Training, bei dem die Atemtechnik entscheidend ist: Der Spieler atmet durch die Nase ein und benutzt seinen Mundraum als Luftreservoir, um einen konstanten Luftstrom zu erzeugen. Die *launèddas* erlauben ein mehrstimmiges Intonieren, wie es in der Antike eigent-

Die *launèddas* werden wohl schon seit Jahrtausenden auf Sardinien gespielt

lich noch unbekannt war. Das große Baßrohr *(su tumbu)* dient als Orgelpunkt, während die beiden kleineren Rohre *(sa mankosa* und *sa mankoseddu)* einer sich frei über dem Baßton bewegenden melodischen Begleitung dienen. Die Kunst des *launèddas*-Spielers besteht darin, ein einfaches Repertoire vorhandener melodischer Phrasen *(sas nodas)* mit eigenen Variationen auszufüllen.

Trachten

Sardische Trachten sind so vielfältig wie die Landschaften der Insel und unterscheiden sich von Ort zu Ort. Aus dem Alltagsleben sind sie verschwunden, doch an Festtagen werden sie mit Stolz und Würde getragen. Die Frauentrachten sind meist recht farbenfreudig, so als wollten sie die üppige Farbpalette der gesamten Insel widerspiegeln. Es werden reichbestickte Hals- und

Kopftücher getragen, große Kapuzen und weite Umhänge, dann wieder eng anliegende Oberteile und gerüschte Blusen. Wertvolle Spitzenarbeiten und kunstvoller Goldschmuck bereichern die Tracht, grober Wollstoff und strenge Leinentücher unterstreichen ihren ländlichen Ursprung.

Typisch für die Männer ist eine schwarzweiße Tracht, die manchmal durch einen kräftigen Rotton bereichert wird: Über einem weißen, langärmeligen Hemd wird eine schwarze Weste getragen, und zur weißen Pluderhose, die in die engen schwarzen Stiefel gesteckt wird, gehört eine schwarze Schürze. Als Kopfbedeckung dient eine lange Strumpfmütze *(berritta)*.

Eine sehenswerte Auswahl von Trachten (einschließlich der phantastischen Karnevalsmasken) ist im **Museo della Vita e delle Tradizioni Popolari Sarde** in Nuoro ausgestellt. Daneben bekommt man hier einen guten Überblick über die kunsthandwerkliche Tradition der Insel. Via Mereu 56, ℰ 0784/31426, geöffnet täglich außer Sonntagnachmittag und Montag 9–13 und 15–19 Uhr.

An Festtagen werden die wertvollen, alten Trachten getragen. Sie variieren von Dorf zu Dorf. Die Mädchen aus Orgosolo schmücken sich mit orientalisch anmutenden Kopftüchern; in Sennori putzen sie sich mit kostbaren Spitzen und Stickereien

Die sardische Küche

So vielgestaltig wie die Landschaften der Insel, so vielfältig ist die traditionelle Küche Sardiniens. Sie weist große regionale Unterschiede auf und ist naturgemäß der Hirten- und Bauernwelt eng verbunden. Fischgerichte spielen eine untergeordnete Rolle. Am Spieß gebratenes Fleisch (*arrosti*), insbesondere Spanferkel (*porkeddu*), Lamm (*agnello*) und Wildschwein (*cinghiale*), steht im Mittelpunkt der sardischen Gastronomie. Ganz vorzüglich ist luftgetrockneter Schinken (*prosciutto di montagna*) der halbwilden Schweine; häufig wird er zusammen mit Oliven als Vorspeise gereicht. Beliebt sind auch Spezialitäten aus Innereien. Als besondere Köstlichkeiten gelten zum Beispiel die *kordula* (gegrilltes, kunstvoll verflochtenes Gedärm) sowie die *tratalia* (gegrilltes, mit Innereien und Speck gefülltes Gedärm). Die *favata*, ein herzhafter Eintopf aus Saubohnen und Schweinefleisch, wird gerne im Winter gegessen. Typische Gerichte, die in Restaurants als erster Gang serviert werden, sind die *malloreddus* (ital. *gnocchi sardi*), mit Safran gewürzte Grießklößchen, die – wie Muscheln geformt – mit Fleisch und Tomatensoße angerichtet werden, sowie eine Art sardischer Ravioli (*kulorzones* oder *pulingionis*), die mit *ricotta*, Fleisch, Gemüse oder Kräutern gefüllt werden.

Brot gibt es in unzähligen Formen und Sorten. Die berühmteste Spezialität, *pane karasàu* (›karasàrau‹ bedeutet ›hart geworden‹), stammt ursprünglich aus den Hirtendörfern der Barbagia. Es wird in hauchdünnen Rundscheiben gebacken (daher auch *carta da musica* – ›Notenpapier‹ – genannt) und ist als Trockenbrot wochenlang haltbar. Früher wurde es von den Hirten mitgenommen, wenn sie ihre Herden in weit vom Dorf entfernte Gegenden begleiteten. Aufgewärmt mit einigen Tropfen Olivenöl und etwas Salz im Restaurant gereicht, mundet der erste Schluck Wein zu *pane karasàu* ganz vorzüglich. Auch als erster Gang ist das Hirtenbrot äußerst schmackhaft: In Brühe aufgeweicht und mit Tomatensoße, reichlich Schafskäse sowie einem Spiegelei angerichtet, wird es als *pane frattau* auch in besseren Restaurants serviert.

Unerreicht ist sardischer Käse, der vielfach noch von Hirten in Eigenproduktion oder in Kleinbetrieben (Kooperativen) hergestellt wird. An erster Stelle rangiert natürlich Schafskäse (*formaggio pecorino*), der zudem einen wahren Exportschlager der Insel darstellt. Sogenannter *pecorino romano* wird ausschließlich zur Ausfuhr (überwiegend nach Nordamerika) produziert. Die Barbagio Ollolai ist für ihren *fiore sardo* bekannt, einen länger gelagerten Hartkäse von pikanter Schärfe. In allen Teilen der Insel wird *pecorino sardo* hergestellt, ein würziger Schafskäse, dem meist etwas Ziegenmilch beigemischt ist. Von eher lieblichem, mildem Geschmack ist der *dolce sardo*. Unter dem Namen *ricotta* wird ein quarkähnlicher Frischkäse aus Schafsmilch angeboten. – Die Herstellung von Käse aus Ziegen- und Kuhmilch wird in weit geringerem Maße betrieben.

Sardisches Picknick

Die zahlreichen Süßspeisen *(dolci sardi)* machen ihrem Namen meist alle Ehre; dies gilt insbesondere für das vielgepriesene Mandelgebäck. *Bianchini* werden aus Zucker, Eischnee und gehackten Mandeln hergestellt, *amaretti* aus einer nachhaltig gesüßten Mandelpaste; daneben gibt es unzählige weitere Varianten. Bekannt ist auch der *torrone,* eine Art Nougat aus den Dörfern des Gennargentu. Eine Spezialität, die man sich keinesfalls entgehen lassen sollte, sind die *sebadas.* Teigtaschen mit *ricotta*-Füllung. In Öl ausgebacken und mit Honig bestrichen, werden sie heiß serviert. Unter den Honigsorten ist der dunkelbraune *miele amaro* hervorzuheben. Dieser ›bittere Honig‹ wird vor allem in der Gallura produziert: sein herb-süßes Aroma verdankt er den Blüten des Erdbeerbaums.

Die *carta da musica* schmeckt gut mit Olivenöl und Salz

Ähnlich vielfältig wie die Speisen sind auch die Weine Sardiniens. In den letzten Jahrzehnten wurde der traditionelle Weinanbau modernisiert; vielerorts entstanden Winzergenossenschaften *(cantina sociale),* die rund sechzig Prozent des sardischen Weins verarbeiten. Die wichtigsten Rebsorten, die auf der Insel angebaut werden, sind: **Vermentino di Gallura,** ein trockener Weißwein, weich im Geschmack mit leicht bitterem Abgang, ausgezeichnet zu Schalentieren und Meeresfrüchten passend; **Nuragus di Cagliari,** ein trockener Weißwein von feiner Säure, lebhaft im Geschmack, ein idealer Begleiter zu Fischgerichten; sowie **Cannonau di Sardegna,** ein schwerer Wein von rubinroter, mit zunehmendem Alter orangeroter Farbe, der sich durch eine die Säure ausgleichende Samtigkeit auszeichnet und leicht fruchtig schmeckt, hervorragend zu dunklem Braten und Wild passend.

Zu den Aperitif- und Dessertweinen mit einem Alkoholgehalt von 16 bis 18 Prozent, die ein wenig an Portwein oder Sherry erinnern, gehören der berühmte **Vernaccia di Oristano,** ein goldgelber bis bernsteinfarbener Wein von delikatem Bukett mit einem angenehmen Hauch von Mandelbitter, sowie der **Malvasia di Bosa,** ein leicht süßer bis trockener Wein von strohgelber bis goldgelber Farbe und deutlichem Mandelnachgeschmack. Unter den höherprozentigen Spirituosen ist der **Mirto** hervorzuheben, ein Kräuterlikör aus Myrtenbeeren (rot) oder Myrtenblättern (weiß), der nach dem Essen getrunken wird.

Sprachen auf Sardinien

»Die Sprache bringt doch eine Art von Atmosphäre des Landes mit.«
Goethe zu Eckermann, 10.4.1829

Als der deutsche Gelehrte Max Leopold Wagner Anfang dieses Jahrhunderts Sardinien bereiste, notierte er mit Erstaunen, daß selbst Bewohner entlegener Bergdörfer das Italienische oftmals perfekt beherrschten. Der Romanist war deshalb so überrascht, weil Italienisch für Sarden eigentlich eine Fremdsprache darstellt: Noch heute sprechen etwa zwei Drittel der Inselbevölkerung Sardisch als Muttersprache. Wagner war fasziniert von dieser eigenständigen, dem Lateinischen besonders nahestehenden romanischen Sprache und sollte zu ihrem bedeutendsten Erforscher werden.

Niemals konnte das Sardische den Rang einer schriftsprachlich normierten Hochsprache erreichen. Stets war die Sprache der jeweiligen Herrscher zugleich offizielle Amts- und Hochsprache, die schließlich auch von einem Teil der Bevölkerung in den Städten gesprochen wurde. Mit der savoyischen Herrschaft über Sardinien wurde im 18. Jh. das Italienische auf der Insel eingeführt – mit großem Erfolg. Es entwickelte sich rasch zur allgemein anerkannten Hochsprache Sardiniens, während das in eine Vielzahl sehr unterschiedlicher Dialekte zersplitterte Sardische (selbst *kein* Dialekt des Italienischen!) verbreitete Umgangssprache blieb. In der Barbagia sprechen mitunter bereits Nachbardörfer so verschiedene Dialekte, daß eine Verständigung auf ›Sardisch‹ kaum möglich ist.

Auch Grazia Deledda, die bedeutendste sardische Schriftstellerin, wählte das Italienische als Sprache ihrer zahlreichen Erzählungen und Romane, in denen sie die archaische Hirtenwelt ihrer Heimat Nuoro schilderte. Hätte sie sich für einen sardischen Dialekt entschieden, wäre eine weitaus geringere Verbreitung ihres literarischen Werkes, für das sie 1926 mit dem Nobelpreis ausgezeichnet wurde, wahrscheinlich gewesen.

Unterdessen scheint die Zweisprachigkeit in der modernen Massengesellschaft allmählich im Rückgang begriffen zu sein. Verkehr und Telekommunikation ermöglichen eine weitreichende Mobilität, die Sarden auch untereinander zwangsläufig auf das Italienische ausweichen läßt. Vor allem in den größeren Städten sprechen immer weniger Menschen die sardischen Dialekte. Besonders unter der Jugend scheint das Italienische tonangebend zu sein. Obwohl das Sardische heute sogar gesetzlichen Schutz und (theoretisch) Gleichberechtigung neben dem Italienischen genießt, könnte es langfristig durchaus vom Aussterben bedroht sein – als antiquiert wirkende Sprache der Alten, für die die junge Generation nurmehr folkloristisches Interesse aufzubringen vermag.

Zwei sardische Dialekte werden von der großen Mehrheit der Bevölkerung gesprochen: im Süden das Campidanesische und im mittleren Nordwesten das Logudoresische. Diese ursprünglich nahe verwandten Dialekte unterscheiden sich durch einige regelmäßige Lautunterschiede. Das Logudoresische repräsentiert den ursprünglicheren, dem Lateinischen näherstehenden Lautstand und gilt gewissermaßen als das ›klassische‹ Sardisch.

Die Dialekte der zentralen ostsardischen Bergländer, das Barbaricinische und das Nuoresische, tragen ausgeprägt archaische Züge in Wortschatz, Lautstand und Satzstellung. Beispielsweise lautet ein nuoresisches Sprichwort *In su pane partiu si bi sedet deus* (»Wenn man sein Brot teilt, sitzt Gott dabei«) – der Satz entspricht der klassischen lateinischen Form. Der sprachliche Konservativismus spiegelt die wirtschaftliche und gesellschaftliche Stagnation wider, die über Jahrhunderte kennzeichnend war. In dieser von fremden Einflüssen weitgehend abgeschiedenen Welt konnte sich das zur Zeit der Eroberung und Romanisierung gesprochene Vulgärlatein am reinsten erhalten. Beide Dialekte werden nur von einer kleinen Bevölkerungsgruppe gesprochen.

Nicht zum Sardischen gerechnet werden der Stadtdialekt des Sassaresischen mit seinem isolierten Verbreitungsgebiet um Sassari/Porto Torres und das Galluresische im Nordosten der Insel, die beide den oberitalienischen Dialekten verwandt sind. Durch festländische Zuwanderer entstanden auf Sardinien zwei kleine Sprachinseln, das Katalanische in Alghero und das Ligurische auf der Insel San Pietro.

Die Wurzeln des Sardischen

Nach der Besetzung Sardiniens durch Rom im Jahre 238 v. Chr. konnte sich das Vulgärlatein verhältnismäßig schnell ausbreiten. Mit dem allgemeinen Aufschwung, der zu Beginn der Kaiserzeit einsetzte, näherte sich die Romanisierung bereits ihrem Abschluß. Von Orts- und Flurnamen einmal abgesehen, überlebten nur wenige vorlateinische Wörter diese Zeit. Sofern sie nicht zu dem geringen Anteil der Wörter punischens Ursprungs gehören, entstammen sie mit einiger Wahrscheinlichkeit der Sprache der Nuragher. Im Bereich der Tier- und Pflanzennamen gehören hierzu *éni* (›Eibe‹) und *murdégu* (›Zistrose‹), bei den Geländebezeichnungen unter anderem *garróppu* (›Wasserstrudel‹) und *kúkkuru* (›Kuppe‹).

Nach dem Untergang des Römischen Reiches war die Insel bis in das 11. Jh. weitgehend isoliert und auch sprachlich keinen äußeren Einflüssen ausgesetzt. Während der Spätantike und im Frühmittelalter konsolidierte sich daher das Sardische als Sprache einer einfachen Hirten- und Bauernkultur. Die vielfältigen gegenständlichen Begriffe aus den Bereichen Viehzucht und Landwirtschaft haben sich seither in ihrer dem Lateinischen nahestehenden Form nahezu unverändert erhalten.

An der Wende zum Hochmittelalter, unter der sich ausbreitenden pisanisch-genuesischen Vorherrschaft, fanden die Niederungen, Küstenlandstriche und Bergbaugebiete der Insel wieder Anschluß an das Festland. Von der pisanisch beeinflußten Hauptstadt Cagliari weit in die umliegenden Berge hinein und an der Ostküste bis in die Baronie ausstrahlend, entwickelte die Sprache des Südens eine veränderte Lautung. Es begann sich das gegenüber

den Dialekten Inner- und Nordsardiniens relativ einheitliche Campidanesische herauszubilden, eine Folge der überregionalen Prägungskraft von Cagliari.

Im Jahre 1395 ließ die berühmte Freiheitsheldin Eleonora (s.S. 46) ein umfassendes Zivil- und Strafgesetzbuch, die Carta de Logu, im logudoresischen Dialekt niederschreiben. Auch auf kulturellem Gebiet wollte die Richterin von Arborea so ihren Freiheitskampf gegen die aragonesische Fremdherrschaft führen und das sardische Selbstbewußtsein stärken. Die Carta de Logu hätte der Ausgangspunkt einer Entwicklung des Logudoresischen zur staatstragenden Schrift- und Hochsprache werden können. Mit dem Sieg der Aragonesen war das Schicksal des Sardischen jedoch endgültig besiegelt – als nicht orthographisch normierte Umgangssprache des Volkes, die immer von einer sozialen Abwertung bedroht war.

Besonderheiten des Sardischen

Im Vergleich zum Italienischen klingt das Sardische im allgemeinen etwas rauh, da der Vokal **u** und die harten Konsonanten **b**, **d** und **k** recht häufig vorkommen. Überdies können sardische Wörter auch auf Konsonanten enden, während italienische Wörter immer auf einen Vokal ausklingen, etwa ›ich gehe‹, sard. *andamus*, ital. *andiamo*. Häufig entspricht das Sardische noch dem lateinischen Lautstand. So sind die Vokale **i** und **u** im Sardischen meist erhalten, während sie sich im Italienischen gewöhnlich zu **e** und **o** abgeschwächt haben (z.B. lat. *mundus* – sard. *mundu* – ital. *mondo*). Auch **g** und **c** (wie im klassischen Latein als **k** gesprochen) sind im Lautwert unverändert (z.B. lat. *centum* – l. *kéntu* – ital. *cento*). Andererseits haben auch die sardischen Dialekte bestimmte regelmäßige Lautverschiebungen erfahren, zum Beispiel **v** zu **b** und **r** zu **l** (z.B. lat. *ventus* – l. *béntu*).

Mit der Zugehörigkeit zur westromanischen Sprachenfamilie erfolgt die Pluralbildung im Sardischen durch das auslautende **s** (z.B. *sa kònka* – *sas kònkas*). Zu den Besonderheiten gehören die bestimmten Artikel *sa* und *su* (Plural *sas* und *sos*, c. *is*), die sich von lat. *ipse* und nicht wie sonst von *ille* ableiten. Im Sardischen kommen außerdem viele lateinische Wörter vor, die in anderen romanischen Sprachen selten sind oder fehlen (z.B. lat. *domus* – c. *dòmu* – ital. *casa*).

Unter dem Einfluß von Genuesen, Pisanern, Aragonesen und Spaniern fanden auch zahlreiche neue Wörter in das Sardische Eingang. Etwa die Hälfte des sardischen Wortschatzes, darunter fast alle abstrakten Begriffe, besteht aus solchen Lehnwörtern.

Schreibweise und Aussprache des Sardischen

Das Sardische wird meist in einer italienischen Lautumschrift wiedergegeben, und es gelten daher grundsätzlich die Ausspracheregeln des Italienischen. Durch das Fehlen einer einheitlichen sardischen Hochsprache und die Vielzahl unterschiedlicher Dialekte variiert die Schreibweise allerdings stark;

nicht immer ist sie eindeutig festzulegen. Im Sardischen werden außerdem die Buchstaben **j**, **k** und **x** geschrieben, die im italienischen Alphabet nicht vorkommen. Daher sind sardische Ortsnamen als solche leicht an diesen ›verbotenen‹ Buchstaben erkennbar, beispielsweise Jerzu, Sarrock und Arbatax. Das **j** wird wie im Deutschen (z.B. ja) ausgesprochen, das **k** ersetzt das **c** bzw. **ch**, und das **x** entspricht einem **sch**. Außerdem kennt das Sardische einen dem englischen **th** ähnlichen Laut, der etwa in c. *puzzu* – ›Brunnen‹ und Bitti vorkommt. Die Betonung wird bei **a**, **i**, und **u** durch den Akzent ` angezeigt, sofern sie nicht auf der vorletzten Silbe liegt. Bei betontem **e** und **o** wird der Akzent in jedem Fall angezeigt und zusätzlich differenziert: **è**, **ò** fordern offene Ausprache, **é**, **ó** geschlossene Aussprache.

Literatur aus Sardinien

Literarisch ist die Insel erst spät aus ihrem Dornröschenschlaf erwacht, allzu übermächtig war über Jahrhunderte die kulturelle Hegemonie der jeweiligen Fremdherrscher und die Unterdrückung insularer Eigenart. Erst mit **Grazia Deledda** (1871–1936) beginnt die Geschichte der sardischen Literatur, nun aber gleichsam mit einem Paukenschlag: Als viertes von sechs Kindern einer wohlhabenden Grundbesitzerfamilie in Nuoro geboren, setzte sich die junge Autorin über viele Konventionen ihrer Zeit hinweg. Gegen den Widerstand der Familie begann sie schon als Zwölfjährige zu schreiben – mit einem italienischen Wörterbuch in der Hand, da sie nur vier Jahre die Volksschule besucht hatte.

Grazia Deledda, 1904

Die Veröffentlichung der ersten Romane (seit 1888) wurde in ihrer Heimat als Skandal aufgenommen, doch ließ sich Grazia Deledda in ihrem literarischen Schaffen nicht beirren. Der Roman *La via del male* (›Der Weg des Bösen‹, 1896) begründete ihren literarischen Ruhm. 1899 lernte sie während eines Aufenthalts in Cagliari Palmiro Madesani, einen Beamten aus dem römischen Finanzministerium, kennen. Im Jahr darauf heiratete sie ihn und zog nach Rom, um hier ein zurückgezogenes Leben als Schriftstellerin, Mutter und Hausfrau zu führen. Im selben Jahr wurde einer ihrer bedeutendsten Romane, *Elias Portolu* (›Die Maske des Priesters‹), veröffentlicht. In den Büchern, die Grazia Deledda nun fern der Heimat schrieb, blieb sie ihrer archaischen Welt treu: *Canne al vento* (›Schilf im Wind‹, 1913), *Marianna Sirca* (1915), *La Madre* (›Die Mutter‹, 1920), um nur einige zu nennen. 1926 wurde Grazia Deledda mit dem Nobelpreis für Literatur ausgezeichnet. Heutigen Lesern geben die Romane Grazia Deleddas, von denen eine ganze Reihe in deutscher Übersetzung vorliegen, einen plastischen Einblick in die archaische Welt Innersardiniens, wie sie bis in die Mitte dieses Jahrhunderts bestand.

Das Wohnhaus in Nuoro, in dem die Schriftstellerin ihre Kindheit und Jugend verbrachte und das sie in ihrem postum erschienenen autobiographischen Roman *Cosima, quasi Grazia* (1937) beschrieb, ist seit 1983 der Öffentlichkeit zugänglich: Casa Museo di Grazia Deledda, Via Deledda 28, geöffnet im Winter 9.00–13.30 und 14.30–18.00 Uhr, im Sommer 9.00–13.30 und 16.00–19.00 Uhr.

Einer jüngeren Schriftstellergeneration, für die die Erfahrungen des Zweiten Weltkriegs prägend wurden, gehörte **Giuseppe Dessi** (1909–1977) an. Nach dem Studium der Literaturwissenschaft wurde er Schulamtsleiter in seinem Heimatort Villacidro. In der Nachkriegszeit veröffentlichte Dessi zahlreiche Romane, unter denen *Paese d'ombre* (1972) als sein bedeutendstes Werk gilt. Auf deutsch liegt lediglich sein Roman *Il disertore* (›Das Lösegeld‹, 1962) vor. In diesem wie anderen Werken stellt Dessi die Frage nach Integrität und persönlicher Verantwortung.

Salvatore Satta (1902–1975) lehrte als Professor für Zivilrecht an den Universitäten Padua, Genua und Rom. Nebenbei schrieb er ganz im Stillen zwei Romane, die beide erst postum veröffentlicht wurden. Sowohl in *La Veranda* (1928 bis 1930 entstanden) als auch *Il giorno del giudizio* (›Tag des Gerichts‹, in seinen letzten Lebensjahren verfaßt), schildert Satta das Bürgertum und die Geschichte seiner Heimatstadt Nuoro.

Maria Giacobbe, 1928 in Nuoro als Tochter einer begüterten Familie geboren, wurde nach dem Willen ihrer Eltern Lehrerin. In den abgelegenen Bergdörfern der Barbagia mit den elenden Lebensverhältnissen der Hirten und Bauern konfrontiert, verarbeitete sie ihre Erfahrungen in dem autobiographischen Roman *Diario di una maestrina* (›Meine sardischen Jahre‹, 1956).

Gavino Ledda (1938), über dessen Werk man auf Sardinien nicht sonderlich glücklich zu sein scheint, hat es im Ausland zu größerer Bekanntheit gebracht. Als Sohn einer armen Hirtenfamilie in Siligo geboren, lernte Ledda erst mit zwanzig Jahren aus eigener Kraft lesen und schreiben. Das Studium der Sprachwissenschaft schloß er mit der Promotion ab, um schließlich einen Lehrauftrag an der Universität Sassari anzunehmen. Heute lebt Ledda wieder in seinem Heimatdorf Siligo. In seinem autobiographischen Roman *Padre Padrone* (›Mein Vater, mein Herr‹, 1975) schildert er schonungslos die deprimierenden Jahre seiner Kindheit und Jugend, die Konflikte mit dem rohen, despotischen Vater und den einsamen Alltag der Hirten. *Lingua di falce* (›Sprache der Sichel‹), die Fortsetzung seiner Autobiographie, beschreibt den letztlich erfolgreichen Kampf Leddas um Selbstbestimmung und die Auseinandersetzung mit der eigenen Herkunft und Sprache, die ihn schließlich wieder auf die Insel zurückführte.

Frühe deutsche Sardinienreisende

Ein Münchner mit Wahlheimat Sardinien –
Max Leopold Wagner

Der Romanist Max Leopold Wagner (1880–1962) brach 1905 erstmals nach Sardinien auf. Zusammen mit einem Freund durchstreifte er die Insel auf dem Rad, eine damals noch abenteuerliche Reise: Die Straßen waren in erbärmlichen Zustand, die hygienischen Verhältnisse kläglich, die wenigen Gasthöfe meist miserabel. Noch wütete die Malaria auf Sardinien. Und dennoch – Wagner zeigte sich begeistert von dieser archaischen Welt, die sich ihm am unverfälschtesten in der Barbagia präsentierte: »Einfach und wild wie die Natur haben sich hier die Menschen, von patriarchalischem Lebensstil und konservativer Sprache, erhalten«. Besonders die Sprache Innersardiniens hatte es ihm angetan, denn sie erschien ihm als »die schönste und die reinste: Ein harmonischer, viriler Dialekt mit lateinischen Resten und archaischer Syntax«. Sein ganzes Leben sollte Wagner der Erforschung des Sardischen widmen, einer Sprache, die bis dahin nicht einmal als solche anerkannt, geschweige denn linguistisch untersucht worden war. 1907/1908 erschienen seine ›Reisebilder aus Sardinien‹ in der geographischen Zeitschrift ›Globus‹. Zur gleichen Zeit veröffentlichte er seine ersten wissenschaftlichen Untersuchungen über die sardische Sprache.

1921 konnte Wagner, inzwischen Professor an der Berliner Universität, eine zusammenfassende Darstellung der sardischen Sprache und Kultur vorlegen. Wissenschaftlich präzise und doch lebendig geschrieben, gilt ›Das ländliche Leben im Spiegel der Sprache‹ noch heute als Standardwerk.

Drei Jahre später sah sich Wagner zur Emeritierung gezwungen – vermutlich wegen Bekanntwerdens seiner Homosexualität. Es folgten zwei Jahrzehnte wirtschaftlicher Schwierigkeiten. Wagner hielt sich nun oft auf Sardinien auf, doch hoffte er vergeblich auf einen Lehrauftrag an der Universität Cagliari.

1947 wurde Wagner als Professor an die Universität Coimbra (Portugal) berufen. Seine Wahlheimat Sardinien verließ er wehen Herzens; in den Ferien zog es ihn immer wieder zurück auf seine Insel. Eine Gastprofessur an der Universität Illinois führte ihn 1948/49 in die Vereinigten Staaten. 1951 wurde seine sprachgeschichtliche Darstellung der sardischen Sprache (›La lingua sarda‹) veröffentlicht. Im gleichen Jahr gab Wagner seinen Lehrauftrag in Coimbra auf, um endgültig in die Neue Welt, nach Washington, überzusiedeln. Während der Jahre bis zu seinem Tode 1962 in New York entstand sein Hauptwerk, das dreibändige etymologische Wörterbuch ›Dizionario Etimologico Sardo‹.

Neben dem Sardischen galt Wagners Interesse zeitlebens auch dem Spanischen, Portugiesischen, Iberoamerikanischen, dem jüdischen Spanisch sowie

den romanischen Wurzeln von Zigeuner- und Geheimsprachen. Sein größtes Verdienst bestand jedoch darin, als Erster die verschiedenen sardischen Dialekte wissenschaftlich geordnet und die Herkunft eines Großteils ihres Wortschatzes geklärt zu haben.

Ein Privatier auf Reisen –
Heinrich Karl Eckardt Helmuth von Maltzan

Heinrich Karl Eckardt Helmuth von Maltzan (1826–1874), Reichsfreiherr zu Wartenberg und Penzlin, war ein ausgezeichneter Kenner des Orients, ein weitgereister Abenteurer und namhafter Reiseschriftsteller des 19. Jh.

Obwohl sein Interesse vorwiegend der Geschichte und Archäologie des arabischen Raums (insbesondere den phönizischen Denkmälern) galt, enthalten seine mit feinem Humor geschriebenen Werke gleichermaßen präzise Beobachtungen zur Landeskunde. Die eingehende Schilderung von Sitten und Gebräuchen sowie die Darstellung der Lebensverhältnisse und sozialen Zustände macht auch seine ›Reise auf der Insel Sardinien‹ (Leipzig 1869) noch heute zum höchst lesenswerten Buch.

Es war purer Zufall, der Maltzan nach Sardinien führte: Von Palermo kommend, verpaßte er wegen einer Verspätung in Cagliari sein Anschlußschiff nach Tunis, dem eigentlichen Ziel seiner Reise. Eine Woche mußte er auf das nächste Schiff warten, und in dieser Zeit reifte sein Entschluß, auf der Rückreise gleich mehrere Monate auf der Insel zu verweilen. Anschließend befand er: »Man möchte glauben, daß diese Insel gar nicht in Europa läge, so wenig kümmert man sich um sie. Namentlich in Deutschland scheint man dieses interessante Stück Erde sehr zu unterschätzen. Daß das Land einige landschaftliche Schönheiten besitzt, daß es eine interessante Fauna aufzuweisen hat, und daß sich daselbst große, geheimnißvolle, thurmartige Denkmäler, die Nurhagen befinden, das wäre so ziemlich Alles, was man in unserm Vaterland von Sardinien wissen dürfte. Vielleicht hat auch hie und da ein Speculant von den Bergwerken gehört. Daß aber die Insel in allen Naturreichen höchst Interessantes bietet, daß sie außerdem archäologische Schätze der mannichfaltigsten Art [...] besitzt, davon haben nur Wenige Ahnung.«

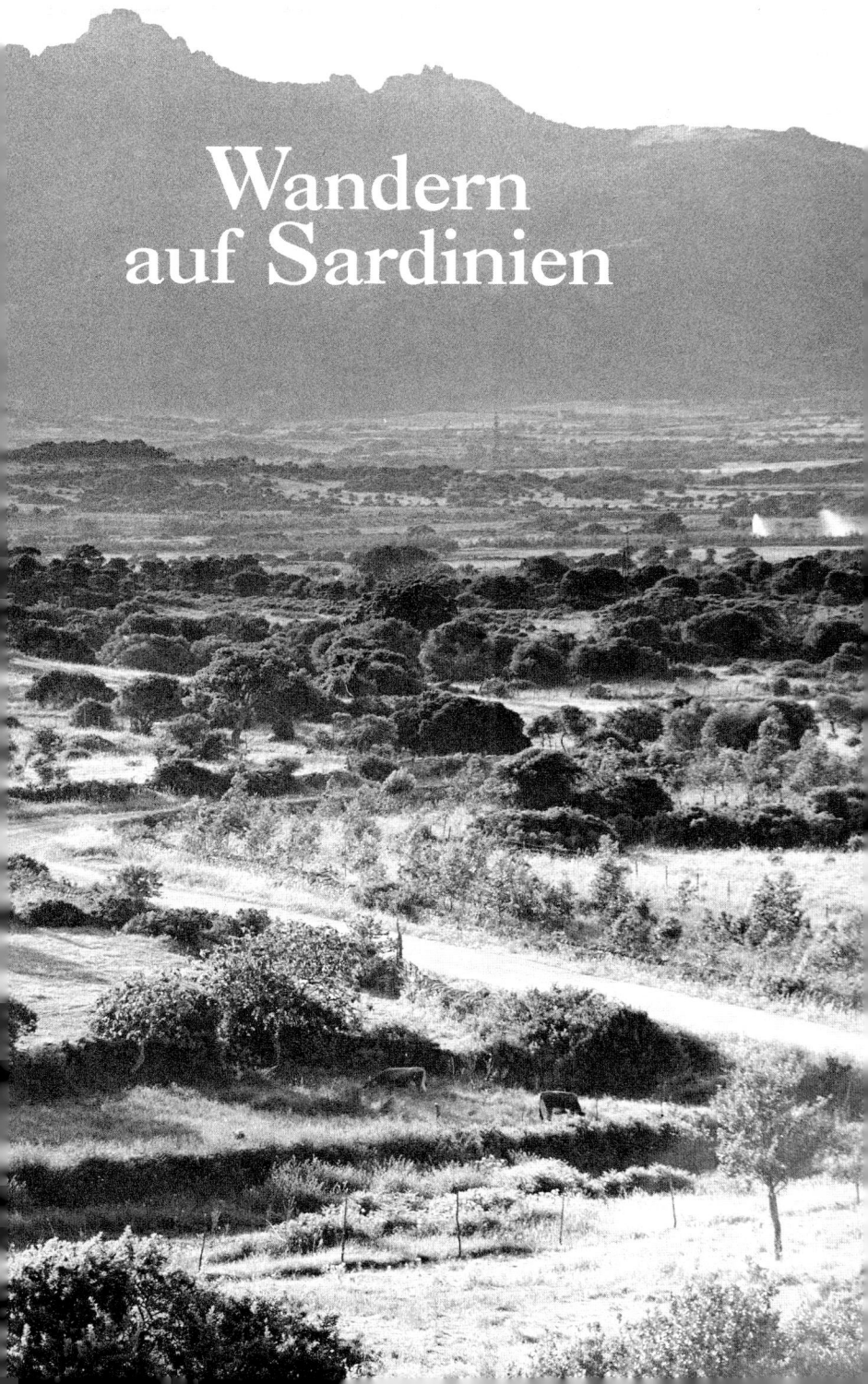

Wandern
auf Sardinien

Auf stillen Wanderungen beginnt die scheinbar so spröde Landschaft Sardiniens ihren ganz eigenen Reiz zu entfalten. Ein Rinnsal im schattigen Eichenwald, im Frühling der aromatische Duft vielfältiger Kräuter und Sträucher, der weite Blick über sommerlich ausgeglühtes Weideland, der ferne Glockenklang von Weidetieren, die einsame Hirtenhütte, das türkisblau irisierende Meer ...

Wanderungen können zum Träumen ermuntern, dürfen aber nicht die Illusion wecken, man befinde sich in ›unberührter Natur‹. Die gibt es gerade auf Sardinien kaum! Seit Jahrtausenden haben die Menschen das Land nach ihren jeweiligen Bedürfnissen umgestaltet. Die prägende Hirtenkultur gehört mittlerweile der Vergangenheit an, wenngleich das Hirtenwesen durchaus noch bedeutsam ist und die Landschaft bis heute überwiegend pastorale Züge trägt. Die radikale Umbruchphase hin zur modernen Industrie- und Dienstleistungsgesellschaft, in der sich die Insel seit vier Jahrzehnten befindet, bemerkt man als Wanderer zum Beispiel am Wegenetz: Von den zahlreichen alten Hirtenwegen, die die Insel einst kreuz und quer durchzogen, wurden einige zu Fahrstraßen ausgebaut, während reine Fußwege kaum noch benutzt werden und rasch verfallen. Oft sind sie schon verschwunden – von Pflanzen überwuchert, verschüttet oder als Privatland eingezäunt. Und dennoch bietet Sardinien vielfältige Wandermöglichkeiten.

Angesichts der Größe der Insel wurde eine Auswahl getroffen, die alle besonders geeigneten und typischen Landschaften berücksichtigt. Nicht jede Wanderung bietet kulturelle Attraktionen. So manche Wege führen durch dunkle Eichenforste und duftende Macchie, durch karge Felsheide und silbergraue Ölbaumhaine, durch schroffe Berglandschaften und schimmernde Küstenlandstriche, ohne daß es Sehenswürdigkeiten im klassischen Sinne gäbe. Dieses kontemplative Wandern versteht das Unterwegssein mit wachen Sinnen als Wert in sich. Denn: Der Weg ist das Ziel.

Praktische Hinweise für Wanderer

Die vielfältigen Landschaften Sardiniens wird man schwerlich in einem zwei- oder dreiwöchigen Urlaub erschöpfend kennenlernen können. Überdies dauern die Anfahrten auf kurvenreichen Straßen durch die weitläufige Bergwelt meist viel länger als vermutet. Bei der erforderlichen Auswahl von Wanderungen und der Planung einer Reiseroute sollten neben dem persönlichen Interesse auch Reisezeit und Höhenlage der Wandergebiete ausschlaggebend sein. In Lagen oberhalb etwa 800 m z.B. kann es bis Anfang Mai empfindlich kühl sein und sich die Natur noch im Winterschlaf befinden (s.S. 23).

Alle Wanderungen können einschließlich der erforderlichen An- und Rückfahrten innerhalb eines Tages unternommen werden. Nächstgelegene

Ortschaften mit Hotels werden zu jeder Wanderung aufgeführt; das aktuelle Unterkunftsverzeichnis der ESIT (s.S. 246) gibt nähere Auskunft. Von einem Standort aus sind jeweils nur einige Wanderungen ohne längere Anfahrt durchführbar, so daß für einen ausgesprochenen Wanderurlaub das Hotel öfter gewechselt werden muß. Die meisten Wandergebiete sind nicht mit öffentlichen Verkehrsmitteln zu erreichen; ein Auto ist daher empfehlenswert.

Rundwanderungen sind zu Recht sehr beliebt, doch auch Streckenwanderungen haben ihre Vorteile: Man kann sich auf dem Rückweg ganz auf die Landschaft konzentrieren, ohne die Wegbeschreibung lesen zu müssen. Die spätere Tageszeit sorgt für andere Lichtverhältnisse und Stimmungen; vielfach bieten sich überraschend neue Ausblicke.

Die beschriebenen Wanderungen führen über Schotterstraßen, Feld- und Waldwege, Geröllwege und Hirtenpfade, gelegentlich auch entlang von Asphaltsträßchen. Nur selten sind die **Wanderrouten** gekennzeichnet. Generell ist zu bedenken, daß der Zustand der Wege nicht immer den gewohnten Vorstellungen entspricht. In den Kalksteingebirgen sind die Wege häufig mit kantigem Geröll übersät und dadurch etwas mühsam zu gehen. Nach Regenfällen können Wege recht schlammig sein und sich mitunter in kleine Bäche verwandeln; stellenweise muß dann auch mit Erdrutschen und tiefen Spülfurchen gerechnet werden. Umgekehrt sind die in der Beschreibung erwähnten Bachläufe im Sommer meist ausgetrocknet.

Den **Zeitangaben**, die bei Streckenwanderungen immer Hin- und Rückweg meinen, liegt ein durchschnittliches Gehtempo von 4 km je Stunde in flachem Gelände zugrunde. Auf 100 Meter Aufstieg kommen etwa 10 Minuten hinzu. Bei der Planung einer Wanderung sollte man bedenken, daß *reine* Gehzeiten angegeben werden. Mit Essens- und Verschnaufpausen sowie weiteren Unterbrechungen (Orientierung, Fotografieren) kann sich die Gesamtdauer einer Wanderung leicht verdoppeln.

Es empfiehlt sich stets, früh aufzubrechen. Im Winterhalbjahr sind die Tage auf Sardinien zwar länger als in unseren Breiten, im Sommer verhält es sich jedoch genau umgekehrt. Mitte Juni zum Beispiel sind die Tage auf Sardinien um rund zwei Stunden kürzer als in Deutschland. Überdies ist die Dämmerung ganzjährig sehr viel kürzer als in nördlicheren Breiten, und nur allzuleicht wird man vom plötzlichen Einbruch der Dunkelheit überrascht.

Auf Wanderungen durch Kulturland durchquert man häufig **abgezäunte Weidegebiete**, in denen Schafe, seltener auch Kühe und Ziegen frei umherstreifen. Die recht zahlreichen Weidezäune und Weidegatter werden in der Wegbeschreibung gewöhnlich nicht erwähnt, da sie sich leicht ändern können; sie sollten stets im vorgefundenen Zustand zurückgelassen werden. Beim Durchqueren von Weidegebieten ist eine gewisse Vorsicht vor freilaufenden Stieren geboten. Abschließend ein erfreulicher Hinweis: Unter den Schlangen sind keine giftigen Arten vertreten.

Ausrüstung und Verpflegung

Auf allen Wanderungen empfehlen sich knöchelhohe Wanderstiefel mit kräftiger Profilsohle; nur allzuleicht knickt man auf scharfkantigem Kalkgestein um oder rutscht auf losem Geröll aus. Um Platz und Gewicht zu sparen, kann man die Wanderstiefel bereits bei der Anreise im Flugzeug tragen. Lange Hosen (am besten Bluejeans) schützen vor Brombeerranken und dornigem Gestrüpp. Wichtig ist ausreichender Sonnenschutz: helle Kopfbedeckung und Sonnencreme mit hohem Schutzfaktor. Die meisten Wege bieten nur wenig Schatten, und die Sonnenintensität ist selbst bei wechselnder Bewölkung hoch. Außer im Sommer sollte man warme Kleidung und Regenschutz mit sich führen. Besonders bewährt hat sich atmungsaktive Kleidung wie zum Beispiel Goretex. Kompaß, Taschenlampe und Trillerpfeife bringen neben einer guten Karte zusätzliche Sicherheit.

Unterwegs bietet sich nur in wenigen Fällen die Möglichkeit zur Einkehr in ein Café oder Restaurant, so daß man Verpflegung und reichlich Wasser mitnehmen muß. In jedem Dorf gibt es kleine *supermercati*, in denen man sich mit dem Nötigsten versorgen kann. Empfehlenswert sind die ausgezeichneten sardischen Mineralwässer (in Plastik- und Glasflaschen angeboten), zum Beispiel Funtana Santa Lucia. An heißen Tagen sollten mindestens vier Liter Wasser getrunken werden. Der entsprechende Vorrat muß auf längere Wanderungen mitgenommen werden, da Wasser aus Bächen und nicht eindeutig gekennzeichneten Quellen wegen der intensiven Weidewirtschaft mit gefährlichen Parasiten verunreinigt sein kann – auch in scheinbar abgelegenen Bergregionen. In Bergbaugebieten ist das Wasser überdies häufig durch Schwermetalle belastet.

Als Notproviant empfiehlt sich die Mitnahme energiereicher Nahrung (Nüsse, Fruchtschnitten, Schokolade).

Karten

Wichtigstes topographisches Kartenwerk ist die »Carta d'Italia alla scala di 1:25 000«, herausgegeben vom Istituto Geografico Militare (I.G.M.). Sardinien wird durch 296 Kartenblätter abgedeckt, die alle zwischen 1958 und 1965 aufgenommen wurden. Diese Karten sind hinsichtlich der Darstellung von Siedlungen und des Wegenetzes weitgehend überholt, so daß die im Wanderführer enthaltenen Kartenskizzen verschiedentlich von ihnen abweichen. Sie bieten aber recht genaue und zuverlässige Geländeinformationen. In Deutschland können sie über Geo-Buchhandlungen bestellt werden (Lieferzeit etwa zwei Monate), z.B. das Internationale Landkartenhaus, Schockenriedstraße 40a, 70565 Stuttgart.

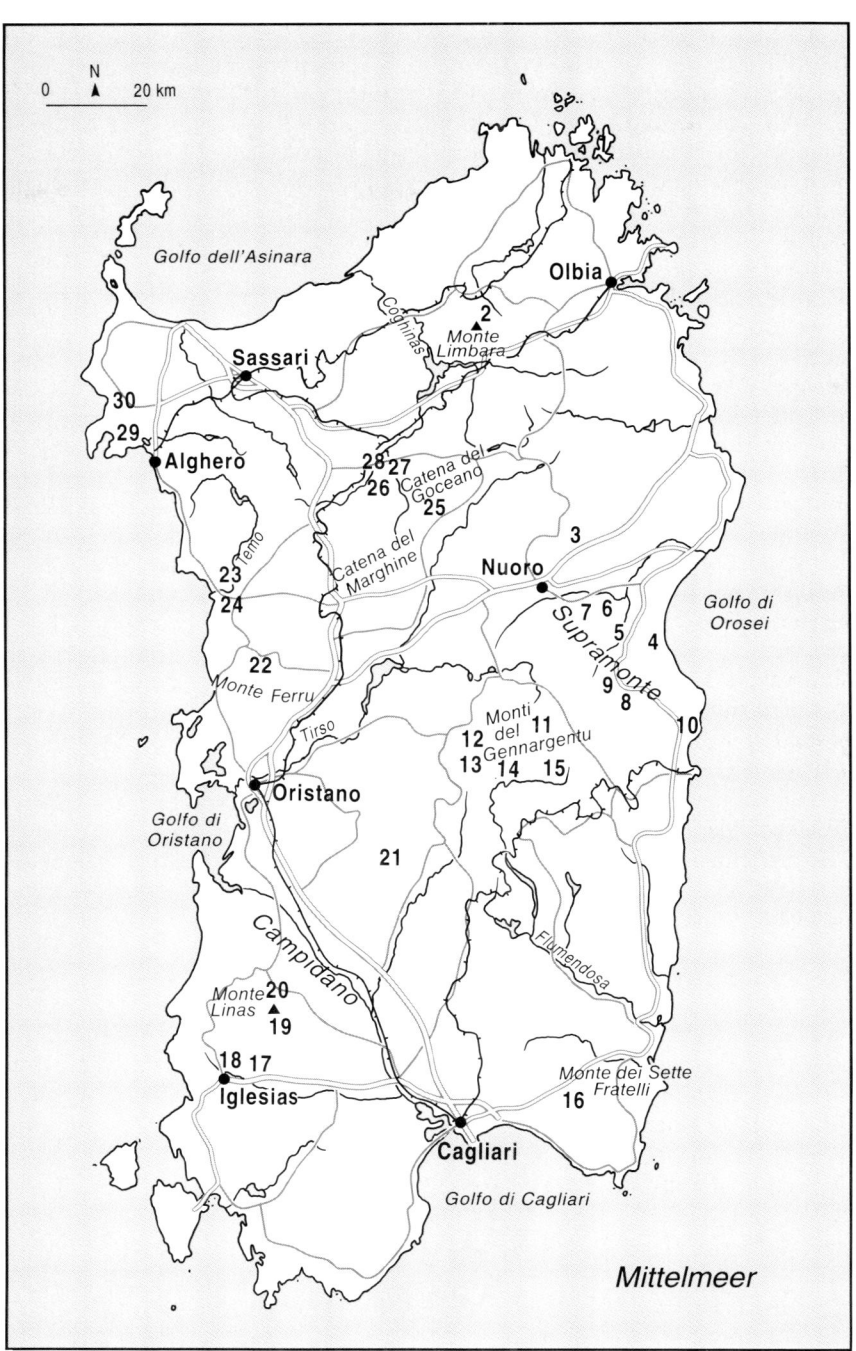

Die seit langem geplante Aufnahme eines topographischen Kartenwerks im Maßstab 1:50 000 läßt weiter auf sich warten. Zuverlässigste und übersichtlichste Generalkarte ist das Blatt Sardinien 1:200 000 von Kümmerli + Frey; es basiert auf der entsprechenden Karte des TCI (Touring Club Italiano). Sehr plastische Darstellung des Reliefs, gute Detailwiedergabe. Brauchbar als Straßenkarte ist die »Carta della Sardegna 1:350 000«. Sie ist bei der Italienischen Fremdenverkehrszentrale kostenlos erhältlich.

Vorsichtsmaßnahmen

Landschaften unterliegen einem steten Wandel, so daß auch detaillierte Wegangaben rasch veralten können. Falls einmal eine Wanderroute anders als hier beschrieben erscheint und der Wegverlauf unsicher ist, sollte man kein Risiko eingehen und sicherheitshalber umkehren. Bei Wanderungen, die über denselben Weg zurückführen, sollte man sich auf dem Hinweg die Umgebung mit markanten Orientierungspunkten genau einprägen. Die umgekehrte Wegrichtung sieht manchmal völlig anders aus, und es besteht durchaus die Gefahr, daß man den Rückweg nicht mehr findet. Viele Wanderungen führen durch einsame Gegenden, in denen man stundenlang keinem Menschen begegnet, und es kann lange dauern, bis man im Notfall Hilfe holen kann. Beim Ausrutschen ist ein Knöchel rasch verstaucht, ein Bein jäh gebrochen. Man sollte daher nie alleine wandern und die beschriebene Route nicht verlassen.

Außer während der stabilen sommerlichen Hochdrucklage ist dem Wetter besondere Aufmerksamkeit zu widmen. Bei jedem Anzeichen von Wetterverschlechterung ist Vorsicht geboten: Wenn Wolken aufziehen, sind insbesondere die höheren Gebirgsregionen rasch in Nebel gehüllt – auch ›eindeutige‹ Wege sind dann nur noch schwer zu finden.

Zum Schutz der Natur ist beim Umgang mit Feuer allergrößte Vorsicht geboten. In der Zeit vom 1. April bis 30. September ist jegliches offene Feuer in freier Landschaft verboten.

Mittelalterliches Klostersiegel
aus der Gegend um Fordongianus   Aggius in der Gallura ▷

La Gallura

Im Nordosten Sardiniens, östlich des Fiume Coghinas und nördlich einer Senke, die von Olbia über Monti bis Oschiri reicht, erstreckt sich die bizarre Granitlandschaft der Gallura. Das kristalline Grundgebirge der Insel tritt hier in weißen, gelben und rötlichen Graniten zutage. Die Landschaft wird durch zahlreiche, meist mehrere Kilometer lange gezackte Bergkämme *(serras)* gegliedert, die von Südwesten nach Nordosten verlaufen. Höchste Erhebung ist die Punta sa Berritta (1362 m) in der Gipfelkette des **Monte Limbara**. Unterhalb der schroffen Kammlinien schließt sich ein in Flächen abgestuftes Bergland an, in das verschiedene Becken eingesenkt sind. Die wenig gegliederte Nordwestküste der Gallura verläuft nahezu parallel zur vorherrschenden Ausrichtung der Gebirgsketten, während diese Höhenzüge im Nordosten als stark zerlappte Riasküste in das Meer auslaufen. Zahlreiche Buchten und Landzungen, bizarre Klippen und kleine Inseln gestalten diesen Küstenstreifen, zu dem auch die Costa smeralda gehört, sehr abwechslungsreich.

Mit der Errichtung exklusiver Hotels, Eigentumswohnungen, Häfen und Sportanlagen begann vor dreißig Jahren der Ausbau der galluresischen Ostküste zum Ferienparadies für den Jet-set. Ganz im Gegensatz zum betriebsamen Leben an der Küste präsentiert sich das Innere der Gallura bis heute als spärlich besiedelter und urwüchsiger Landstrich. Schier endlose Korkeichenwälder, magere Viehweiden und verstreute Gehöfte *(stazzi)*, eine für Sardinien sonst untypische Siedlungsform, prägen das Bild. Einwanderer aus Korsika waren es, die seit dem 17. Jh. die Gallura besiedelten und das Wohnen in *stazzi* der dörflichen Gemeinschaft vorzogen.

Niemals spielte die Gallura in der sardischen Geschichte eine herausragende Bedeutung. Die sauren Böden sind wenig fruchtbar, und das allgegenwärtige Granitgestein enthält keine Erzvorkommen. Angesichts einer gewissen Kargheit der Landschaft überrascht es nicht, daß in der Gallura weitaus weniger Nuraghen als in den meisten anderen Gebieten der Insel stehen.

Auch den verschiedenen Eroberern Sardiniens erschien das Granitbergland wenig verlockend. Ihr Interesse war vorwiegend auf den strategisch günstigen Hafenort **Olbia** gerichtet. Obwohl der Name griechischen Ursprungs ist, geht die Gründung Olbias offenbar auf eine punische Siedlung zurück. In kürzester Entfernung von Sardinien zur latinischen Küste gelegen, entwickelte sie sich während der Römerzeit zum größten Handelshafen der Insel. Mit der Plünderung durch die Vandalen verfiel Olbia. Die sich ausbreitende Malaria und die zunehmenden Überfälle der Sarazenen dezimierten die Bevölkerung weiter. Als Stadt und Hafen des Judikats Gallura gewann Olbia, das vorübergehend den Namen *Pausania* getragen hatte, wieder an Bedeutung. Von den Pisanern, die seit dem 11. Jh. über die Gallura herrschten, erhielt Olbia den Namen *Civita Terranuova*, den es mit kurzer Unterbrechung bis 1939 behielt. Unter den Aragonesen, später den Spaniern verfiel der ostsardische Hafenort, um erst Anfang dieses Jahrhunderts wieder aufzublühen. Heute ist Olbia (31.000 Einw.) der wichtigste Passagierhafen der Insel.

Von den Ortschaften der inneren Gallura konnte einzig **Tempio Pausania** (566 m, 13.000 Einw.) größere Bedeutung erlangen. Umringt von granitzackigen Bergen und immergrünen Eichenwäldern, ist die beliebte Sommerfrische herrlich im oberen Becken des Fiume Liscia gelegen. Zur Zeit der Römer bildete Tempio die Garnison zweier Legionen – daher der antike Name *Gemellae* (›Zwillinge‹). Seit der Judikatszeit war Tempio, das seinen heutigen Namen von einem römischen Tempel bezog, die Hauptstadt der Gallura. Der reizvolle alte Ortskern, in dem grauer, unverputzter Granit als Werkstein dominiert, hat bis heute sein historisches Ambiente bewahrt. Im schattigen Pinienwäldchen San Lorenzo oberhalb der Ortschaft entspringt die von den Einheimischen verehrte Rinaggiu-Quelle.

Mit den benachbarten Dörfern Calangianus und Aggius bildet Tempio ein Zentrum der sardischen Korkverarbeitung. Basis für die vielfältige Korkindustrie sind die lichten Korkeichenwälder, die weite Teile der Gallura bedecken. Zu den traditionellen, noch heute bedeutsamen Erwerbszweigen der Gallura gehören außerdem die Weidewirtschaft und der Weinanbau.

1 Rundwanderung auf Caprera

Kurzbeschreibung: Caprera, die ›Ziegeninsel‹, ist größtenteils von lichtem Wald und Macchie bedeckt. 1980 wurde die Insel weitgehend zum Naturreservat erklärt, um eine Bebauung zu verhindern. Die Wanderung führt anfänglich durch hohe Küstenmacchie. Es folgt ein kurzer, sanfter Aufstieg auf den Höhenrücken der Insel. Hier bieten sich herrliche Ausblicke auf den buchtenreichen Archipel ringsum. Am Poggio Rasu läßt sich eine Verteidigungsstellung aus dem Zweiten Weltkrieg besichtigen. Auf einem Waldpfad geht es weiter zum höchsten Gipfel der Insel und von hier hinunter zum einstigen Alterssitz und Landgut von Giuseppe Garibaldi, dem populärsten italienischen Freiheitskämpfer des 19. Jh.

Dauer/Länge: 2:20 Std./9,5 km
Wegbeschaffenheit: Asphaltstraße, Weg, Pfad

Schwierigkeitsgrad: leicht
Orientierung: leicht
Unterkunft: Palau, La Maddalena
Bar/Restaurant: La Maddalena
Anfahrt: mit dem Auto von La Maddalena (4 km). Man verläßt die Ortschaft entlang der Uferpromenade nach Westen, kommt auf der Hauptstraße an ausgedehnten Militärkasernen vorbei und erreicht schließlich den Damm, der zur Insel Caprera hinüberführt. Am Ende des Damms noch etwa 350 m weiterfahren und am Straßenrand parken, wo rechts ein Schotterweg in die Macchie führt und etwa 25 m danach links von der Asphaltstraße eine Schotterstraße abzweigt.
Fährverbindung: etwa alle 20 Minuten von Palau nach La Maddalena mit zwei verschiedenen Schiffahrtsgesellschaften (Saremar und Linea S. & Z.). Fahrkartenverkauf am Hafen. Die Überfahrt dauert etwa 15 Minuten.

Museen: *La Maddalena*: Museo Archeologico Navale ›Nino Lamboglia‹. Das Museum präsentiert eine sehr sehenswerte Ausstellung der Fundstücke eines römischen Frachtschiffs, das etwa 100 v. Chr. vor der Insel Spargi unterging. Geöffnet täglich außer sonntags 8–14 Uhr. *Isola Caprera*: Museo Garibaldo di Caprera, geöffnet dienstags bis samstags 9–13.30 Uhr, sonntags 9–12.30 Uhr, montags geschlossen.

Besonderer Hinweis: Am Wochenende ist die Insel Caprera ein beliebtes Ausflugsziel der Einheimischen, die hier nahezu alle Schotterwege mit dem Auto befahren. Es empfiehlt sich daher, die Wanderung werktags zu unternehmen, wenn die Ruhe auf der Insel weitgehend ungestört ist. – In La Maddalena können Boote (auch mit Begleitung) gemietet werden. Nähere Informationen erteilt die Azienda Autonoma di Soggiorno e Turismo, Via XX Settembre 24, ✆ 0789/736321.

Carta d'Italia alla scala di 1:25000: 168-I-SE La Maddalena und 169-IV-SO Isola Caprera

Der Wanderweg

Wir folgen dem Weg, der von der Asphaltstraße rechts in die hohe Macchie abzweigt; rechter Hand führen kurze Pfade zur Küste. Nach gut zehn Minuten erreichen wir eine Wegkreuzung unterhalb eines weißen Gebäudes (links oben auf einer Anhöhe) und gehen geradeaus weiter.

Der Weg führt bald an einem Picknickgebiet vorbei. An der Weggabelung bei einem Betonbehälter halten

wir uns rechts. Am Ufer der kleinen Meeresbucht, die sich rechter Hand erstreckt, liegt ein schmaler Sandstrand, der – wie überall an der galluresischen Küste – aus körnig verwittertem Granitgrus besteht. Wir gehen geradeaus auf dem Hauptweg weiter, bis wir auf eine breite Schotterstraße stoßen, der wir nach rechts folgen. An einer Gabelung halten wir uns links Richtung ›Riserva Naturale Orientala SEDE‹.

Kurz danach erreichen wir eine breite Wegverzweigung und nehmen den links ansteigenden Weg. Auf den ersten Metern verlaufen am linken Wegesrand Schienen in einer betonierten Trasse. Sogleich passieren wir eine Eisenschranke. Beim Anstieg wird die Sicht über den buchtenreichen Archipel mit Maddalena, Santo Stefano und seinen zahlreichen Felseilanden immer besser. Im Nordwesten, jenseits der Meerenge von Bonifacio, erhebt sich die Nachbarinsel Korsika.

Wir erreichen eine Verteidigungsstellung aus dem Zweiten Weltkrieg, die sich rechter Hand am Westhang des Poggio Rasu ausbreitet (Sendeantenne). In einer Linksbiegung des Hauptweges können wir rechts zu den Mannschaftsunterkünften gelangen, die mit ihren begrünten Dächern in eine flache Hangpartie eingebettet sind. Geradeaus gelangt man über einen Damm zur eigentlichen Verteidigungsstellung am **Poggio Rasu** (›Kahle Anhöhe‹). Von der Brücke, die einst über den Graben führte, sind nurmehr die Eisenträger erhalten, doch kann man rechts neben der Brücke in den Graben hinuntersteigen und hier über eine Mauer den Baukomplex betreten. Die Ver-

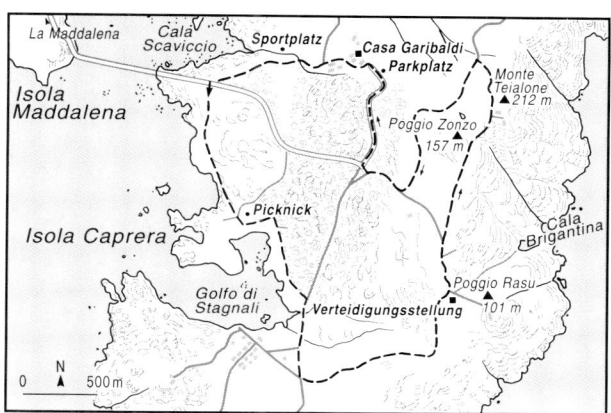

teidigungsstellung ist aus dem örtlichen Granitgestein erbaut und in die Felsen integriert. Vor der herrlichen Naturkulisse des Archipels ein ganz besonders nachdenklich stimmendes historisches Monument!

Wir wandern auf dem Hauptweg weiter. Er steigt noch ein kurzes Stück an (rückblickend eine gute Übersicht über die Anlage) und führt dann bergab. Nach kurzer Zeit folgen wir dem zweiten Nebenweg nach rechts durch dichte Macchie. Der Weg verengt sich bald zum Pfad und steigt am Hang an. Wir erreichen einen kleinen Sattel unterhalb des Poggio Zonzo (›Schwindelige Anhöhe‹) und genießen einen schönen Blick nach Nordwesten über Caprera.

Der Pfad führt zu einem verlassenen Gebäude; rechts daneben sind zwei tafonierte Felsblöcke zu sehen. Am Gebäude beginnen Treppenstufen, die zum höchsten Gipfel Capreras, dem **Monte Teialone** (212 m), ansteigen. Auf der Anhöhe stehen Beobachtungsposten aus dem Zweiten Weltkrieg; der Hauptgipfel ist nicht zugänglich, da die Forstbehörde hier eine Meßstation unterhält.

Wir gehen über die Stufen zum verlassenen Gebäude zurück und auf dem Fahrweg weiter, der hier beginnt. Er führt bergab und mündet in eine Schotterstraße, der wir nach links folgen. Nach 15 Minuten wandern wir an einer Linksabzweigung vorbei. Bald danach verlassen wir die Schotterstraße und gehen rechts zu einer Straßenverzweigung hinab. Wir folgen der Asphaltstraße nach rechts zu einem Parkplatz. An einigen tafonierten Felsen vorbei führt ein Weg zur **Casa Garibaldi** (s. S. 84f.).

Vor dem Gebäudekomplex führt links eine kurze Betonrampe zu einer Terrasse hinab, hinter der sich ein Pfad dicht unterhalb des eingezäunten Anwesens durch Gebüsch hangabwärts fortsetzt. Wir erreichen einige Stallungen und gehen schräg rechts hindurch. Sogleich stoßen wir auf einen Fahrweg und folgen ihm nach links. An der Wegverzweigung gehen wir wiederum links auf einer Schotterstraße weiter. Sie führt bald darauf unweit eines Sportplatzes (rechter Hand) vorbei und mündet schließlich in die Asphaltstraße, wo wir das Auto geparkt haben.

Am Wege

Arcipelago della Maddalena

Die sardische Nordostküste ist von unvergleichlichem landschaftlichem Reiz. Buchtenreich lappt die Küstenlinie in einen Archipel kleinerer Inseln mit insgesamt rund 50 km² Landoberfläche aus. Vielgestaltige Granit-

felsen und verstreute Eilande, mit dunkelbuschiger Macchie bedeckt, erheben sich aus dem türkis bis azurblau irisierenden Meer. In dunstiger Ferne zeichnen sich die gezähnten Granitkämme der Gallura und am Meereshorizont die korsischen Berge ab. Größte Insel ist **Maddalena** (19,6 km²), durch einen 550 m langen Damm mit der fast unbewohnten In-

sel **Caprera** (15,75 km²) verbunden. Etwa sechzig weitere Inselchen, Felseilande und Klippen gehören zum Archipel. Sie alle stellen die höchsten, den Meeresspiegel nur knapp überragenden Erhebungen einer untergegangenen Landbrücke dar, die einst Sardinien mit Korsika verband.

Archäologische Funde auf der Insel Santo Stefano belegen, daß eine erste Besiedlung des Archipels bereits in vorgeschichtlicher Zeit erfolgte. Den Römern waren die Inseln unter dem Namen *Cuniculariae insulae* (›Kanincheninseln‹) bekannt. Im 16. Jh. siedelten sich korsische Hirten auf dem zu jener Zeit unbewohnten Archipel an. Seit Ende des 17. Jh. wurden die Inseln aufgrund ihrer Lage zwischen Sardinien und Korsika als *Isole intermedie* (›Zwischeninseln‹) bezeichnet. Erst 1767 ergriff Piemont offiziell von ihnen Besitz. Drei Jahre später wurde *Villamarina*, das heutige **La Maddalena**, als Militärhafen und Festung gegründet. 1793 besetzten französische Truppen unter dem damaligen Artillerieoffizier Napoleon Bonaparte die Nachbarinsel Santo Stefano und bombardierten von hier aus drei Tage lang Villamarina, ohne jedoch den Ort einnehmen zu können. Bald ging ein weiterer illustrer Besucher vor Anker: In den Jahren 1803/04 machte Admiral Nelson auf Maddalena Station, um durch die englische Präsenz die französische Flotte in Toulon zu blockieren.

Seit 1887 wurde La Maddalena aufgrund ihrer strategisch günstigen Lage zum bedeutendsten italienischen Flottenstützpunkt ausgebaut. Nach dem Zweiten Weltkrieg kam eine NATO-Basis für Atom-U-Boote hinzu. In La Maddalena leben fast alle der rund 12.000 Bewohner des Archipels. Die lebhafte Ortschaft mit ihrer Altstadt aus dem 18./19. Jh. ist von Kasernenkomplexen umgeben.

Blick von Caprera auf den Arcipelago della Maddalena, im Hintergrund die Granitserren der Gallura

Giuseppe Garibaldi –
Ein Abenteurer im Dienste Italiens

Größter Anziehungspunkt Capreras für patriotisch gesonnene Italiener ist das ehemalige Landgut von Giuseppe Garibaldi. Der italienische Nationalheld hatte bereits ein bewegtes Leben hinter sich, als er 1856 mit Billigung des Ministerpräsidenten Cavour begann, sich auf der zuvor unbewohnten Insel ein Landgut aufzubauen. 1807 in Nizza geboren, verdingte sich Garibaldi zunächst als piemontesischer Marineoffizier. Später beteiligte er sich an Aufständen und Kämpfen gegen verschiedene europäische Großmächte, flüchtete ins südamerikanische Exil und verbrachte dort etliche Jahre als Abenteurer. Im Jahre 1853 nach Europa zurückgekehrt, setzte sich Garibaldi unter Viktor Emanuel II. als Freiheitskämpfer für die italienische Einigung ein. Er kämpfte wiederholt gegen Österreich und führte mit Unterstützung Cavours 1860 den legendären ›Zug der Tausend‹ nach Sizilien. In Palermo zwang er die königlich-neapolitanischen Truppen zur Kapitulation; dann belagerte er Neapel und zog schließlich mit Viktor Emanuel II. in die Stadt ein. Seine eigenmächtigen Versuche, auch den Kirchenstaat Italien einzugliedern, blieben erfolglos.

Etwa die Hälfte der Insel Caprera konnte Garibaldi dank einer Erbschaft erwerben; der nördliche Teil, der damals einem englischen Ehepaar gehörte, wurde ihm 1865 geschenkt. Sein politischer Kampf hielt Garibaldi in den ersten Jahren oft von seinem Landgut fern, bis mit der italienischen Einigung 1870/71 auch in seinem Leben allmählich Ruhe einkehrte. Rings um einen Brunnenhof entstanden verschiedene Wohn- und Wirtschaftsgebäude, umgeben von sorgsam gehegten Obst- und Gemüsegärten. Das ehemalige Hauptgebäude, die Casa Bianca, beherbergt heute das Museum. Neben dem Originalmobiliar, das den lebendigen Eindruck eines Landhauses des 19. Jh. vermittelt, sind Erinnerungsstücke, Ehrendiplome, Waffen, Photographien und Gemälde ausgestellt. Garibaldi starb 1882 auf seinem Landgut und wurde hier beigesetzt. 1907 wurde das Anwesen zum Nationalmonument erklärt.

2 Rundwanderung durch die Kammregion des Monte Limbara

Kurzbeschreibung: Südlich von Tempio erhebt sich das bizarr verwitterte Granitmassiv des Monte Limbara. Dieses zweithöchste Inselgebirge erreicht mit der Punta sa Berritta eine Höhe von 1362 m. Die Tour führt an phantastisch geformten Felsgruppen vorbei über die teils waldige Nordwestflanke des Monte Limbara. Von der Kammregion bietet sich ein großartiger Rundblick über den Nordteil Sardiniens, der bei guter Fernsicht bis hinüber zur Nachbarinsel Korsika reicht.

Giuseppe Garibaldi
bestellt seinen Hof
auf Caprera

Zahlreiche Anhänger, Bewunderer und Neugierige kamen zu Lebzeiten Garibaldis nach Caprera, um den berühmten Freiheitshelden persönlich kennenzulernen. Über eine Besucherin berichtete der Sardinienreisende Heinrich Freiherr von Maltzan 1869, Garibaldi habe »sogar eine schreckliche Engländerin, eine fanatische Methodistin, vorgelassen, welche eigens nach Caprera gekommen war, um, wie sie sagte, ›Garibaldis Seele zu retten‹. Letzteres sollte durch einige Dutzend von Tractätlein bewerkstelligt werden, von denen sie ihm eines sogar vorlas; und der gutmüthige Mann hatte die Geduld, sie anzuhören, und die Gefälligkeit, sie noch nach Kräften gut zu bewirthen. Zum Dank ließ sie ihm einige hundert Bibeln zurück, um sie, wie sich die Dame ausdrückte, ›unter die umnachteten Bewohner von Caprera zu vertheilen‹. Da aber letztere lediglich aus verwilderten Ziegen bestehen, so konnten leider durch das Geschenk der Engländerin bis jetzt noch keine Seelen gerettet werden.«

Dauer/Länge: 4:30 Std./18 km
Wegbeschaffenheit: Straße, Schotterweg
Höhenunterschied: 400 m Auf- bzw. Abstieg
Schwierigkeitsgrad: leicht
Orientierung: leicht
Unterkunft: Tempio Pausania
Bar/Restaurant: Tempio Pausania
Anfahrt: mit dem Auto von Tempio Pausania (12 km). Von der Innenstadt kommend, zunächst am Bahnhof vorbeifahren und die Gleise überqueren; links befindet sich die Einfahrt zum Campo sportivo comunale. Der Hauptstraße weitere 80 m folgen, bis sie nach links biegt. Hier geradeaus auf der Via Oschiri weiterfahren, an einem breiten dreistöckigen, beigen Verwaltungsgebäude (›Stazione Sperimentale del Sughero‹) vorbei. Etwa 6 km auf dieser Straße (SS 392) Richtung Oschiri fahren und an der nach ›Vallicciola‹ ausgeschilderten Links-

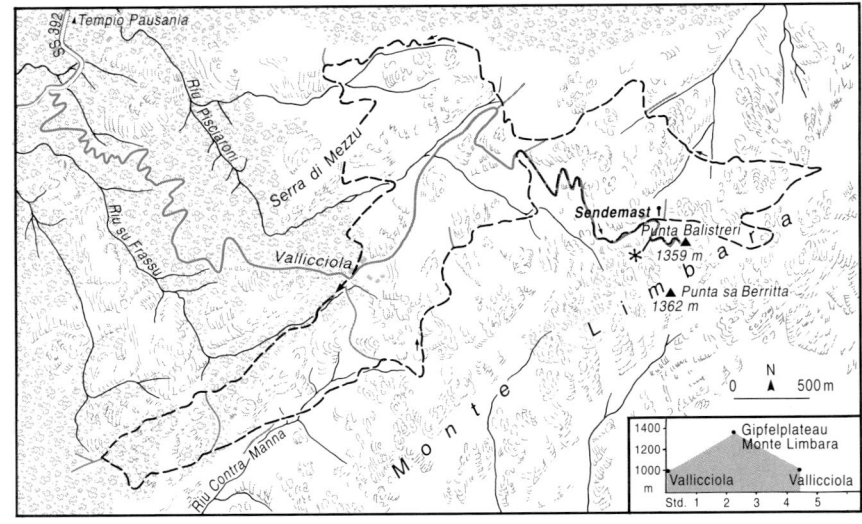

Wanderung 2

abzweigung abbiegen. Die Straße führt in Serpentinen zum Picknickgebiet Vallicciola und weiter in die Kammregion des Monte Limbara hinauf. Im Gebiet Vallicciola parken; an der rechts abzweigenden Asphaltstraße (›Viale dei Martiri Cendio‹) stehen Gebäude der Forstverwaltung.

Carta d'Italia alla scala di 1:25000: 181-IV-SE Tempio Pausania

Der Wanderweg

Unsere Wanderung beginnt im Gebiet **Vallicciola**, einer kleinen Hochebene auf rund 1000 m Meereshöhe. Wir folgen der Asphaltstraße (›Viale dei Martiri Cendio‹) an den Gebäuden der Forstverwaltung vorbei, bis sie nach links biegt, und gehen hier geradeaus auf einem Schotterweg weiter. Er führt durch die flache Aue

des **Riu su Frassu** (›Eschbach‹). Wir halten uns etwa eine halbe Stunde auf dem Hauptweg, bis wir ca. 50 m vor Erreichen einer Gabelung links auf einen Nebenweg abbiegen.

Wir wandern über die Hauptwasserscheide des Limbara-Massivs zu seiner Südostflanke, die zum Einzugsgebiet des Fiume Coghinas gehört. Unser Weg mündet in die Biegung einer Schotterstraße, der wir nach rechts folgen. Bald gehen wir an einer Rechtsabzweigung vorbei. Allmählich gelangen wir in die bizarre Kammregion des Monte Limbara mit seinen glockenförmigen Granitkuppen, mächtigen Wackelsteinen und eigenartigen Felsgruppen. An einer breiten Weggabelung halten wir uns rechts. Wir folgen dem Hauptweg bis zur nächsten Gabelung und gehen wiederum rechts weiter.

Unsere Schotterstraße mündet schließlich in die Asphaltstraße, die von links aus dem Gebiet Vallicciola heraufführt; wir folgen ihr nach rechts. Die Straße windet sich zur Kammregion mit ihren zahlreichen Sendeanlagen und Antennen hinauf. Noch bevor wir ganz oben angelangt sind, zweigt hinter einer Rechtskurve, unmittelbar hinter einem auffälligen, rot-weiß gestreiften Sendemast, links ein Schotterweg ab, über den die Wanderung später weiterführt. Zunächst gehen wir jedoch auf der Asphaltstraße weiter bergauf zum Gipfelplateau mit seinen phantastischen Felsburgen aus verwittertem Granit.

Höchster Gipfel ist die **Punta sa Berritta** (›Mützen-Gipfel‹) – eine Anspielung auf die typisch glockenförmige Gestalt. Es lohnt, ein wenig in dieser fast unwirklich scheinenden Umgebung umherzustreifen und den weiten Ausblick nach allen Seiten zu genießen. Nach Norden blickt man über waldige Hänge hinweg auf das obere Talbecken des Fiume Liscia; bei klarer Sicht sind die Küste und Korsika erkennbar. Im Südosten erstreckt sich teils felsiges, teils mit Macchie bedecktes Bergland, das durch Einsamkeit und Weite beeindruckt. Eine langgestreckte, von Olbia über Monti bis Oschiri reichende

Senke ist im Süden erkennbar – sie bildet die natürliche Grenze zur Landschaft des Nuorese.

Wir kehren auf der Asphaltstraße zum rot-weiß gestreiften Sendemast zurück und biegen nun rechts auf den Schotterweg, den wir zunächst dicht unterhalb der Kammregion entlangwandern. Allmählich gelangen wir über die Nordflanke des Monte Limbara bergab. Im lichten Wald erheben sich weitere bizarre Felsgruppen. Nach Norden öffnet sich eine waldige Talsenke, hinter der eine felsige Kammlinie mit mächtigen Glockenbergen aufsteigt. In ihrem Bereich liegt ein Gebiet namens La Conca di li Banditi – ›Die Höhle der Banditen‹. Zweifellos boten die für Granitgebiete typischen Verwitterungshöhlen (Tafoni) nicht nur den Hirten Unterschlupf.

Wir folgen dem Schotterweg weiter bis zur zweiten Gabelung. Hier nehmen wir den rechten, etwas schlechteren Weg und lassen die folgende Wegkreuzung hinter uns. Nach 20 Minuten halten wir uns an der Weggabelung links. Der Hauptweg führt durch die Felsburgen der **Serra di Mezzu**, quert das Tal des **Riu Pisciaroni** und erreicht schließlich wieder das Gebiet **Vallicciola**.

Il Nuorese
La Barbagia
Settentrionale

S üdlich der Gallura erstrecken sich weite, abgestufte Granithochebenen, die mit schier endlosen, lichten Korkeichenwäldern und Schafweiden bedeckt sind. Im Süden grenzen sie an die Kalksteingebirge, die den Golf von Orosei einrahmen. Für diese Landschaft im nördlichen Teil der Provinz Nuoro gibt es keine historische Bezeichnung; die Granithochebenen waren lediglich unter ihrem jeweiligen Namen bekannt (z.B. Altopiano di Budduso). Heute spricht man zusammenfassend vom Nuorese, zuweilen auch von der ›nördlichen Barbagia‹.

Im Westen geht der Nuorese in die Serra d'Orotelli sowie das Tirso-Tal (Goceano) über, im Nordosten grenzt er an die Baronie, im Südosten an die Ogliastra. Im Süden umfaßt der Nuorese die Bergdörfer Orgosolo, Oliena und Dorgali an den Hängen des Supramonte. Ein schmaler Küstensaum um Cala Gonone am mittleren Golf von Orosei wird ebenfalls zu diesem Landstrich gerechnet.

Der Nuorese ist jene archaische Welt, in der die Romane und Erzählungen Grazia Deleddas (s.S.65f.) spielen. Hier und in der Barbagia werden die konservativsten sardischen Dialekte gesprochen, konnten sich alte Bräuche und überkommene Sozialstrukturen am längsten erhalten. Bis in die jüngste Zeit waren in dieser ärmlichen und abgelegenen Gegend Selbstjustiz und Banditentum alltäglich. Die spärlichen, oft weit entfernten Hirtendörfer liegen abgeschieden in den Eichenwäldern oder thronen hoch auf den Granithängen. **Nuoro** (549 m, 36.000 Einw.) war noch ein ländliches Bergstädtchen, als es 1926 zur Provinzhauptstadt erhoben wurde. Der Ort breitet sich auf einem schmalen, hohen Bergrücken zwischen der Valle di Marreri und dem Riu d'Oliena aus. D. H. Lawrence hatte bei seinem Besuch 1921 befunden: »In Nuoro gibt es nichts zu sehen, was, um die Wahrheit zu sagen, immer auch eine Erleichterung ist. Sehenswürdigkeiten sind ärgerlich langweilig. [...] Glücklich ist die Stadt, die nichts zu bieten hat. Wieviel Schau und Zuneigung es doch erspart! Leben ist dann Leben, nicht Museumsinventar.«

3 Von Orune zum nuraghischen Brunnentempel Su Tempiesu

Kurzbeschreibung: Das Hirtendorf Orune (745 m, 4000 Einw.) liegt auf einem schmalen Grat am Südrand der Granithochebene von Bitti, die zur Valle di Marreri abbricht. Östlich der Ortschaft erstreckt sich ein einsames, von zahlreichen Kerbtälchen durchzogenes Schiefergebiet. Die Wanderung führt durch dieses weithin baumlose Weideland zum Brunnentempel Su Tempiesu, einem der besterhaltenen nuraghischen Heiligtümer. Von dem verfallenen Nuraghen Santa Lulla, der in der Nähe auf einem Bergrücken steht, bietet sich ein ausgezeichneter Rundblick über das Hinterland am nördlichen Golf von Orosei.

Dauer/Länge: 4:15 Std./16 km
Wegbeschaffenheit: Feldweg, weglos über Weideland
Höhenunterschied: 850 m Auf- und Abstieg
Schwierigkeitsgrad: mittel
Orientierung: leicht
Unterkunft: Nuoro
Bar/Restaurant: Orune
Anfahrt: mit dem Auto von Nuoro (27 km). Zunächst auf der Ausfallstraße zur Autobahn (Richtung Macomer) fahren. Kurz vor Erreichen der Autobahn die u.a. nach Bitti ausgeschilderte Rechtsabzweigung nehmen. Bald darauf an der Straßenkreuzung rechts halten; kurz danach quert man die Eisenbahn. Die SS 389 führt kurvenreich Richtung Bitti; auf die Rechtsabzweigung nach Orune achten. Bei der Ortseinfahrt gegenüber dem Haus der Carabinieri links abbiegen und an allen Verzweigungen links halten. Nach 400 m

kommt rechter Hand das blaßockergelbe Schulhaus (rote Fensterrahmen). Hier stößt man auf eine Querstraße; 20 m nach links, dann führt linker Hand ein Feldweg den Hang hinab.
Besonderer Hinweis: Diese Tour ist zur Blütezeit der Felsheide (März bis Mai) besonders zu empfehlen.
Feste und Feiern in Orune: 16./17. Januar Sant'Antonio Abate mit Freudenfeuer. 3. Februar San Biagio mit religiöser Prozession. 1. Montag im August Su Consolu, ein ländliches Fest mit Reiterumzug. Letzter Sonntag im August Madonna del Carmine, eine religiöse Prozession mit Reiterumzug.
Carta d'Italia alla scala di 1:25000: 194-II-SE Orune

Der Wanderweg

Wir folgen dem Feldweg bergab, der unweit des Schulhauses von **Orune** beginnt, und passieren einen kleinen Stromleitungsmast. Gleich zu Beginn unserer Tour bietet sich ein weiter Ausblick auf das nördliche

Wanderung 3

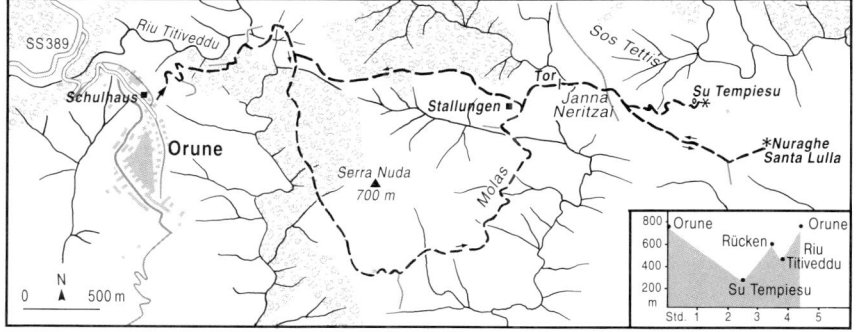

Der Weg verläuft zwischen Korkeichen und Brombeerhecken

Hinterland des Golfs von Orosei mit den Kalksteingebirgen des Monte Albo, Monte Tuttavista und Supramonte. An einer Gabelung halten wir uns links. Unser Weg schlängelt sich durch einen schütteren Korkeichenhain und über karges Weideland gemächlich bergab. Zehn Minuten später folgen wir dem Hauptweg in einer Rechtsbiegung an einer Linksabzweigung vorbei. An der nächsten Weggabelung gehen wir rechts weiter und queren nach wenigen Schritten einen kleinen Bachlauf.

Im Haupttal queren wir den **Riu Titiveddu** und wandern hier an der Weggabelung links bergauf. Kurz danach biegt unser Weg nach rechts und steigt noch ein kurzes Stück an, um dann auf etwa gleichbleibender Höhe entlang der langgestreckten **Serra Nuda** (›Kahler Höhenrücken‹) nach Süden zu verlaufen. Rechts fällt der Hang zum tiefen Kerbtal des Riu Titiveddu ab; auf dem gegenüberliegenden Rücken breitet sich Orune aus. In Blickrichtung vor uns erhebt sich der bewaldete Monte Ortobene östlich von Nuoro.

Nach 20 Minuten schwenkt unser Weg nach links, um die Serra Nuda auf einem flachen Sattel zu überqueren. Der Weg scheint sich auf der grasbewachsenen Verflachung zu verlaufen. An der höchsten Stelle führen Wegspuren nach rechts, wir jedoch gehen geradeaus einen undeutlichen, überwachsenen Weg in Serpentinen bergab. Unser Ziel ist der Fahrweg unten am Hang, dessen

Verlauf wir oben bereits teilweise erkennen können.

Der Fahrweg, dem wir nach links folgen, verläuft auf etwa gleichbleibender Höhe am Hang durch das Gebiet **Molas** (›Mühlsteine‹); rechter Hand erstreckt sich ein Kerbtal. Nach knapp 20 Minuten gehen wir an der Weggabelung rechts auf dem Hauptweg weiter und queren gleich danach einen kleinen Bachlauf. Der Weg führt anschließend durch ein Seitentälchen. An der folgenden Verzweigung gehen wir rechts den Hauptweg hinauf. Oben auf dem Rücken angelangt, halten wir uns an der Weggabelung bei einigen Gebäuden rechts; auf dem Rückweg werden wir den linken Weg nehmen.

Wir wandern nun in das Haupttal hinab. Bald passieren wir ein Eisen-

gittertor und queren gleich darauf einen Bachlauf. Dann steigen wir auf der gegenüberliegenden Talseite an, bis wir auf dem Sattel **Janna Neritzai** eine breite Wegverzweigung erreichen. Wir gehen schräg rechts auf dem Fahrweg weiter. (Dieser wird eventuell als Straße ausgebaut.) Uns umgibt eine beeindruckend öde und weithin baumlose Schieferlandschaft mit zahlreichen Kerbtälchen. Die steilen Hänge links unterhalb des Weges tragen den Namen **Sos Tettis** (›Die Stechwinden‹). Vor uns sind am Hang mächtige Einschnitte erkennbar. Sie markieren den Verlauf der neu trassierten Straße, die links abzweigt und zum Brunnentempel Su Tempiesu hinabführt.

Zunächst können wir jedoch auf dem Hangweg noch ein kurzes Stück

Auf Wanderungen durch Kulturland durchquert man häufig Weidegebiete

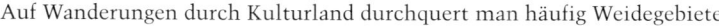

Erbfeindschaft zwischen zwei Hirtendörfern

Im Streit um Weiderechte befehdeten sich Orune und das nördlich gelegene Hirtendorf Bitti über Jahrhunderte in blutiger Erbfeindschaft. Obwohl der Streit häufig beigelegt wurde, flackerte die Blutrache immer wieder auf. In den Eichenwäldern oberhalb von Orune kam es früher zu Kämpfen und Überfällen der befeindeten Einwohner. Der endlose Kreislauf der Gewalt, der bis vor wenige Jahrzehnte anhielt, hat das Wesen der Menschen geprägt, wie Max Leopold Wagner zu Beginn dieses Jahrhunderts bei einem Besuch der Gegend notierte: »Man sieht die Männer nie ohne Waffe auf ihren Pferden dahertraben, und man scherzt nicht in Bitti. ›Non si scherza a Bitti‹, sagte mir eine schöne Bittesin, indem sie mit vollem Mund lächelte, daß das Elfenbeinweiß ihrer Zähne nur so leuchtete. ›Nicht einmal in der Liebe?‹ wagte ich zu fragen. ›In der Liebe noch weniger als in anderen Dingen‹, versetzte sie, nun plötzlich ernst geworden.«

weitergehen, bis wir auf der höchsten Stelle eines flachen Rückens eine Weggabelung erreichen. Nach links gelangen wir zu einer Kuppe, auf der sich einst der Nuraghe **Santa Lulla** erhob. Das Bauwerk ist teilweise eingestürzt und mit Gras überwachsen. Es bietet sich ein eindrucksvoller Blick nach Osten auf die Kalksteinmassive des Monte Albo und Monte Tuttavista. Eingesenkt vor einem langgestreckten Granitrücken, zu dem auch der Monte Ortobene bei Nuoro gehört, verläuft im Südosten das Tal des Riu Isalle. Wir kehren zur Straßenabzweigung zurück und gehen am Parkplatz vorbei zum Brunnentempel **Su Tempiesu** hinab. Das nuraghische Heiligtum steht etwas versteckt in einem Tälchen.

In etwa einer halben Stunde gelangen wir zur Weggabelung des Hinwegs zurück und wandern nun rechts ansteigend weiter. Sogleich passieren wir einige Stallungen. Der Weg führt auf dem Rücken gemächlich bergauf. Die Fahrspuren werden allmählich undeutlicher. Entlang der höchsten Stelle des Rückens steigen wir weiter bergauf. Rückblickend bietet sich nun eine besonders schöne Sicht auf den nördlichen Golf von Orosei. Schließlich steigen wir über ein Steinmäuerchen und wandern weglos zwischen verstreuten Korkeichen und Brombeerbüschen weiter bergauf.

An der höchsten Stelle des Rückens steigen wir über zwei Steinmäuerchen. Auf der gegenüberliegenden Talseite liegt Orune. Wir gehen den Hang ein kurzes Stück mehr oder weniger weglos hinab, halten uns dann schräg rechts, bis wir auf unseren Hinweg stoßen, und folgen diesem rechts nach **Orune** zurück.

Am Wege

Der nuraghische Brunnentempel Su Tempiesu

Bei vielen mediterranen Kulturen hatte der Kult des Wassers große Be-

deutung. Bei den Nuraghern genossen Wassergottheiten sogar höchste
Verehrung, denn nahezu alle Kultstätten wurden an Brunnen oder
Quellen angelegt. Über fünfzig nach
einem ähnlichen Bauschema errichtete Brunnentempel sind heute auf
Sardinien bekannt. Von einem Vorraum, in dem Votivgaben aufgestellt
wurden, führen Stufen in den von einer Kragkuppel überwölbten, völlig
oder teilweise im Boden angelegten
Brunnenraum hinunter.

Der Brunnentempel Su Tempiesu
wurde 1953 bei Terrassierungsarbei-
ten an einem steilen Wiesenhang
entdeckt und 1986 teilweise restau-
riert. Bemerkenswert ist der guterhaltene Hochbau mit seiner beherr-
schenden Fassade aus sorgfältig be-
hauenen Trachytblöcken. Einzigartig
ist der spitze Dreiecksgiebel, der
zwar nicht in voller Höhe erhalten
ist, jedoch eindeutig rekonstruiert
werden kann. Su Tempiesu steht mit
der Rückwand am Hang und ist wohl
noch in vorgeschichtlicher Zeit von
einem Erdrutsch verschüttet worden. Dieser glückliche Umstand hat
das Bauwerk konserviert und gleichzeitig zum Erhalt von Votivgaben
und weiterer Gegenstände geführt,
unter ihnen Kleinbronzen, Waffen
und Schmuck. Diese Funde erlauben
eine zeitliche Einordnung des Heiligtums auf das Ende des 2. Jahrtau-
sends v. Chr., wenngleich der Bau
selbst eine wesentlich jüngere Datierung (9./8. Jh. v. Chr.) nahezulegen
scheint.

Wie der Name bereits besagt, ist
Su Tempiesu (›Das Tempelchen‹) ein
kleines Bauwerk. Es gliedert sich in
einen begehbaren Vorraum und den
eigentlichen Brunnenschacht. Der

Der nuraghische Brunnentempel
Su Tempiesu

sich nach oben verjüngende Vorraum
wird von zwei dekorativen Steinbö-
gen überspannt. Vier Stufen führen
in den 2 m hohen Brunnenraum hinab; sein Durchmesser beträgt etwa
60 cm. Auch heute noch fließt die
Quelle und füllt den Schacht mit
ihrem klarem Wasser. Es rinnt über
die Stufen, läuft in einer Vertiefung
leicht diagonal durch den Vorraum
und tritt ins Freie. Das Wasser fließt
dann in einen zweiten, kleinen
Brunnenraum, der in der Vormauer
des Tempels angelegt wurde und
eine verkleinerte Nachbildung des
Hauptschachts darstellt. An der Au-
ßenseite der Vormauer, die wohl
einst den heiligen Tempelbezirk ab-
schirmte, läuft das Wasser aus dem
nachgebildeten Brunnenschacht. Hier
konnten jene Gläubigen, denen der
Zutritt zum inneren Bezirk verwehrt
war, ihre Andacht halten und Votivgaben darbringen.

Il Golfo di Orosei

Mit einer Länge von 40 km stellt der Golf von Orosei die größte Einbuchtung an der sardischen Ostküste dar. Die weitgeschwungene Küstenlinie reicht von der Punta Nera östlich von Orosei bis zum Capo di Monte Santu nordöstlich von Baunei. Das nördliche Hinterland wird von dem Hügelland der Baronia di Orosei gebildet, während im Süden das mächtige, bis über 1000 m hohe Kalksteingebirge des Supramonte den Golf umgibt. Seine leicht nach Osten geneigte Kalksteintafel bricht an der Küste in hohen, beinahe senkrechten Felswänden ab. Im Mündungsbereich der Flüsse, die in tief eingeschnittene Felsschluchten (códulas) aus dem Supramonte führen, ist die Steilküste durch herrliche Sandbuchten wie die Cala di Luna unterbrochen. Zu den zahlreichen Tropfsteinhöhlen, die sich in den Felswänden zum Meer hin öffnen, gehört die berühmte Grotta del Bue Marino.

Herrliche Sandbuchten unterbrechen die Steilküste des Golfo di Orosei

4 Küstenwanderung von Cala Gonone zur Cala di Luna

Kurzbeschreibung: Die kristallklare Transparenz des Meeres, rauhe, blendend weiße Kalksteinfelsen und die artenreiche Küstenmacchie bilden am Golf von Orosei wunderbare Farbkontraste. Anfänglich wandern wir entlang einer von Oleander gesäumten Straße, dann auf einem alten Hirtenpfad oberhalb der Steilküste zur Cala di Luna. Diese vielleicht schönste Sandbucht Sardiniens erstreckt sich vor einem kleinen Strandsee mit Oleanderdickicht und wird von hohen Kalksteinfelsen eingerahmt. Wir können ein erfrischendes Bad im Meer nehmen, bevor wir mit dem Schiff nach Cala Gonone zurückkehren.

Dauer/Länge: 2:25 Std./10 km
Wegbeschaffenheit: Straße, Pfad über Felsen und Geröll

Schwierigkeitsgrad: mittel
Orientierung: mittel. Auf Felsen gemalte grüne Pfeile markieren den Wegverlauf.
Unterkunft: Cala Gonone, Dorgali
Bar/Restaurant: Von Mai bis September ist das Restaurant Su Neulagi an der Cala di Luna geöffnet.
Anfahrt: Südlich von Dorgali die SS 125 verlassen und durch den Tunnel nach Cala Gonone hinabfahren (7 km). Am Hafen parken.
Feste und Feiern in Cala Gonone: am letzten Samstag im Mai Sagra del pesce (Kirchweihfest)
Besonderer Hinweis: Während der Sommersaison (1.5.–30.9.) bestehen regelmäßige Bootsverbindungen zwischen Cala Gonone und der Cala di Luna sowie zur Grotta del Bue Marino. Fahrkartenverkauf und Informationen über Fahrzeiten in den Kar-

Grotta del Bue Marino

Zu den bekanntesten Tropfsteinhöhlen am Golf von Orosei zählt die rund 5 km lange Grotta del Bue Marino. Sie besteht aus einem fossilen (d.h. hier trockenen) nördlichen und einem aktiven, seit 1983 auf etwa 900 m Länge der Öffentlichkeit zugänglichen südlichen Teil. Felszeichnungen belegen, daß die Höhle schon den Menschen der Kupferzeit bekannt war und als Unterschlupf diente. Gleich am Höhleneingang, unmittelbar neben dem Geländer und etwas durch den Zementsteig verdeckt, sind schematisierte tanzende Figuren zu erkennen, die in die Felswand eingeritzt wurden.

Ihren Namen verdankt die Grotta del Bue Marino der **Mönchsrobbe** (*Monachus monachus*, ital. *bue marino*, wörtlich ›Seeochse‹). Noch vor wenigen Jahrzehnten lebte eine kleine Kolonie dieser auf die warmen Meere beschränkten Art der Seehunde in der Höhle. Nachdem man sie in letzter Zeit schon ausgestorben geglaubt hatte, sichteten Taucher im Herbst 1992 ein Exemplar.

Wanderung 4

tenkiosken am Hafen von Cala Gonone.

Carta d'Italia alla scala di 1:25000: 208-IV-NE Dorgali und 208-IV-SE Grotta del Bue Marino

Der Wanderweg

Vom Hafen in **Cala Gonone** folgen wir zunächst der Hauptstraße Richtung Dorgali. Nahe dem Ortsausgang biegen wir an einer Straßenkreuzung links auf die Asphaltstraße ›SP 26 bis‹ (weiß-blaues Schild), unter anderem zur ›Biblioteca comunale‹ ausgeschildert. Die Straße führt geradeaus durch ein Neubaugebiet, überquert eine kleine Schlucht und schwenkt dann zum Meer. Gesäumt von prächtigen Oleanderbüschen, verläuft sie oberhalb der Küste. Immer wieder bieten sich schöne Ausblicke auf die azurblaue See. Falls man schon jetzt versucht ist, ein erfrischendes Bad zu nehmen, kann man zur ›Spiaggia Ziu Martine‹ (Hinweisschild) hinabsteigen.

Die Straße endet an einem Parkplatz oberhalb der **Caletta Fuili**. Wir blicken in die Felsschlucht der **Codula Fuili** hinab, die sich in einer kleinen Sandbucht zum Meer öffnet. In ihrem Schotterbett gedeihen Mastixsträucher und prächtige Oleander. Sie bilden ein nahezu undurchdringliches Dickicht. Wir steigen über Stufen in die Schlucht hinab. Unten angelangt, halten wir uns sogleich an der Gabelung rechts (taleinwärts) und biegen nach wenigen Schritten links ab. Ein Pfad steigt in Kehren am Hang an und gabelt sich nach fünf Minuten. Unsere Wanderung führt rechts weiter (grüner Pfeil sowie Schriftzug ›per Cala Luna‹ auf einem Felsen).

Der weitere Wegverlauf ist regelmäßig durch grüne Pfeile markiert, die auf Felsen gemalt sind. Der Pfad verläuft etwas landeinwärts, weit oberhalb der Küste, über Felsen und Geröll durch artenreiche, hohe Küstenmacchie. Verbreitet kommen

Mastixsträucher, Steinlinden, Zistrosen und die Baumartige Wolfsmilch vor. Besonders schön sind die uralten Exemplare des Phönizischen Wacholders mit ihren knorrigen, gedrehten Stämmen.

Nach etwa einer Stunde passieren wir die **Grotta Oddoana**, eine kleine Karsthöhle, und durchqueren danach ein letztes mal ein Tälchen. Vom Hang des **Fruncu Nieddu** (›Schwarze Hügelkuppe‹ – ein Hinweis auf das vulkanische Gestein) erblicken wir schräg vor uns die Cala di Luna. Ein etwas steiler und rutschiger Abstieg führt in die breite, mit Mastixsträuchern und Oleander bewachsene Talsohle der **Codula di Luna** hinab. Ihr Name leitet sich von dem allgegenwärtigen, weißlichen Kalkgestein – *pedra de luna* (›Mondgestein‹) – ab.

Wie so häufig im Mündungsbereich der sardischen Flüsse, hat sich auch hier durch aufgestautes Flußwasser ein typischer Brackwassersee *(stagno)* gebildet, umgeben von einem dichten Oleanderdickicht. Wegen der Lage dieses Strandsees können wir nicht direkt talauswärts die Meeresbucht erreichen. Daher gehen wir zunächst etwa 100 m taleinwärts nach rechts, bis wir uns ungefähr auf Höhe der beiden Höhlen befinden, die sich in der gegenüberliegenden Felswand öffnen. Hier nun wechseln wir auf die andere Talseite und gehen im teilweise mit Oleander bewachsenen Schotterbett talauswärts. Wir gelangen auf einen Pfad und passieren schließlich ein Holzgatter. Gleich danach erreichen wir das Restaurant Su Neulagi und den herrlichen, 500 m langen Sandstrand der **Cala di Luna**. Linker Hand öffnen sich fünf Karsthöhlen zum Meer.

Am Wege

Ein Badeort mit Tradition: Cala Gonone

Wenn man die Staatsstraße 125 südlich von Dorgali an der Abzweigung nach Cala Gonone verläßt und durch den Autotunnel die östliche Kalksteilwand durchquert, dann breitet sich ganz unvermittelt eine reizvolle Küstenlandschaft in leuchtenden Farben aus. Eingerahmt von den hohen Kalksteinschroffen des Supramonte, öffnet sich das Gebirge wie ein natürliches Amphitheater zum Golf von Orosei hin. Der Blick fällt über weiße Felsen und dunkelgrüne Steineichenwälder auf den Ferienort **Cala Gonone** unten am Meer. Gegen Ende des 18. Jh. als kleiner Hafen für die Handelsschiffahrt zur Ausfuhr von Kohle, Holz, Wein und Käse gegründet, entwickelte sich Cala Gonone bereits im 19. Jh. zum beliebten, malariafreien Badeort der Nuoresen. Damals gab es hier nur wenige Häuser, die sich um die kleine Kirche scharten, doch zur Sommerfrische reisten viele Bewohner der umliegenden Bergdörfer mit Pferd und Wagen an.

Der Sardinienreisende Max Leopold Wagner gab 1908 einen lebendigen Stimmungsbericht dieser Ferienkolonie: »Hierher kommen nun in den Sommermonaten die Leute aus allen Dörfern und errichten sich, da die Häuser nicht ausreichen, allenthalben Hütten aus Zweigen und Laubwerk. Der ganze Strand gleicht einem Lager. Zur Zeit meines Besuches waren über 3000 Leute hier unten und hatten es sich recht behaglich gemacht. Man hatte Stühle, Bänke und alles Nötige mitgebracht, vor allem auch Wein und Gebäck. Mit der Saison ist auch das Fest des Kirchenheiligen und eine Art Jahrmarkt im Freien verbunden; überhaupt ist man hier, um fröhlich zu sein, Bekannte zu treffen, Besuche zu machen, zu baden, zu tanzen, zu trinken und zu singen. Ein Gang durch das Lager ist wirklich interessant. Unten am Strande drängen sich vom Morgen an Gruppen von Badenden, die Männer auf einer Seite, die Frauen auf der anderen, aber alles ganz öffentlich und ohne besondere Scheu. Oben wird in den einzelnen Laubhütten gekocht und gebraten, in der großen Wirtsbude werden schon die Tische gedeckt und die Gläser gespült, dort tanzt eine Gruppe zum Klange der Doppelflöte; an den Marktbuden wird gefeilscht und gedrängt. Auch ein Grammophon ist vorhanden und schnarrt seine Gassenhauer, und die jungen Leute pflegen eifrig den Flirt. Drinnen im Kirchlein drängen sich die Gläubigen und lauschen der im sardischen Zentraldialekt, sozusagen im literarischen Sardisch gehaltenen Predigt. So ist für Leib und Seele gesorgt.«

Urzulei am Fuße des Supramonte

Il Supramonte

Mit blendendweißen Felsschroffen, die aus der Ferne schneebedeckt erscheinen, erhebt sich am Golf von Orosei das mit einer Fläche von 50 km² größte Kalkstein- und Dolomitgebirge Sardiniens, der Supramonte (›Oberberg‹). Das stark in sich gegliederte Bergmassiv reicht vom Tal des Fiume Cedrino im Norden bis zur Landschaft der Ogliastra im Süden und grenzt im Westen an das Gennargentu-Massiv. Weite, einsame Hochflächen auf beinahe 1000 m Meereshöhe, tiefe Felsschluchten, steil abbrechende Gebirgsflanken und vielfältige Verkarstungsformen prägen die Landschaft. Nach der Zugehörigkeit zum jeweiligen Gemeindegebiet der Hirtendörfer Dorgali, Oliena, Orgosolo, Urzulei und Baunei werden verschiedene Gebirgsräume unterschieden.

Die Hochflächen des Supramonte sind nicht dauerhaft besiedelt und werden lediglich im Sommer von Wanderhirten aufgesucht. Dies liegt einmal daran, daß auf den stark erodierten Böden kaum Ackerbau betrieben werden kann; gravierender noch macht sich indes der aus der Verkarstung resultierende Wassermangel bemerkbar. Alle Dörfer breiten sich daher an den Rändern des Gebirges in einer Höhenlage aus, auf der die recht zahlreichen Karstquellen am Hang austreten. Unterhalb der Häuser erstrecken sich Gärten, Ölbaumhaine und Weinberge.

Einst war der Supramonte von dichten Steineichenwäldern bedeckt, doch mit der Industrialisierung wurden große Flächen abgeholzt. Trotz dieses verheerenden Kahlschlags konnten sich größere Waldgebiete seither wieder erholen. Etwa die Hälfte des Supramonte ist heute mit Eichenwald bedeckt. Neben dichten Niederwäldern, die von jüngeren Eichenbeständen gebildet werden, stehen vereinzelt alte, knorrige Baumriesen auf den Felsfluren. Mufflons, Waldkatzen, Marder, Wiesel, Steinadler und verschiedene Geierarten sind in den unzugänglichen Gebirgsregionen heimisch.

5 Durch die Valle di Oddoene zur Karstschlucht Gola su Gorropu

Kurzbeschreibung: Zu den großartigsten Naturschönheiten im Supramonte gehört die Karstschlucht Gola su Gorropu. Unterhalb einer steilen Kalksteinwand folgt unsere Tour dem Lauf des Riu Flumineddu; unterwegs begleitet uns das Rauschen des Flüßchens. Die Aue ist auch im Sommer noch grün, kleine Felsenbecken laden zum erfrischenden Bad. Der gut begehbare Weg windet sich durch hohe Macchie und endet am Eingang zur Gola su Gorropu. Man sollte die Wanderung morgens beginnen, damit die Schlucht noch im Licht liegt.

Bei der Rückfahrt durch die Valle di Oddoene lohnt ein kurzer Abstecher zur Wallfahrtskirche Nostra Signora del Buon Cammino. Umgeben von traditionellen Pilgerunterkünften, den *kumbessias*, steht der

Zur Geologie des Supramonte

Fast überall besteht die mesozoische Deckschicht des Supramonte aus Malm-Kalksteinen, die der Bardia-Formation (bis 600 m mächtig) oder der etwas älteren Tului-Formation (bis 120 m) angehören. An den steilen Gebirgsflanken tritt die unter den Malm-Kalksteinen liegende Dorgali-Formation zutage. Diese bis 600 m mächtige Dolomitschicht des Dogger und Malm liegt zum Teil direkt dem paläozoischen Grundgebirge auf. Kalkstein aus der Kreidezeit, der jüngsten mesozoischen Schichtenfolge, bedeckt lediglich den nördlichen Supramonte im Umkreis der Valle di Lanaittu.

Das ursprünglich einheitliche Bergmassiv ist im Alttertiär in einzelne Schollen zerbrochen, die unterschiedlich stark angehoben und gekippt wurden. Ein talartiger Einschnitt, zu dem die Valle di Oddoene gehört, trennt heute den Supramonte von Nord nach Süd. Hier treten metamorphe Kristallingesteine (u.a. Gneise) des paläozoischen Grundgebirges zutage. Die einst aufliegende mesozoische Deckschicht wurde in diesem Bereich besonders stark angehoben und ist als sogenannter tektonischer Horst, hochaufragende Gebirgsscholle, bereits im Jungtertiär weitgehend der Abtragung anheimgefallen.

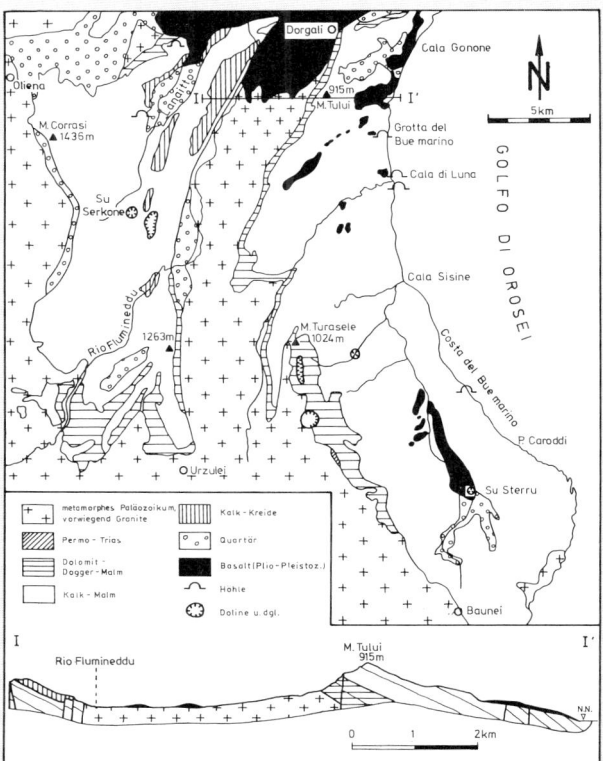

Geologische
Übersichtskarte
und
schematischer
Schnitt des
Supramonte

schlichte, weißgekalkte Bau inmitten einer bukolischen Landschaft.

Dauer/Länge: 2:30 Std./10 km
Wegbeschaffenheit: Weg, zum Ende kurzer, etwas steiler Pfad
Schwierigkeitsgrad: leicht
Orientierung: leicht. Der Wegverlauf ist an wichtigen Verzweigungen mit grünen Pfeilen markiert, die auf Felsen gemalt sind.
Unterkunft: Dorgali, Cala Gonone
Bar/Restaurant: Ristorante Monte Sant'Elene am Hang der gleichnamigen Bergkuppe
Anfahrt: mit dem Auto von Dorgali (11 km). Auf der SS 125 von Dorgali in Richtung Baunei fahren. 1 km hinter der Linksabzweigung (Tunnel) nach Cala Gonone von der SS 125 rechts abbiegen (gelbes Schild ›Sant'Elene Hotel Ristorante‹) und einer Asphaltstraße in Serpentinen bergab folgen. Nach 1 km an der Querstraße links weiterfahren. Die Straße schlängelt sich in die Valle di Oddoene hinab. Nach knapp 4 km endet die Asphaltierung: auf der Schotterstraße weiterfahren. Nach

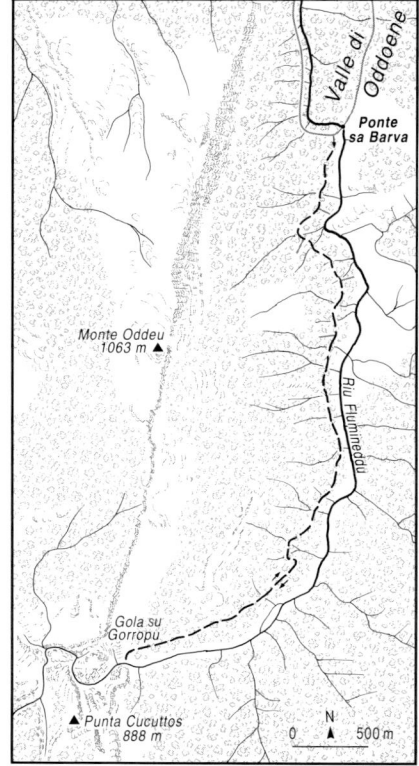

Wanderung 5

gut 1 km an der Verzweigung geradeaus weiter (rechter Hand führt hier ein kurzer Feldweg zur Kirche Nostra Signora del Buon Cammino) auf dem Hauptweg bis zum Betonbrückchen Ponte sa Barva.
Carta d'Italia alla scala di 1:25000: 208-IV-SO Monte Oddeu

Der Wanderweg

Über das Betonbrückchen **Ponte sa Barva** queren wir den **Riu Flumineddu**. Der auch im Sommer noch erfrischende Flußlauf ist von Erlen ge-

säumt; in der feuchten Talaue und entlang der seitlichen Zuflüsse gedeihen prächtige Oleander. Zusammen mit weiteren feuchtigkeitsliebenden Pflanzenarten bilden sie einen dichten Auenwald, wie er auf Sardinien selten ist. Hinter der Brücke gehen wir wenige Schritte am Hang bis zu einem Querweg hinauf und folgen diesem nach links. Rechter Hand (im Westen) erhebt sich die steile, bis auf über 1000 m Meereshöhe ansteigende Felswand des Supramonte. Dahinter schließen sich, unseren Blicken verborgen, die einsamen, waldreichen Hochflächen des Gebirges an. Höchster sichtbarer Gipfel ist der Monte Oddeu (›Gottesberg‹, 1063 m).

In der hohen und dichten Macchie, durch die sich unser Weg nun nach Süden schlängelt, herrschen Erdbeerbäume, Mastixsträucher, Baumheide und verschiedene Zistrosenarten vor. Immer auf dem Hauptweg wandern wir teils weit oberhalb des Flußlaufs durch dichte Macchie, teils dicht am Flüßchen entlang. Kurz vor Erreichen der Karstschlucht verschmälert sich der Weg zum Pfad. Noch hören wir das Wasser des Flüßchens rauschen, doch dann umgibt uns Stille.

Ziemlich steil steigen wir zum Eingang der **Gola su Gorropu** ab. Hohe Felswände streben himmelwärts, mächtige Felsblöcke liegen im Flußbett. In einigen Felsenbecken hat sich etwas Wasser gesammelt; prächtige Oleanderbüsche gedeihen im Geröllbett der Schlucht. Wir befinden uns auf 350 m Meereshöhe, während die Punta Cucuttos am Rande der Gola 888 m erreicht. Man kann ein wenig in die Schlucht eindringen, doch eine vollständige Durchquerung ist gefährlich und nur mit alpinistischer Ausrüstung möglich. – Wir kehren auf demselben Weg zurück.

Felsenbecken in der Gola su Gorropu

Am Wege

Gola su Gorropu

Eingesenkt in den Supramonte und von steilen Felswänden flankiert, erstreckt sich zwischen Dorgali und dem Paß Genna Silana die **Valle di Oddoene**. Dieses Tal stellt die einzige natürliche Verkehrsverbindung zwischen den Küstenlandschaften der Baronie und Ogliastra her. Mit herrlichen Ausblicken führt die Staatsstraße 125 auf der östlichen Talseite entlang, dem Verlauf der alten Römerstraße folgend.

Auf der Westflanke der Valle di Oddoene, etwa auf Höhe der Cantoniera Bidicolai, öffnet sich eine großartige Felsschlucht. Hier verläßt der tief in die Hochfläche des Supramonte eingeschnittene Riu Flumineddu das Gebirge, um in den Talgrund der Valle di Oddoene einzutreten. Der letzte Abschnitt des Flußlaufs heißt Gola su Gorropu (*gola* = Schlucht und *gorrópu* = Wasserstrudel). Das extrem schmale Flußbett wird von steilen, teilweise überhängenden Felswänden eingeschlossen, die aus Riffkalksteinen des Oberen Malm bestehen und bis über 300 m hoch aufragen.

Wie konnte der Riu Flumineddu diese erstaunliche Erosionsleistung vollbringen? Noch im Jungmiozän führte der Flußlauf über eine gleichförmige Landoberfläche mit geringen Höhenunterschieden. Größere Unterschiede im Relief waren indes durch den geologischen Untergrund vorgezeichnet, denn im Unterschied zum Kalkstein des Supramonte standen im Bereich der heutigen Valle di Oddoene Gneise an. In den nachfolgenden Erdzeitaltern begann sich das Relief der zunächst einheitlichen Hochfläche zu verändern. Während sich der Kalkstein gegenüber der Erosion als recht widerständig erwies, wurden die Gneise relativ leicht abgetragen. Dabei bildete sich allmählich der Talgrund der Valle di Oddoene aus. Mit zunehmendem Höhenunterschied an der Grenze von Kalkstein zu Gneis konnte der Riu Flumineddu eine größere Erosionsleistung erbringen und sich allmählich in die entstehende steilwandige Gebirgsflanke einfräsen. Ähnlich den *códulas* am Golf von Orosei (s. S. 96) entstand schließlich die sich in der Felswand öffnende Schlucht der Gola su Gorropu.

Im Karstmassiv des Supramonte führt der Riu Flumineddu nur nach starken Niederschlägen vorübergehend Wasser. Der größte Teil fließt unterirdisch in Karsthöhlen ab und tritt erst unterhalb der Gola su Gorropu wieder zutage. Mit einer Schüttung von rund 200 Litern/Sekunde gehört diese Karstquelle zu den größten der Insel. Von kleineren Zuflüssen gespeist, fließt der Riu Flumineddu dann durch eine nur schwach in die Valle di Oddoene eingesenkte Talaue. Westlich von Dorgali mündet er in den 1983 vollendeten Cedrino-Stausee.

6 Durch die Valle di Lanaittu und hinauf zu den nuraghischen Siedlungen am Monte Tiscali

Kurzbeschreibung: Von der Karstquelle Su Gologone folgen wir zunächst einem bequemen Fahrweg in das Bergland des Supramonte. Auf einem alten Hirtenpfad steigen wir zu dem schmalen Felsgrat auf, der das südliche Talende der Valle di Lanaittu beherrscht. Ziel unserer Wanderung ist eine eingebrochene Karsthöhle mit zwei kleinen nuraghischen Siedlungen.

Dauer/Länge: 4:45 Std./18 km
Wegbeschaffenheit: Fahrweg, Pfad, weglos über Felsen
Höhenunterschied: 425 m Auf- bzw. Abstieg
Schwierigkeitsgrad: Der erste Teil der Wanderung führt auf Fahrwegen durch die Valle di Lanaittu; leicht. Der Aufstieg am Monte Tiscali erfordert Trittsicherheit, und auf dem letzten Abschnitt muß über Felsen geklettert werden; mittelschwer.
Orientierung: im ersten Abschnitt der Wanderung leicht. Der zweite Abschnitt folgt einem durch rote, auf Felsen gemalte Pfeile markierten Pfad.
Unterkunft: Oliena, Dorgali
Bar/Restaurant: Kaffeeterrasse des Hotels Su Gologone nahe dem Ausgangspunkt der Wanderung
Anfahrt: mit dem Auto von Oliena (8 km). Der nach Dorgali ausgeschilderten Straße etwa 6 km folgen und dann rechts auf die zum Hotel/Ristorante Su Gologone ausgeschilderte Asphaltstraße abbiegen. 200 m hinter dem Hotel (unmittelbar vor Be-

ginn des Parkplatzes an der Sorgente su Gologone) zweigt rechts der Fahrweg in die Valle di Lanaittu ab (gelbes Schild ›Località Turistica Lanaitto‹).
Besonderer Hinweis: Es empfiehlt sich, die Wanderung morgens zu beginnen, die heißen Mittagsstunden in der Doline zu verbringen und am späten Nachmittag wieder zurückzukehren. – Eine Begehung der Karsthöhlen Su Bentu und Sa Oche kann nur mit Führer und Ausrüstung erfolgen; nähere Informationen sind bei der Cooperativa Turistica ENIS, Oliena, ☎ 0784/288363, erhältlich.
Carta d'Italia alla scala di 1:25000: 208-IV-NO Cantoniera Manasudas und 208-IV-SO Monte Oddeu

Der Wanderweg

Wir folgen dem ansteigenden Fahrweg, der vor dem Parkplatz an der **Sorgente de su Gologone** abzweigt. Vor uns erheben sich die Dolomitschroffen des Supramonte; rechter Hand auf einer Anhöhe steht das Hotel Su Gologone. Der Weg schwenkt nach links und steigt am Hang weiter an. Wir wandern weit oberhalb des Fiume Cedrino, der sich in einem schmalen Tal tief eingeschnitten hat. An der Abbruchkante der Basaltebene Gollei, die sich schräg links vor uns auf der gegenüberliegenden Talseite ausdehnt, treten regelmäßige Basaltsäulen (sogenannte ›Orgelpfeifen‹) zutage.

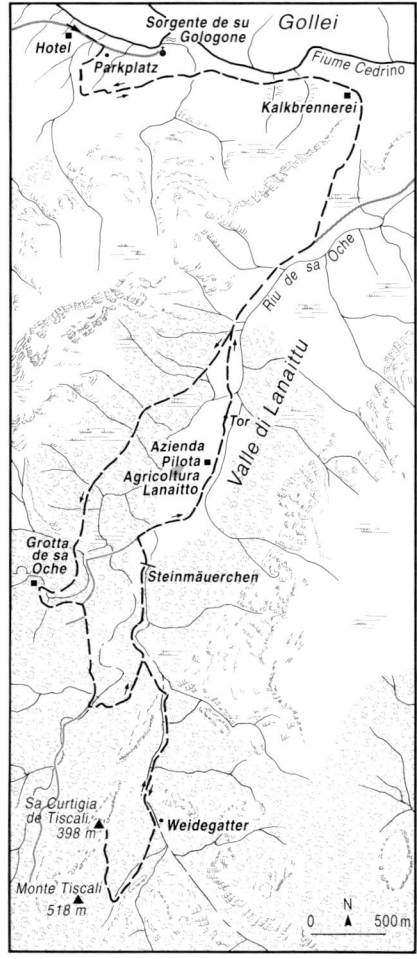

Wanderung 6

Hänge, während sich anscheinend sorgfältig angelegte Ölgärten und Rebland auf dem fruchtbaren Talboden ausdehnen. Durch das Tal schlängelt sich der von Erlen gesäumte Bachlauf des Riu de sa Oche. Am südlichen Talende ist der Felsgrat des Monte Tiscali erkennbar, zu dem wir aufsteigen werden.

Wir halten uns auf dem Hauptweg, der auf der rechten Talseite entlangführt. An einer deutlichen Weggabelung gehen wir rechts weiter. Bald steigt der Weg leicht an; der Wald wird wieder dichter. Etwa 20 Minuten nach der Weggabelung folgen wir dem Hauptweg an einer Linksabzweigung vorbei und lassen kurz danach auch eine Rechtsabzweigung unbeachtet. Wir queren das Geröllbett des **Riu de sa Oche** auf einer Furt aus Betonplatten. Im Geröllbett kann man einen kurzen Abstecher nach rechts zum Eingang der **Grotta de sa Oche** (›Höhle der Stimme‹) machen, die sich am Fuße der Felswand öffnet.

Hinter der Furt passieren wir ein Häuschen und wandern auf dem Hauptweg weiter, bis wir auf einen Querweg stoßen, dem wir nach rechts folgen. An einer breiten Wegverzweigung halten wir uns links. In Blickrichtung vor uns erhebt sich der Felsgrat des Monte Tiscali. An der nächsten Weggabelung gehen wir links ansteigend weiter (gelbes Schild nach rechts ›Grotta monumentale Helie 's Arias‹).

Der Hauptweg beschreibt bald eine Linksbiegung und verläuft dann geradlinig auf gleichbleibender Höhe. Schließlich schwenkt er nach rechts, um sich vor dem Schotterbett eines Bachlaufs zu gabeln. Auf dem

Wir kommen an einer Kalkbrennerei vorbei, deren alter Kalkofen erhalten ist. Danach schwenkt der Weg nach rechts in das Tal der **Valle di Lanaittu**. Die flache, breite Talsohle wird von den Felswänden des Supramonte eingerahmt. Lichte Macchie und Steineichenwald bedecken die

Blick über Karstkarren in das Lanaittu-Tal

den Hang bergauf. Kalksteinfelsen, die von ausgedehnten rillenförmigen Vertiefungen, sogenannten Karrenfeldern, überzogen sind – ein typisches Phänomen der Verkarstung – kommen in Sicht. Wir genießen schöne Blicke in das Lanaittu-Tal.

Unsere Strecke führt schließlich weglos über Felsen, die in dichten Abständen mit roten Pfeilen markiert sind, recht steil bergauf. Der letzte Abschnitt erfordert den Einsatz von Händen und Füßen. Man sollte sich den Wegverlauf für den Rückweg einprägen, da dann die roten Pfeile nicht immer gleich zu sehen sind.

Schließlich erreichen wir den Rand der eingebrochenen Karsthöhle

Rückweg werden wir den linken Weg nehmen; jetzt gehen wir rechts weiter. Der befahrbare Weg verläuft entlang des Schotterbetts und endet nach kurzer Zeit.

Teils weglos im Geröllbett, teils auf einem Pfad oberhalb davon wandern wir allmählich bergauf. Rote Pfeile, die auf Felsen gemalt sind, helfen uns nun bei der Orientierung. Hinter einem Weidegatter (es kann rechts umgangen werden) schwenkt der Pfad schräg nach rechts, und wir steigen über eine lichte Fläche mit vereinzelten Bäumen und Sträuchern an. Gelegentliche rote Pfeile bestätigen uns, daß wir uns auf dem richtigen Weg befinden.

Bald beginnt der eigentliche, steiler werdende Aufstieg. Der Pfad steigt zunächst in einigen Kehren an und führt dann am rechts abfallen-

Der Fiume Cedrino

(Doline) im Felsgrat **Sa Curtigia de Tiscali**. Der gefahrlose Abstieg in die Doline ist nur an einer Stelle möglich und hier deutlich markiert. An der tiefsten Stelle des Dolinenbodens, im Schutze überhängender Seitenwände, liegen die Reste von zwei nuraghischen Siedlungen.

Wir kehren auf demselben Weg zurück, bis wir wieder den Beginn des befahrbaren Weges erreichen. Wenige Minuten später nehmen wir die Rechtsabzweigung und verlassen hier den Hinweg. An der folgenden Weggabelung halten wir uns links. Wir wandern nun stetig in etwa gleicher Richtung (nach Nordwesten) auf einem Pfad, der auf etwa gleichbleibender Höhe durch lichte, hohe Macchie führt. Bald verläuft der Pfad entlang des Schotterbetts eines Bachlaufs. Nun halten wir uns stets am Schotterbett, bis wir auf ein Steinmäuerchen stoßen. Wir überqueren es, folgen ihm ein kurzes Stück nach links hinauf und kommen am Rande eines aufgelassenen Weingartens mit Ölbäumen heraus. Entlang der Kiefernreihe gehen wir zu einem Querweg und folgen ihm nach rechts. Von Kiefern gesäumt, verläuft der Fahrweg zwischen aufgelassenen Weingärten und Ölbäumen geradlinig in der flachen Talsohle.

Wir passieren die Gebäude der ehemaligen ›Azienda Pilota Agricoltura Lanaitto‹ (heute ›Casa Budorar‹). Einst mit Sorgfalt angelegt, bietet das landwirtschaftliche Versuchsgut heute ein trauriges Bild der Verwahrlosung. Die Weinstöcke sind verkümmert, Ziegen nagen an den Ölbäumen... und aus der Ferne sah das Kulturland so gepflegt aus. Der Weg verläuft geradlinig bis zum ehemaligen Eingangstor und weiter bis zur Einmündung in unseren Hinweg, über den wir zur **Sorgente de su Gologone** zurückkehren.

Am Wege

Valle di Lanaittu

Breit in den nördlichen Supramonte eingesenkt, öffnet sich die Valle di Lanaittu in einem beckenartigen Tal nach Nordosten zum tiefeingeschnittenen Fiume Cedrino. Durch die flache Talsohle schlängelt sich der **Riu de sa Oche** (›Bach der Stimme‹). Seinem Namen macht er allerdings nur selten Ehre, denn meist ist sein Bachbett ausgetrocknet. Dabei gäbe es Wasser genug, doch strömt es überwiegend unterirdisch durch das weitverzweigte Höhlensystem des Supramonte. In den Felswänden des Lanaittu-Tals öffnen sich die trockengefallenen (fossilen) Ausgänge der Tropfsteinhöhlen Sa Oche und Su Bentu.

Nur wenig entfernt und etwas tiefer gelegen, tritt an der Nordflanke des Supramonte eine kräftige Karstquelle aus. Mit einer Schüttung von etwa 300 Litern/Sekunde gilt die **Sorgente de su Gologone** als ergiebigste Quelle Sardiniens. Das Wasser fließt hinter der Kapelle Nostra Signora della Pieta aus einer tiefen Felsspalte, die in türkisgrünen Farbtönen schimmert.

Rings um die Kapelle und am Flußlauf des Fiume Cedrino stehen hohe Eukalyptusbäume, Pappeln, Erlen und Oleandersträucher – eine schattige Oase, die auch im Hochsommer einladend grün bleibt.

Die nuraghischen Siedlungen am Monte Tiscali

Im Süden der Valle di Lanaittu erhebt sich der Kalksteinrücken des Monte Tiscali (518 m). In seinem Felsgrat ist durch das Einbrechen einer Karsthöhle eine sogenannte Einsturzdoline entstanden: **Sa Curtigia de Tiscali**.

Der Name geht auf das üppige Grün im Inneren der Einsturzdoline zurück – *curtigia* bedeutet ›Grünland inmitten einer kahlen Felseinöde‹. Im Unterschied zu den karstigen Felsen des Kalksteinrückens bietet der feuchte, durch zusammengeschwemmten Lehm leicht wasserstauende Boden der Doline günstige Wachstumsbedingungen; die Fels-wände schützen ihn zudem vor allzugroßer Austrocknung.

Im Schutze der überhängenden Seitenwände der Doline stehen die halbverfallenen Mauern von runden und eckigen Steinhütten, die ursprünglich zwei kleine nuraghische Siedlungen bildeten. Was mochte die Menschen bewogen haben, sich hier niederzulassen? Die Doline auf dem Monte Tiscali stellte eine hervorragende natürliche Felsbastion dar, von der aus sowohl der nördliche Hauptzugang in die Valle di Lanaittu als auch der östliche Zugang von der Valle di Oddoene über die Scala de Surtana gut überwacht werden konnten. Vermutlich diente Tiscali den Nuraghern als Rückzugs- und Verteidigungssiedlung vor den Römern.

7 Aufstieg von Maccione über die Scala 'e Pradu auf die Punta sos Nidos

Kurzbeschreibung: Ausgangspunkt ist das Gebiet Maccione im dichten Steineichenwald oberhalb von Oliena. Würzige, klare Luft empfängt den Besucher hier. Wir folgen einem bequemen Fahrweg, der sich an der Nordwestflanke des Supramonte bergaufschlängelt. Unterwegs bieten sich schöne Ausblicke auf das Gartental des Fiume Cedrino und die umgebenden Gebirgszüge. Nach Erreichen der zerklüfteten Zinnen breitet sich unvermittelt eine weite, nur spärlich bewachsene Karsthochfläche aus, die ein beinahe unwirklich anmutendes Bild von Abgeschiedenheit bietet. Ziel ist die Punta sos Nidos am Nordrand des Supramonte, von deren Gipfel aus sich ein herrlicher Ausblick auf das Hinterland am nördlichen Golf von Orosei bietet.

Dauer/Länge: 3:35 Std./11,5 km
Wegbeschaffenheit: Fahrweg, weglos über Felsfluren
Höhenunterschied: 650 m Auf- und Abstieg
Schwierigkeitsgrad: erster Teil der Wanderung bis zur Scala 'e Pradu leicht, zweiter Teil (Aufstieg auf die Punta sos Nidos) mittelschwer
Orientierung: leicht
Unterkunft: Oliena, Nuoro
Bar/Restaurant: Maccione, Oliena

Anfahrt: mit dem Auto von Oliena (5 km). Zunächst der Hauptstraße durch den Ort in Richtung Orgosolo folgen. Am Ortsausgang an der Rechtsabzweigung nach Nuoro vorbei etwa 100 m weiter Richtung Orgosolo fahren und in der Rechtsbiegung links abbiegen (gelbes Schild ›Località turistica Maccione‹). Die Straße verläuft am oberen Ortsrand und gabelt sich schließlich. Nach rechts (Wegweiser) führt eine Betonstraße in Kehren bergauf und endet im Gebiet Maccione.

Feste und Feiern in Oliena: 16./17. Januar Sant' Antonio Abate mit Freudenfeuer. Am Ostersonntag findet die berühmte Prozession *s'Incontru* von der Chiesetta di San Francesco (nahe der Pfarrkirche) zur Piazza Santa Maria statt. Sonntag nach Pfingsten Prozession. 24. Juni San Giovanni Battista (unweit der Quelle Su Gologone). 21. August San Lussorio. 8. September Nostra Signora di Monserrato mit Reiterumzug.

Carta d'Italia alla scala di 1:25000: 207-I-NE Nuoro und 207-I-SE Orgosolo

Der Wanderweg

Mitten im dichten Steineichenwald des Gebietes **Maccione** entspringt die Funtana su Vitichinzu, die ›Waldreben-Quelle‹. Ganz in der Nähe steht ein ehemaliges Forsthaus und späteres Kindererholungsheim, das von der Cooperativa ENIS, einer Arbeitsloseninitiative, zu einer Herberge mit angeschlossenem Café/Restaurant umgebaut wurde. Die am Wochenende auch von den Olienesern gerne aufgesuchte Caféterrasse

bietet sich dazu an, den Tag nach der Rückkehr vom Gipfel in der Stille des Waldes ausklingen zu lassen.

Unsere Wanderung beginnt auf dem Fahrweg, der sich nach rechts an die Betonstraße anschließt. Er steigt zunächst an und führt dann leicht bergab. Nicht selten sind im Steineichenforst halbwilde Schweine zu sehen, die den Boden auf der Suche nach Eicheln durchwühlen. Über den Wald hinweg bietet sich bald ein erster Blick auf Oliena und das Cedrino-Tal.

Nach zwanzig Minuten führt der Hauptweg in Serpentinen bergauf und dann an eine Brandschutzschneise heran. Hier bietet sich ein freier Blick über die Mischwälder an der Westflanke des Supramonte auf das im Südwesten gelegene Bergdorf Orgosolo. Kurz danach können wir im Zinnenkranz des Supramonte den Sattel erkennen, über den wir auf die Hochfläche aufsteigen werden. An einer Weggabelung folgen wir dem Hauptweg nach links (gelber Wegweiser ›Località turistica Monte Corrasi‹; rechts zur ›Località turistica Daddana‹ ausgeschildert).

Der Eichenwald wird nun lichter, vereinzelt stehen uralte knorrige Baumriesen an den Hängen. Rechts oberhalb von uns ragen die Zinnen des Supramonte auf. Bald passieren wir Hirtenhütten mit Stallungen. Der Weg windet sich in Serpentinen an der Felswand empor und bietet

---

1 Klippen an der Punta del Giglio   ▷
   bei Alghero
2 Bucht bei Santa Maria Navarrese   ▷▷

3   Landschaft am Monte Limbara

4   Flaumeichen in der Barbagia

5   Steineichen in Sarrabus   6   Blühende Felsheide in der Barbagia

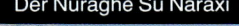

8   Der Nuraghe Su Naraxi

9   Der Capo Carbonara
17   Blick auf das Hirtendorf Urzulei in der Barbagia

0 Schilfgedeckte Fischerhütten auf der Sinis-Halbinsel

1 Der Sarazenenturm Torre Budello bei Teulada

12　Bosa am Fiume Temo

13　Strandsee bei Capras

14 Römische Brücke über den Tirso

15   Sardische Familie beim Picknick

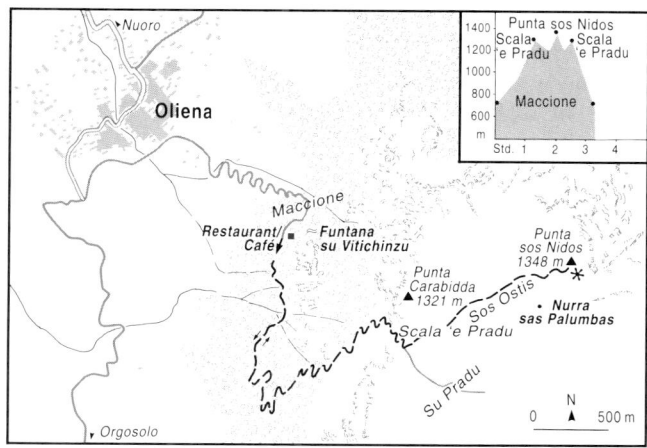

hinreißende Ausblicke auf das Cedrino-Tal: In einem Sattel westlich des Monte Ortobene (Gipfel mit Sendeantenne) breitet sich Nuoro aus, während am Fuße des Supramonte, rund 800 m unter uns wie in einer Spielzeuglandschaft die Häuser von Oliena liegen.

An der **Scala 'e Pradu** (›Steiler Pfad der Hochfläche‹) erreichen wir den Zinnenkranz. Der Weg endet auf einer kleinen Terrasse. Nach Osten dehnt sich die leicht in das Bergmassiv des Supramonte eingebettete Karsthochfläche **Su Pradu** aus. In der Ferne sind ein paar armselige Hirtenbehausungen mit Schafställen *(cuíles)* auszumachen; durch die Einöde schlängelt sich ein schmaler Pfad, der sich im Unendlichen zu verlieren scheint. Die höchsten Gipfel wirken von hier beinahe unscheinbar. Linker Hand (im Norden)

erhebt sich die Punta Carabidda aus dem Zinnenkranz, rechter Hand ragt der Monte Corrasi auf, mit 1463 m der höchste Gipfel des Supramonte. Unser Ziel ist die Punta sos Nidos (›Nester-Gipfel‹) schräg links vor uns.

Wir wandern direkt nach Sicht zur Punta sos Nidos und queren dabei eine flache Senke namens **Sos Ostis**. Überall treten weißkarstige Felsfluren zutage, die von der Erosion rillenförmig aufgelöst wurden (sogenannte Karrenfelder). Nach etwa einer halben Stunde erreichen wir den flachen Gipfel der **Punta sos Nidos** (1348 m; Steinmännchen). Es bietet sich ein atemberaubender Blick auf das Hinterland am nördlichen Golf von Orosei. Inmitten des flachen Küstenhofs erhebt sich der isoliert aufragende Monte Tuttavista. Wir erkennen die Cedrino-Ebene mit ihren Weingärten, Feldern und Weiden sowie den Stausee und die niedrige Basaltebene Gollei. Rechts schließen sich die breiten, weit in den Supramonte hineinreichenden Täler Oddoene und

---

◁ 16 Volksfest in Nuoro

Lanaittu an. Am Hang des Monte Bardia (Sendeantenne) breitet sich Dorgali aus. – Wir kehren auf demselben Weg zurück.

Am Wege

Von sprödem Charme: Oliena

Südlich des Fiume Cedrino ragt die mächtige, von schneeweißen Felsschroffen gekrönte Dolomitwand des nordwestlichen Supramonte auf. An ihrem Fuße liegt das große Bauerndorf Oliena (379 m, 7000 Einw.). Noch in den sechziger Jahren bestimmten alte, aus Bruchsteinmauerwerk errichtete Bauten das Ortsbild. Inzwischen sind diese traditionellen Wohnhäuser zum großen Teil verschwunden. In dem grauen, verschachtelten Häusermeer überwiegen neuere Hohlblockbauten mit zumeist unverputzten Fassaden, die Oliena den für viele Dörfer Innersardiniens typischen, recht herben Charme verleihen. Als Tourist mag man es bedauern, daß die Ortschaft den Anschluß an die Moderne gewonnen hat.

Im Mittelalter gehörte Oliena zunächst zum Judikat Torres, dann zum Kuratorium von Posada. Im 14. Jh. wurde der Ort von Arborea erobert, doch an eine Burg aus dieser Zeit erinnert nurmehr ein Flurname. Erst mit der endgültigen Niederlage von Arborea in der Schlacht von Sanluri (1409) fiel auch Oliena an Aragón. Vorübergehend herrschte das Adelsgeschlecht Carroz über den Ort, dann der Markgraf von Quirra. Später fiel Oliena wieder an die Familie Carroz, schließlich an das

Kurz vor der Scala 'e Pradu wird der Eichenwald lichter

Adelsgeschlecht Osorio, von dem sich der Ort 1839 freikaufen konnte.

Die Herkunft des Ortsnamens ist nicht gesichert. Vielleicht geht er auf den Olivenanbau (olìa = Olive) zurück, der ebenso wie die Seidenraupenzucht von den Jesuiten eingeführt wurde. Zu jener Zeit entstanden auch die zahlreichen Kirchen der Ortschaft. Die Pfarrkirche San Ignazio aus dem 17./18. Jh. ist dem Begründer des Jesuitenordens, Ignatius von Loyola, geweiht.

Der Wein von Oliena ist auf Sardinien weithin geschätzt. Neben dem bekannten Rotwein der Sorte Cannonau wird hier auch ein Weißwein mit duftendem, etwas herbem Aroma erzeugt. »Seine Farbe ist flüssiges Gold, sein Duft ist würziger Weihrauch und sein Geschmack herbe Myrrhe«, lautet ein alter Lobreim der Hirten. Ende des 19. Jh. wurden auch hier die Weinstöcke von der Reblaus befallen und vernichtet, was zum wirtschaftlichen Niedergang Olienas beitrug. Mit der Armut nahm das Banditenwesen zu. Als der deutsche Gelehrte Max Leopold Wagner Anfang dieses Jahrhunderts auf einer seiner ersten Sardinienreisen mit einem Hirten ins Gespräch kam und ihn nach seiner Herkunft fragte, erwiderte dieser salomonisch: *In dónzi loku ci sunu bonos e malos, ego sóe de Olíena* (»Überall auf Erden gibt es Gute und Böse, ich bin von Oliena«).

Die Karsthochfläche Su Pradu

Eingebettet zwischen den höchsten Gipfeln des Supramonte di Oliena liegt die weithin baumlose Karsthochfläche Su Pradu. Noch Mitte des vorigen Jahrhunderts war sie mit dichtem Steineichenwald bedeckt, doch mit der einsetzenden Industrialisierung Italiens wurde auch hier Kahlschlag betrieben. Die extrem degradierte Landschaft ist heute mit Wolfsmilchgewächsen, Affodill und niedrigen Dornbüschen bewachsen, denn anhaltende Beweidung durch Ziegen läßt keinen anderen Bewuchs aufkommen. Am Fuße der Punta sos Nidos öffnet sich die **Nurra sas Palumbas**. Das ›Wildtaubenloch‹ ist vor allem durch den hier lebenden Sardischen Schleuderzungensalamander berühmt. Die Nurra sas Palumbas stellt eines der Schlucklöcher dar, durch die das Regenwasser in das weitverzweigte Karsthöhlensystem des Supramonte entschwindet.

Oliena am Fuße des Supramonte   Im Tal des Riu ´e Gurue ▷

L'Ogliastra

Südlich des Supramonte öffnet sich die weite, landeinwärts hügelige Küstenebene der Ogliastra. Das Tiefland wird von hohen Gebirgszügen eingerahmt, die vom kargen Bergland des Salto di Quirra im Süden über die Monti del Gennargentu im Westen bis zum Kalksteinmassiv des Supramonte reichen. Die Landschaftsbezeichnung ›Ogliastra‹ leitet sich von *Agugliastra* (›spitzer Turm‹) ab, dem Namen einer charakteristisch geformten, der Küste vorgelagerten Kalksteinklippe.

Die beiden wichtigsten Ortschaften der Ogliastra sind **Tortoli** (8000 Einw.), in der einst versumpften und malariaverseuchten Küstenebene gelegen, und **Lanusei** (590 m, 6000 Einw.), das traditionell wegen des guten Gebirgsklimas gelobt wird (gemeint ist ursprünglich die Sicherheit vor der Malaria!). Während der mittelalterlichen Richterzeit war die Ogliastra mit dem Hauptort Tortoli dem Judikat Cagliari zugeordnet. Als die Aragonesen im 14. Jh. auf Sardinien die Macht übernahmen, wurde das Castello Medusa bei Lotzorai als eine der ersten Burgen erobert. Mit ihrer Zerstörung im Jahre 1323 verlor die Ogliastra ihre relative Unabhängigkeit, die sie während der Richterzeit genossen hatte, und Tortoli wurde Hauptort der Grafschaft Quirra. Heute ist Lanusei der örtliche Verwaltungs- und Bischofssitz, während sich Tortoli mit dem benachbarten Hafenort Arbatax zum lebhaften Zentrum der Küstenebene und Verkehrsknotenpunkt entwickeln konnte.

Viele Dörfer der Ogliastra, unter ihnen Baunei und Urzulei, wurden an den Hängen erbaut, da die früher versumpfte Schwemmebene bis zur Trockenlegung eine gefürchtete Brutstätte für die Malaria bildete. In den fruchtbaren Niederungen erstrecken sich Äcker, Gärten, Zitrusplantagen und Rebfelder. In der Küstenebene wird viel gebaut; sie ist leider immer mehr von Zersiedlung bedroht. Hier liegt ein großer, fischreicher Strandsee, der **Stagno di Tortoli**. Er stellt ein wichtiges Brutrevier für viele Arten von Wasservögeln dar.

In der Ogliastra herrschen metamorphe Kristallingesteine vor. Berühmt sind die Klippen aus rötlichem Granitporphyr, die am Capo Bellavista bei Arbatax und weiter landeinwärts aus der Ebene aufragen. Sie haben die Reisenden seit jeher begeistert. La Marmora, der erste wissenschaftliche Erforscher der Insel, sah in ihnen gar den für Geologen interessantesten Ort Sardiniens.

8 Rundwanderung von Urzulei durch das Gartental des Riu 'e Gurue

Kurzbeschreibung: Unterhalb des abgeschiedenen Bergdorfes Urzulei weitet sich ein grünes Tal. Zahlreiche Bäche strömen von den umliegenden Berghängen hinab, um sich zum Riu 'e Gurue zu vereinen. Auf bequemen Feldwegen, die immer wieder schöne Ausblicke bieten, wandern wir an waldigen Hängen entlang. Der Rückweg führt durch

Obstgärten, Ölbaumhaine und Rebfelder des Talgrunds.

Dauer/Länge: 2 Std./8 km
Wegbeschaffenheit: Straße, Feldweg
Schwierigkeitsgrad: leicht
Orientierung: leicht
Unterkunft: Santa Maria Navarrese,
Dorgali
Bar/Restaurant: Urzulei
Anfahrt: mit dem Auto von Santa
Maria Navarrese (32 km). Über Bau-
nei auf der SS 125 Richtung Dorgali
fahren und kurz vor der Cantoniera
Giustizieri die Linksabzweigung
nach Urzulei nehmen.
Von Dorgali (32 km): Auf der SS 125
Richtung Baunei fahren und kurz
hinter der Cantoniera Giustizieri die
Rechtsabzweigung nach Urzulei
nehmen.
Feste und Feiern in Urzulei: am 3.
Sonntag im Juni das Kirchenfest San
Basilio mit Prozession; am vorletz-
ten Sonntag im August das Volksfest
San Giorgio.
Carta d'Italia alla scala di 1:25000:
208-III-NO Urzulei und 208-III-SO
Talana

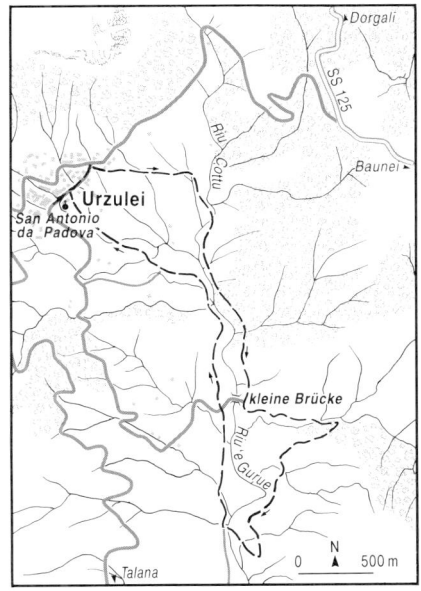

Wanderung 8

Der Wanderweg

Im unteren Ortsteil von **Urzulei**
steht die **Kirche San Antonio da Pa-
dova**, ein unscheinbarer Bau aus dem
17. Jh. Von der Terrasse bietet sich
ein schöner Blick nach Süden auf das
in waldige Berghänge eingebettete
Gartental des Riu 'e Gurue (›Bach der
Walddistel‹). Wir gehen wenige
Schritte durch die Via Parrocchia
zurück und folgen der betonierten
Dorfstraße (Via San Giovanni) nach
rechts. An der Straßenverzweigung

gehen wir geradeaus weiter (rechts
führt die Via Grazia Deledda bergab).
An der folgenden Gabelung nehmen
wir die Via Nuoro nach links. Dort,
wo sie nach links ansteigt, biegen
wir rechts auf ein Asphaltsträßchen
ab.

Nun lassen wir die Ortschaft hinter uns und wandern in das Tal des
Riu 'e Gurue hinab. In einer breiten
Rechtsbiegung verlassen wir das
Sträßchen und folgen dem Fahrweg,
der geradeaus weiterführt. An der
Weggabelung vor einem Eisengittertor halten wir uns links. Bald queren
wir den Bachlauf des **Riu Cottu**. Unser Weg schwenkt nach Süden und
verläuft am Osthang des üppig grünen Haupttals. Am Wegesrand stehen Korkeichen, deren geschälte
Stämme rostrot leuchten.

Ein Besuch Urzuleis im Jahre 1908

Der Sardinienreisende Max Leopold Wagner berichtet: »Die Straße führt stundenlang an wilden Bergen und in unbewohnten Tälern dahin, bis man das sogenannte
Mare d'Urzulei erreicht, einen widerlichen, schilfbestandenen Sumpf, der die ganze
Umgebung verpestet und diese Gegend trotz der hohen Lage zu einem gefürchte-
ten Fieberherde macht. [...] Meine Empfehlung ging an einen Krämer des Ortes; als
ich mit Hilfe der Kinder seinen Laden fand, war dort alles verriegelt; Männer sah ich
nirgends, die Frauen zogen sich alle bei meinem Nahen sofort zurück, und aus den
Kindern war nicht viel herauszukriegen. [...] Endlich mit Sonnenuntergang wurde es
auf den Bergen lebendig; von allen Seiten kamen Männer, zu Fuß und zu Roß, mit
ihren Flinten den Berg herab und eilten dem Dorfe zu. Nun hatte ich auch bald meinen Gastfreund erfragt und zahlreiche Bekanntschaften gemacht. Anfangs begeg-
nete man mir mit vielem Mißtrauen und erkundigte sich besonders angelegentlich,
ob mich die italienische Regierung hierher gesandt habe; erst als ich die guten
Leute von der Harmlosigkeit meiner Unternehmungen überzeugt und ihnen beige-
bracht hatte, daß ich als Fremder nur, um Land und Leute zu kennen, hier reiste,
wurden sie zutraulicher. [...] Fleisch wird hier nur selten gegessen, und ich mußte
mich hoch geehrt fühlen, als man mir zu Ehren einen alten Ziegenbock schlachtete;
weniger erfreut war ich, als ich dessen zähes Fleisch, neugierig von allen umstan-
den, verzehren mußte.«

Nach kurzer Zeit queren wir erneut ein Bächlein. Wir gehen an der
Linksabzweigung eines ansteigenden
Weges vorbei auf dem Hauptweg bergab und queren sogleich einen weiteren Bachlauf. Kurz danach gelangen
wir auf die Biegung eines breiteren
Fahrweges und wandern geradeaus
weiter. Unmittelbar vor einer kleinen Brücke im Haupttal gehen wir
links einen Fahrweg hinauf. Bald
öffnet sich der Blick in ein kleines, wildromantisches Seitental. Das
Rauschen des Baches dringt zu uns
empor.

Wir wandern in das Tal hinab, queren den Bachlauf und gehen links auf
dem Hauptweg weiter. Er schwenkt
sogleich nach rechts und steigt am
waldigen Hang an. Bald bietet sich
ein schöner Blick in das Tal des Riu
'e Gurue. Urzulei liegt am Fuße der

Kalksteinwand des Supramonte. Wir
gelangen auf einen Fahrweg, der von
links heranführt, und wandern geradeaus weiter. Der Weg verläuft
zunächst am Hang, dann nach einer
Rechtskehre zu Tal. In der Talsohle
überqueren wir den **Riu 'e Gurue** und
stoßen auf einen Querweg, dem wir
nach rechts folgen. Der Fahrweg
steigt gemächlich im fruchtbaren
Talgrund an.

An der nächsten Weggabelung gehen wir wenige Schritte nach links
bis zu einem Asphaltsträßchen, dem
wir nach rechts folgen. Nach 20 Minuten halten wir uns an der Straßengabelung rechts. **Urzulei** liegt nun
am Hang ausgebreitet vor uns. Unterhalb der Kirche können wir unser
Sträßchen verlassen, um durch eine
steile Gasse direkt in den Ort
zurückzukehren.

Eicheln, Ton und Naturreligion

Am Fuße eines waldigen Steilhangs breitet sich das Häusergewirr von Urzulei (511 m, 1500 Einw.) aus. Mit seinen grauen Granithäusern wirkt dieses typische Bergdorf Innersardiniens eher abweisend, und immer noch erregt jeder Tourist, der sich hierher verirrt, merkliches Aufsehen. Der Ortsname ist präromanischen Ursprungs und geht auf die Bezeichnung einer örtlich verbreiteten Kletterpflanze zurück. In Urzulei ist gelegentlich noch die Alltagstracht der Frauen zu sehen. Zur blauen Bluse werden ein schwarzer Rock und meist ein schwarzes Kopftuch getragen.

In den bitterarmen Bergdörfern Sardiniens dienten die stärkereichen Eicheln der Steineiche bis weit in das 20. Jh. hinein der menschlichen Ernährung. Die Eicheln wurden gemahlen, um daraus Brot und Kuchen zu backen, die – mit Schweinefett begossen – gegessen wurden. Sardinienreisende, die dieses Backwerk noch zu kosten bekamen, fanden es nahezu ungenießbar.

In Urzulei gab es bis Anfang dieses Jahrhunderts einen archaischen Brauch, in dem die Eicheln eine kultische Rolle spielten: Um der innigen Verbundenheit des Menschen mit der Erde und den Kräften der Natur Ausdruck zu verleihen, wurde an Festtagen ein besonderes Brot aus Eichelmehl gebacken, dem ein spezieller, in umliegenden Höhlen und Senken gefundener Ton beigemischt war *(su trokku)*. Dieser Ritus der sogenannten Geophagie war auf Sardinien einmalig und ist sonst nur von ozeanischen Kulturen bekannt.

9 Rundwanderung auf der Hochfläche des Supramonte di Urzulei

Kurzbeschreibung: Oberhalb von Urzulei liegt auf etwa 1000 m Meereshöhe eine weite Hochfläche, aus der kleinere Erhebungen wie der Bergrücken der Serra Lodunu aufragen. Uns erwartet eine abgeschiedene Weidelandschaft von rauher Schönheit. Auf einem alten Köhlerweg wandern wir in eine Felsschlucht hinab. Ein bequemer Fahrweg führt uns um die langgestreckte, teils mit lichtem Eichenwald bedeckte Serra Lodunu herum. Unterwegs können wir das für Karstgebiete typische Phänomen der Flußversickerung beobachten.

Dauer/Länge: 3 Std./12 km
Wegbeschaffenheit: Fahrweg, Pfad, Schotterbett
Schwierigkeitsgrad: leicht
Orientierung: leicht
Unterkunft: Dorgali, Santa Maria Navarrese, Paß Genna Silana
Bar/Restaurant: Urzulei, Paß Genna Silana
Anfahrt: mit dem Auto von Dorgali (29 km). Auf der SS 125 Richtung Baunei fahren und am Paß Genna Croce (Genna Cruxi) rechts abbiegen. Keine Ausschilderung, aber linker Hand (gegenüber der Abzweigung) steht ein Neubau (geplante

Verkaufsstelle für Kunsthandwerk).
Die Straße verläuft zunächst einge-
kerbt in die Steilwand der Karsthochfläche Planu Campu Oddeu und bietet einen atemberaubenden Blick auf
das rund 400 m tiefer gelegene Dorf
Urzulei. Nach gut 2 km an der
Straßengabelung auf der Hochebene
links halten. Die Asphaltierung endet 1 km hinter der Straßengabelung;
hier das Auto abstellen (die Fahrbahn
freihalten!). Die Wanderung beginnt
auf dem Fahrweg, der sich hier fortsetzt.
Von Santa Maria Navarrese (35,5
km): Über Baunei auf der SS 125
Richtung Dorgali fahren und am Paß
Genna Croce (Genna Cruxi) links abbiegen (siehe oben).
Feste und Feiern in Urzulei: siehe
Wanderung 8

Carta d'Italia alla scala di 1:25000:
208-III-NO Urzulei

Der Wanderweg

Wir folgen dem Fahrweg, der sich
über die einsame Hochfläche des
Supramonte di Urzulei schlängelt.
Kalkstein und Dolomit treten felsig
zutage und lassen die Landschaft beinahe alpin erscheinen; in der mit aromatischen Kräutern bewachsenen
Flur stehen Gruppen mächtiger
Steineichen. Überall streifen halbwilde Schweine und Rinder umher.
Unser Weg führt in ein Tal hinab und
überquert zwei Bachläufe.

Vor uns am Hang der **Serra Lodunu**
erblicken wir den **Cuile Televai**: ein
Haus, rechts davon Stallgebäude und

Wanderung 9

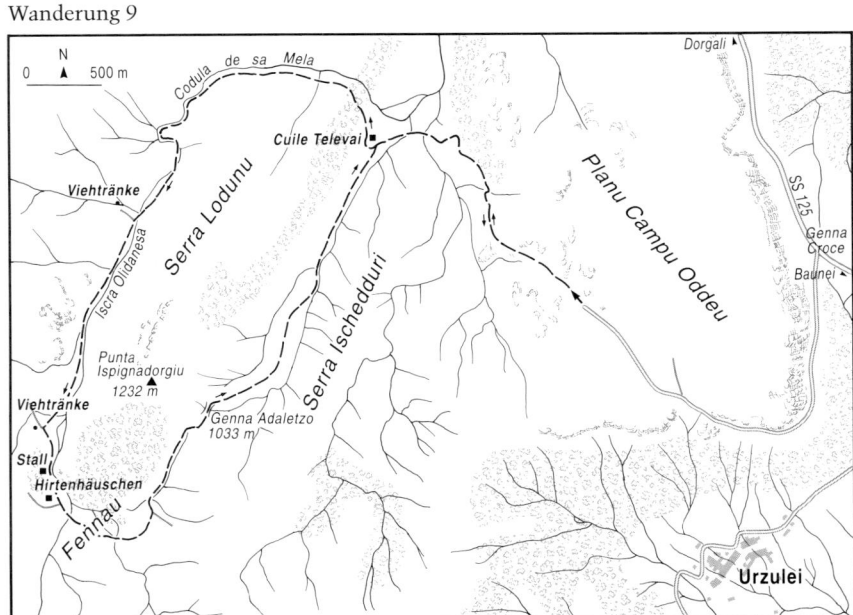

Der Weg führt in das Schotterbett der
Codula de sa Mela hinab

etwas oberhalb am Hang ein altes
Hirtenhäuschen. Von hier an den Gebäuden vorbei nach rechts leicht am
Hang ansteigend verläuft unser weiterer Weg. Einst war dieser zunächst
undeutliche, alte Köhlerweg mit
Steinen grob befestigt, doch heute ist
er weitgehend verfallen. Wir wandern durch lichten Steineichenwald,
in dessen schattigem Unterwuchs
die Großblättrige Pfingstrose und die
verwandte Korsische Nieswurz gedeihen.

Bald blicken wir in das Trockental
der **Codula de sa Mela** (›Geröllbett
des Apfels‹). Die Kräfte der Erosion
haben diese in das Dolomitgestein
eingeschnittene Felsschlucht geschaffen. In der kargen Landschaft
stehen vereinzelt mächtige Eichen
sowie Phönizischer Wacholder, spär-
liche Reste des einstigen Waldes. Er

wurde, wie Köhlerterrassen bezeugen, zur Gewinnung von Holzkohle
abgeholzt.

Der Weg führt zunächst am Hang
entlang, dann allmählich in das
Schotterbett des Trockentals hinunter. Während der anstehende Fels aus
Dolomit besteht, wurde die Geröll-
fracht des Baches aus den umliegenden Gebieten herangeführt. Die bun-
ten Kiesel stellen so einen kleinen
geologischen Querschnitt seines Ein-
zugsgebietes dar. Aufgrund der Verkarstung kann ein oberirdischer
Bachlauf nur vorübergehend nach
starken Niederschlägen existieren.

Wir gehen im Schotterbett flußaufwärts (nach links) weiter. Das Tal
weitet sich zur langgestreckten, flachen Aue, die nach Osten (links)
durch den Bergrücken der Serra Lodunu begrenzt wird. Im Hintergrund
erblicken wir die Anhöhen des Gennargentu.

Im Schotterbett der **Iscra Olidanesa** (*iscra* = feuchter Talgrund) – so
heißt das Flüßchen nun – oder auf
Viehpfaden wandern wir in der Aue
weiter, bis rechter Hand ein Feldweg
von einer Viehtränke heranführt.
Wir folgen diesem Weg durch die
Aue. In der weiten Landschaft mit
den sie einrahmenden Bergrücken
fühlt man sich in einen Western versetzt, und man wäre nicht gänzlich
überrascht, würde unversehens eine
Horde Reiter heranstürmen.

Bei einer Viehtränke stoßen wir
auf einen Querweg, dem wir nach
links folgen. Wir passieren ein Stallgebäude sowie ein Hirtenhäuschen
und halten uns an der Wegverzweigung links auf dem Hauptweg. Dieser Fahrweg führt südlich der Serra
Lodunu   durch   die   Schotterflur

Fennau und quert über Röhren-
brücken zwei Bachläufe. Man beach-
te den Schriftzug »*no al parco*«
(»Nein zum Naturpark Gennargentu«) auf der ersten Röhrenbrücke.
Mit dem Zusammenfluß mehrerer
Bäche entsteht an dieser Stelle das
Flüßchen Iscra Olidanesa; der größte
Teil des Wassers versickert jedoch
sogleich in das Karsthöhlensystem
des Supramonte. Rückblickend können wir im Westen den Kalksteinturm (*takku*) des Monte Novo San
Giovanni erkennen.

An einer Rechtsabzweigung vorbei
gehen wir auf dem Hauptweg weiter.
Er führt über den flachen Sattel **Genna Adaletzo**, zwischen dem Kalksteinrücken der Serra Lodunu und
dem Schiefergebiet der Serra Isched-
duri gelegen.

Die Schieferhänge rechter Hand
sind mit Heide und Montpellier-
Zistrosen bedeckt. Gemächlich wandern wir nun bergab, erreichen wieder den Cuile Televai und kehren auf
demselben Weg zum Ausgangspunkt
zurück.

10 Von Baunei nach Santa Maria Navarrese

Kurzbeschreibung: Diese Tour führt zunächst auf die einsame Hochfläche des Supramonte di Baunei. Über alte Hirtenwege wandern wir dann an den Hängen des Kalksteingebirges nach Santa Maria Navarrese hinunter (s. Farbabb. 2). Unterwegs bieten sich reizvolle Ausblicke auf die Küstenlandschaft der Ogliastra.

Dauer/Länge: 2 Std./8,5 km
Wegbeschaffenheit: Straße, Fahrweg, Pfad
Höhenunterschied: 200 m Aufstieg, 650 m Abstieg
Schwierigkeitsgrad: leicht
Orientierung: leicht
Unterkunft: Santa Maria Navarrese
Bar/Restaurant: Baunei, Santa Maria Navarrese
Anfahrt: mit dem Taxi oder Bus von Santa Maria Navarrese zur Pfarrkirche in Baunei (10 km)
Busverbindung: regelmäßige Linienbusse zwischen Santa Maria Navarrese (Abfahrt unterhalb des Hauptplatzes) und Baunei
Feste und Feiern: Am 15. August lebendiges Mariä-Himmelfahrt-Fest in der Kirche Santa Maria Navarrese.
Carta d'Italia alla scala di 1:25000: 208-III-SE Baunei und 219-IV-NE Tortoli

Der Wanderweg

In **Baunei** gehen wir wenige Schritte auf der Hauptstraße an der **Pfarrkirche San Nicola** vorbei in Richtung Dorgali und biegen auf die rechts abzweigende Straße ab (gelber Wegweiser ›Ristorante Golgo‹). Wir wandern bergauf und erreichen eine Querstraße, der wir rechts hinauf folgen. An der Gabelung vor einem Brun-

Landschaft Fennau

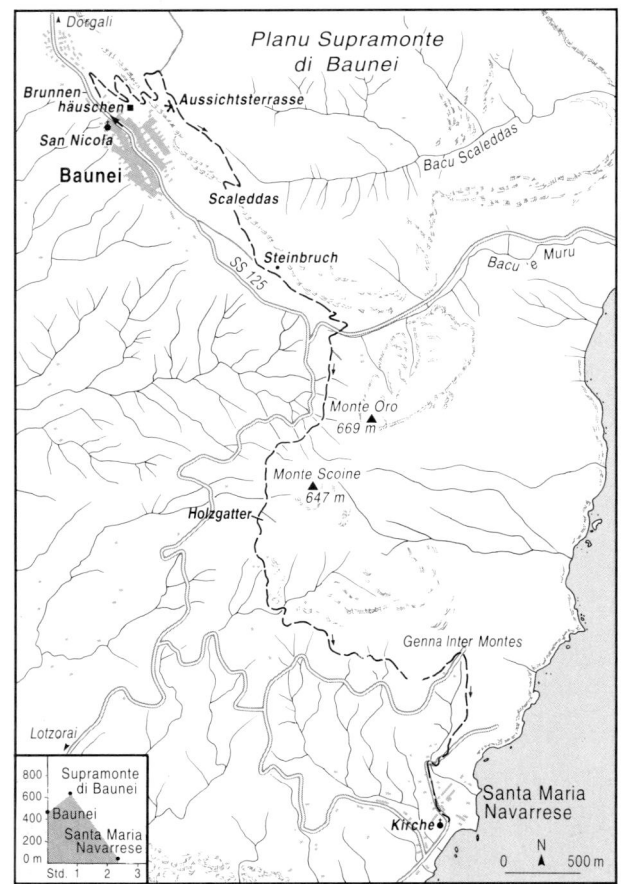

Wanderung 10

nenhäuschen halten wir uns links. Der Fahrweg steigt in Kehren am Steilhang an und bietet schöne Ausblicke in die Ogliastra.

Nach einer Viertelstunde erreichen wir den Rand der Hochfläche des **Supramonte di Baunei**. Weithin erstreckt sich Macchie, die sich aus Mastixsträuchern, Montpellier-Zistrosen, Stechwacholder und Erdbeerbäumen zusammmmensetzt. Wir nehmen den ersten Weg, der rechts abzweigt. An einem geschotterten

Parkplatz führt ein schmalerer Weg nach links, über den sich die Wanderung fortsetzt. Zunächst gehen wir jedoch weiter zur Aussichtsterrasse am Rande der steil abbrechenden Hochfläche. Über das Dächergewirr von Baunei hinweg bietet sich ein herrlicher Blick in die Ogliastra. Die Gärten, Äcker und Baumhaine in der weiten Schwemmebene scheinen ein Schachbrettmuster zu bilden. Gleich einem natürlichen Amphitheater umrahmen hohe Gebirge die Küstenlandschaft, im Westen überragt von der Kammlinie des Gennargentu.

Wir gehen zum Parkplatz zurück und rechts auf dem Seitenweg weiter. An der nächsten Weggabelung halten wir uns links. Hier sehen wir links des Weges eine kreisrunde gemauerte Vertiefung im Boden – einen ehemaligen Kalkbrennofen. Allmählich wandern wir in eine Senke hinab. An der tiefsten Stelle verzweigt sich der Weg: Ein Pfad läuft geradeaus ansteigend auf eine Felswand zu, ein weiterer Pfad führt links in das Tälchen des Bacu Scaleddas hinab. Wir jedoch gehen rechts entlang der tiefsten Stelle der Senke auf einem anfangs nicht deutlich erkennbaren Pfad zum Rand der Hochfläche weiter.

Hier steigen wir einige Felsstufen hinab (**Scaleddas** – ›Treppchen‹) und gelangen auf einen alten, halbverfallenen Weg, der mit Geröll übersät ist. Er schwenkt sogleich nach links und führt allmählich am Hang entlang bergab. In Blickrichtung vor uns erhebt sich der Gipfel des Monte Scoine. Nach wenigen Minuten verläuft unser Weg entlang eines Weidezauns. Wir erreichen einen Fahrweg, der von rechts herאufführt, und folgen ihm nach links. Nun sehen wir links des Monte Scoine den geringfügig höheren Gipfel des Monte Oro.

Hinter einem Steinbruch führt unser Weg in einigen Kehren in das Tal des **Bacu 'e Muru**. Hier stoßen wir auf eine Asphaltstraße, die nach links zur Küste hinabführt. Angesichts der für Touristenbusse ausgelegten Straßenbreite ist dieser Abstecher Wanderern nicht zu empfehlen. Wir folgen dem Asphaltsträßchen

Supramonte di Baunei

am gegenüberliegenden Hang hinauf. Schon bald endet die Asphaltierung, und wir wandern auf einem Fahrweg weiter. An der folgenden Weggabelung halten wir uns rechts. Der Weg schlängelt sich eine Viertelstunde auf etwa gleichbleibender Höhe am Unterhang des **Monte Scoine** entlang.

An der nächsten Weggabelung nehmen wir den rechten, durch ein Holzgatter versperrten Weg (wieder schließen!) und wandern nun bergab. Die teilweise in Terrassen angelegten Hänge sind größtenteils verwildert. Immer wieder bieten sich schöne Ausblicke auf die weitgeschwungene Küstenlinie der Ogliastra mit dem Capo Bellavista und dem großen Strandsee landeinwärts. Aus der Schwemmebene und dem Meer ragen vereinzelt Klippen aus rötlichem Granitporphyr auf.

Wir halten uns stets auf dem Hangweg, bis wir nach einer halben Stunde das Ende einer Asphaltstraße erreichen. Wir überqueren diese und gehen an der Weggabelung (**Genna Inter Montes**) rechts bergab. Der Fahrweg führt nach **Santa Maria Navarrese** hinunter und mündet nach den ersten Häusern in eine Straße. Geradeaus gelangen wir durch den Ort zur Wallfahrtskirche zurück.

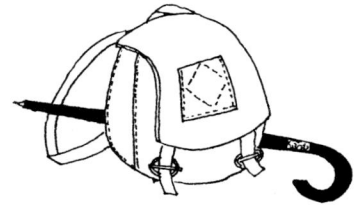

Am Wege

Ein Bergdorf mit Belvedere: Baunei

Mit herrlichem Blick auf einen Großteil der Ogliastra liegt Baunei (480 m, 4100 Einw.) am Felshang des Supramonte. Das einstige Hirtendorf verfügt über ein weitgehend erhaltenes historisches Ortsbild. Ursprünglich dem Judikat Cagliari zugehörig, fiel Baunei 1257 an Arborea; zusammen mit der restlichen Ogliastra wurde es nach 1300 von Cagliari zurückerobert. Die **Pfarrkirche San Nicola** aus dem 17. Jh. wurde kürzlich erheblich umgestaltet; nur das Querschiff blieb davon verschont. Das Gemälde ›Beschneidung Jesu‹ (um 1600) stammt von dem sardischen Manieristen Andrea Lusso.

Fakt oder Fama: Schiffbruch einer Königstochter und die Kirche von Santa Maria Navarrese

Nördlich von Arbatax liegt der kleine, freundliche Küstenort Santa Maria Navarrese. Er wurde von den Einwohnern Bauneis gegründet und entwickelte sich rund um eine Wallfahrtskirche, deren unscheinbarer Bau aus dem 11. Jh. stammt. Nach der Legende wurde die Kirche von einer Tochter des Königs von Navarra gestiftet, nachdem sie vor der Küste Schiffbruch erlitten hatte und glücklich gerettet wurde. Im Inneren des leider stets verschlossenen Gebäudes befindet sich ein Tragbalken mit spanischer Inschrift und der Jahreszahl 1054. Der Bau ist von uralten knorrigen Ölbäumen umgeben, die vielleicht schon zur Gründungszeit der Kirche gepflanzt wurden.

Blick auf die Kammregion des Gennargentu

Il Gennargentu

Im Zentrum des ostsardischen Berglandes ragen die Monti del Gennargentu kuppelförmig über die umliegenden, sanftgestuften Hochflächen auf. Der Name Gennargentu bedeutet ›Silberpaß‹ (gènna = Paß, argentu = Silber) und geht auf das im Sonnenlicht silbrig glänzende Schiefergestein zurück.

Das Bergmassiv wird strahlenförmig nach allen Seiten durch tiefe Kerbtäler zerschnitten und kulminiert in einer etwa 5 km langen Kammregion, aus der sich die **Punta La Marmora** (1834 m) jedoch kaum hervorhebt. Dieser höchste Gipfel Sardiniens hieß ursprünglich Perda Crapias (›Ziegenstein‹). Er wurde gegen Ende des 19. Jh. von Domenico Lovisato, Professor für Geologie und Mineralogie an der Universität Cagliari, genau vermessen. Auf seinen Vorschlag hin wurde der Gipfel nach dem Sardinienforscher Alberto Ferrero Conte di La Marmora (1789–1863) umbenannt. La Marmora gilt als Pionier der wissenschaftlichen Erforschung Sardiniens. Er bereiste in der ersten Hälfte des 19. Jh. mehrfach die Insel.

Bereits La Marmora erkannte, daß im Gennargentu-Massiv gefaltete paläozoische Schieferdecken dem großen granitischen Tiefengesteinskörper der Insel aufliegen. Als mächtige Aufwölbung ragt das granitische Grundgebirge in der Gipfelregion des Gennargentu knapp aus den Schieferdecken heraus. Unter den Klimabedingungen des Eiszeitalters wurden die höchsten Kuppen und

Kämme stark überformt: Während der Kaltzeiten lagen die Gipfel im Bereich der subnivalen Frostschuttzone, dicht unterhalb der Gletschergrenze. Diese Höhenstufe war bei sehr niedrigen Temperaturen praktisch vegetationslos, und das dem ständigen Frostwechsel ungeschützt ausgesetzte Gestein verwitterte unter Bildung von Schutt und Geröll. Eindrucksvoll sind die weit in die Täler hinabreichenden Geröllfelder (sogenannte Blockströme), die sich an den Hängen des Su Sciusciu und der anderen Gipfel des Hauptkamms entwickelt haben. Der ungestörte Flechtenbewuchs auf den gerundeten Granitblöcken bezeugt, daß sich diese Blockströme unter den heutigen Klimabedingungen nicht verändern. Sie sind damit als fossile, eiszeitliche Erscheinung anzusehen.

11 Aufstieg zur Punta La Marmora

Kurzbeschreibung: Auf dieser Tour lernen wir die rauhe Bergwelt des Gennargentu mit ihren langgestreckten Kämmen, felsigen Granitkuppen und tiefen Tälern kennen. Über weithin baumlose, felsige Flure, die nur spärlich mit niedrigen Sträuchern bedeckt sind, wandern wir weglos von Gipfel zu Gipfel, bis wir die Punta La Marmora erreicht haben. Hier bietet sich ein einzigartiger Rundblick über den größten Teil der Insel. Falls man eine Fahrgelegenheit von Desulo zum Ausgangspunkt (Rifugio) organisieren kann, braucht man nicht auf demselben Weg zurückzukehren. Ein recht steiler Abstieg führt dann in das Tal der Serra 'e Code. Hier verläuft der Weg an Quellen und Bachläufen vorbei. Durch die herrlichen Kastanienwälder von Desulo wandert man anschließend in den Ort hinab.

Dauer/Länge: Rifugio–Punta La Marmora und zurück 5:20 Std./12 km; Rifugio–Desulo 6:30 Std./20 km

Wegbeschaffenheit: Fahrweg, weglos über Geröllfelder
Höhenunterschied: Rifugio–Punta La Marmora und zurück 900 m Auf- und Abstieg; Rifugio–Desulo 600 m Aufstieg, 1300 m Abstieg
Schwierigkeitsgrad: mittelschwer. Auf- und Abstiege über Geröllfelder und Steilhänge
Orientierung: mittelschwer. Vom Arcu Artilai bis zur Funtana de s'Ortu is Arancios verläuft die Wanderung weglos nach Sicht.
Unterkunft: Desulo, Aritzo
Bar/Restaurant: Desulo, Paß S'Arcu de Tascussi, Ristorante Bar Su Filariu unweit des Ausgangspunktes
Anfahrt: mit dem Auto von Desulo (11,5 km). Die Ortschaft Richtung Fonni verlassen und am Paß S'Arcu de Tascussi rechts abbiegen (Ausschilderung u.a. ›Rifugio Montano, Escursioni, Pineta‹). Nach 4,5 km an dem großen Parkplatz vor dem Ristorante Su Filariu rechts die Schotterstraße zum Rifugio (leerstehendes Gebäude) hinauffahren.

Besondere Hinweise: Die Wanderung läßt sich (je nach Niederschlägen und Dauer der Schneeschmelze) zwischen Mitte Mai und Mitte Oktober durchführen. Eine stabile Wetterlage mit guten Sichtverhältnissen ist unerläßlich.

Von der Punta La Marmora kann man entweder auf demselben Weg zum Rifugio zurückkehren oder aber nach Desulo hinabwandern. In diesem Fall empfiehlt es sich, Desulo als Ausgangspunkt zu wählen und sich von hier zum Rifugio bringen zu lassen. Die Wanderung braucht dann nicht innerhalb einer bestimmten Zeit beendet zu werden.

Feste und Feiern in Desulo: 19./20. Januar San Sebastiano mit Freudenfeuer. Osterprozession. Zweiter Sonntag nach Pfingsten Prozession. Dritter Sonntag im Juni Sant' Antonio Abate mit Prozession. Erster Sonntag im Juli San Sebastiano mit Prozession. 5. August Santa Maria della Neve, Wallfahrtskirche am Paß S'Arcu de Tascussi. Zweiter Sonntag im September San Basilio mit Prozession.

Carta d'Italia alla scala di 1:25000: 207-II-SO Desulo und 218-I-NO Punta La Marmora

Der Wanderweg

Vom **Rifugio** bietet sich nach Nordwesten ein schöner Blick in das Kerbtal des **Riu Aratu**, in dem einst zahlreiche Wassermühlen standen. Es ist in tieferen Lagen mit dichten Eichenwäldern bedeckt, während sich auf unserer Höhe baumlose Schieferhänge erstrecken. Die Wanderung beginnt auf dem Fahrweg, der am Rifugio ansteigt. Nach kurzem Aufstieg folgen wir dem Hauptweg vor einem Strommast nach links. Über kleine Brückchen queren wir zwei Wasserläufe.

Am Ende des Fahrwegs gehen wir geradeaus auf einem Ziegenpfad weiter, der sich nach Osten in Richtung des höchsten sichtbaren Gipfels (Bruncu Spina) fortsetzt. Stetig am Hang ansteigend erreichen wir den Sattel **Arcu Artilai.** Rechter Hand (nach Süden) bietet sich ein erster, großartiger Blick über tiefe Kerbtäler hinweg auf den langgestreckten Hauptkamm des Gennargentu.

Ziemlich steil steigen wir nun weglos zum Bruncu Spina auf. Dabei halten wir uns etwas links, schräg am Hang, um größere Geröllfelder zu umgehen. Wir erreichen einen Fahrweg, der auf einem Rücken verläuft, und folgen ihm nach rechts zum Gipfel des **Bruncu Spina** (*brunku* = Hügelkuppe, *spina* = Rücken). Der Weg führt unterhalb des Gipfelkreuzes sowie an einer Sendeanlage vorbei und endet an einem leerstehenden Haus.

Für die weitere Orientierung ist es hilfreich, sich nun mit der Gipfelkette vertraut zu machen. Richtung Südosten erblickt man im Anschluß an den Bruncu Spina von links nach rechts: einen Kamm mit mehreren Gipfeln, dann den deutlich eingetieften, flachen Paß Arcu Gennargentu (der Boden besteht aus rötlichem Granitgrus), anschließend den Gipfel Su Sciusciu mit einer Steinpyramide, danach einen zweiten, weniger stark eingetieften Paß (Genna Orisa) und schließlich den langgestreckten Hauptkamm mit mehreren Gipfeln. Die Punta La Marmora hebt sich daraus kaum hervor, da der Höhenun-

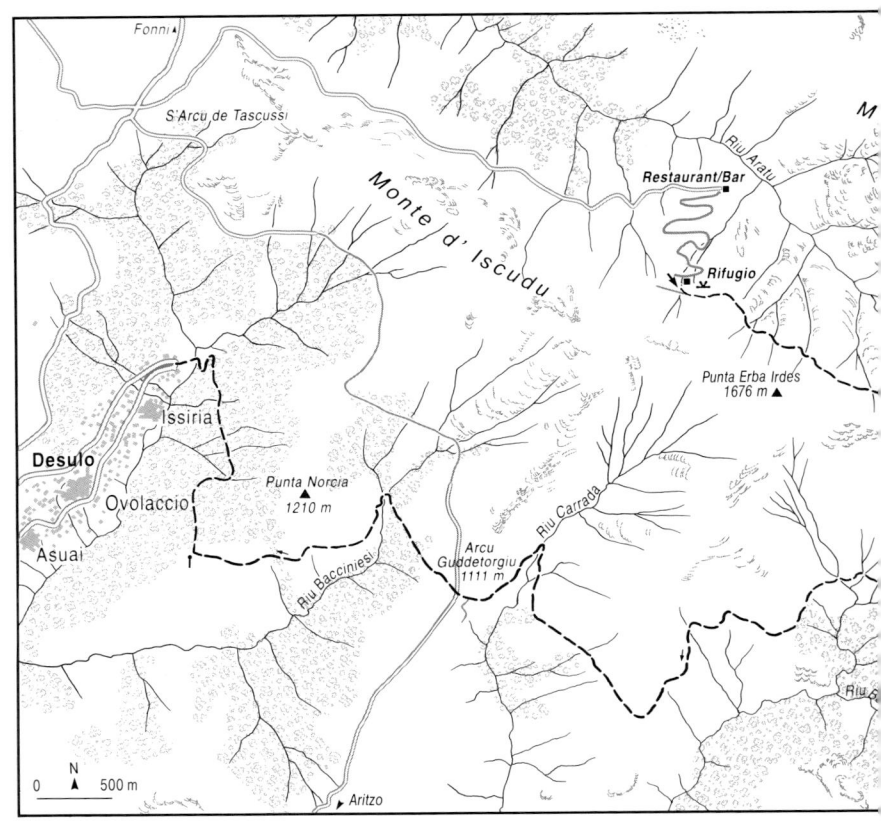

terschied zu den Nachbargipfeln ge-
ring ist und die Perspektive leicht zu
Fehleinschätzungen verleitet.

Vom Bruncu Spina wandern wir
dicht unterhalb der ersten Gipfelkette zum **Arcu Gennargentu**; dabei
meiden wir größere Geröllfelder.
Nun folgt der schwierigste Strecken-
abschnitt: Von diesem Paß steigen
wir über die linke (östliche) Hangsei-
te auf den vor uns liegenden Gipfel
Su Sciusciu (*xùxu* = steiler Abhang,
Einsturz) auf. Der Aufstieg ist hier
etwas leichter als auf der steileren
Westseite, wo zudem größere Geröllfelder behindern. Auf dem Gipfel aus

rötlichem Granit steht eine ge-
schichtete Steinpyramide. Von hier
steigen wir zum zweiten, weniger
stark eingetieften Paß **Genna Orisa**
ab.

Es folgt der leichte Aufstieg auf
den langgestreckten Gennargentu-
Hauptkamm. Die **Punta La Marmora**
bildet den dritten Gipfel in der Reihe. Oben auf dem Gipfel sehen wir
eine zerbrochene Marmortafel und
einen Betonblock, auf dem früher das
Gipfelkreuz stand.

Bei klarer Sicht genießt man einen
einzigartigen Rundblick über das
umliegende Bergland und den größ-

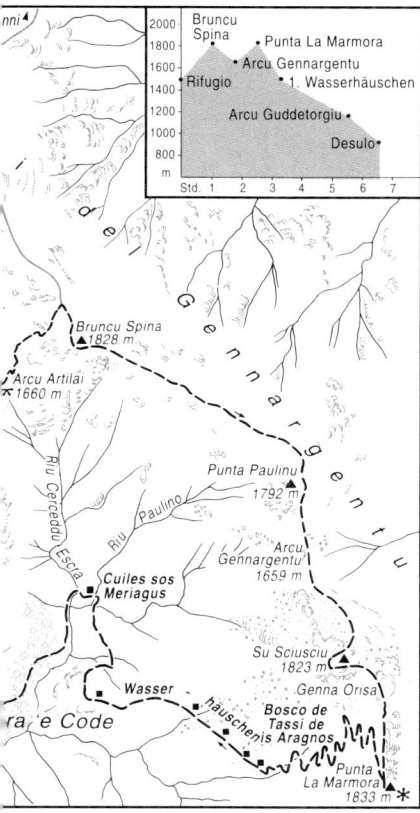

Wanderung 11

stigen, fernen Bläue. An einigen Tagen im Jahr sind bei ausgezeichneter Fernsicht die höchsten Gipfel Korsikas erkennbar.

Noch vor dem Abstieg von der Punta La Marmora in das große Kerbtal der **Serra 'e Code**, das sich nach Westen öffnet, sollte man sich über die Geländeverhältnisse orientieren: Der Beginn des Talweges, dem die Wanderung ab einem Wasserhäuschen folgt, ist vom Gipfel aus erkennbar. Zunächst müssen wir jedoch weglos und teilweise recht steil am Hang in das Tal absteigen. Dabei steuern wir eine auffällige Gruppe dunkler Bäume unten im Tal an, den **Bosco de Tassi de is Aragnos** (›Eibenhain der Spinnen‹). Oberhalb eines von Erlen gesäumten Bachlaufs stehen prächtige Eiben zwischen Granitfelsen.

An der Untergrenze des Eibenhains, auf der rechten Seite des Baches, beginnt an einem aus Granitstein gemauerten Wasserhäuschen ein Geröllweg. Wir halten uns auf dem sich allmählich bessernden Hauptweg und passieren weitere Wasserhäuschen. Der Weg biegt schließlich nach rechts in ein Seitental und führt am Zusammenfluß des Riu Paulino mit dem Riu Cerceddu Escra über eine Furt. Hier stehen die **Cuiles sos Meriagus** (meriagu = ›schattiger Sammelplatz aus Zweigen für das Vieh‹). Diese Stallungen, zu denen auch einige traditionelle Hirtenhütten (pinnètas) gehören, befinden sich im Gemeindebesitz von Desulo.

ten Teil Sardiniens: Im Westen öffnet sich der Golf von Oristano mit dem nördlich gelegenen, flachen Vulkankegel des Monte Ferru, im Südwesten erstreckt sich die weite Tiefebene des Campidano, im Süden glänzt das silberschimmernde Meer im Golf von Cagliari, im Südosten erheben sich die Granitzacken des Monte dei Sette Fratelli, im Osten liegt die Küstenlandschaft der Ogliastra, und nach Nordosten blickt man über den Supramonte auf den Golf von Orosei. Im Norden verlieren sich schier endlose Höhenzüge des weiten galluresischen Granitberglandes in der dun-

Hirtenhütten im Gennargentu

Nach der Furt führt ein Fahrweg weiter durch das Haupttal des **Riu Bau Serra 'e Code**. Dieser Name (›Furt am Kieselstein-Höhenrücken‹) leitet sich von einer flachen Aue, etwa einen Kilometer flußabwärts, ab. Wir halten uns für die nächste Zeit auf dem Fahrweg, der sich am Nordhang des waldigen Haupttals entlangschlängelt. Zwischen knorrigen, alten Flaumeichen suchen halbwilde Schweine nach Eicheln; aus der Ferne dringt das Glockengeläut von Weidetieren herüber.

Wir sind jetzt etwa 90 Minuten seit der Furt unterwegs und kommen nun durch ein größeres Seitental, wo wir den Bachlauf des Riu Carrada überqueren. Unser Weg mündet in eine Schotterstraße. Wir folgen ihr nach rechts und wandern an der Kreuzung am Paß **Arcu Guddetorgiu**

geradeaus weiter. Der Fahrweg führt in die wunderbaren Kastanienwälder von Desulo hinab. In der Nähe einer Sendestation biegt der Weg nach rechts. Gemächlich wandern wir nach **Desulo** hinunter und erreichen im oberen Ortsteil Issiria die Hauptstraße.

Am Wege

Die Pflanzenwelt des Gennargentu

In Höhenlagen zwischen 900 m und 1600 m sind auf Sardinien unter natürlichen Bedingungen sommergrüne Laubmischwälder mit der bestandsbildenden Flaumeiche verbreitet; hinzu kommen Stechpalmen und Eiben. Quellen und Bachläufe werden von der Schwarzerle *(Alnus* glutinosa) gesäumt. Die dichten Wälder, die einst die Hänge bedeckten, wurden jedoch vielfach gerodet und sind in höheren Lagen selten geworden; nurmehr vereinzelt stehen Bäume in den weiten Fluren. Anhaltende Überweidung läßt zudem keine Jungbäume nachkommen. An den Südhängen des Gennargentu, im Bereich des Monte Funtana Cungiada (Gemeinde Aritzo), werden jedoch seit einiger Zeit größere Aufforstungen mit heimischen Baumarten durchgeführt.

Die Anhöhen sind weithin mit einer aromatisch duftenden Krautschicht bedeckt. Frühlingsblüher wie der Fingerhut (Digitalis purpurea), die Päonie (Paeonia officinalis), der Gelbe Enzian (Gentiana lutea) und die Schleifenblumen-Art Iberis inte-gerrima tragen zum Reiz der eigentlich recht kargen Landschaft bei. Zu den endemischen Arten gehören der im Juni blühende Korsische Krokus (Crocus corsicus) und die auf den Wurzeln von Brombeersträuchern schmarotzende Sommerwurz Orobanche denudata. Aus der Gattung der Frauenfarngewächse stammt der kleine, sehr seltene Blasenfarn (Cystopteris dickieana).

Eine Besonderheit stellen die Kastanienwälder dar, die um die Bergdörfer des Gennargentu herum verbreitet sind. Die stärkereichen Früchte der auf Sardinien eingebürgerten Edelkastanie hatten einst große Bedeutung für die Ernährung und wurden gekocht oder geröstet gegessen; das Mehl fand zum Brotbacken Verwendung.

Eine Gipfelbesteigung im Jahre 1905

Max Leopold Wagner berichtet von seiner ersten Gipfelbesteigung im August 1905: »Wir beabsichtigten, den Aufstieg von Fonni aus zu unternehmen, und mieteten dort zwei Pferde und einen Führer. Als Preis war eine Lira pro Tag für jedes Pferd und 3 Lire für den Führer vereinbart. Man sieht, das Geld hat hier noch einen anderen Wert als in unserem fashionablen Hochgebirge. Ein Führer ist unbedingt nötig, nicht wegen der Gefahren, sondern weil man allein den Weg nur sehr schwer finden würde. Wir hatten uns in Fonni sehr gut verprovantieren können und trugen besonders reichlichen Vorrat von vorzüglich gebratenen Forellen (deren es in der ganzen Gegend im Überfluß gibt) mit uns. [...] Als wir uns dem Gipfel nähern, sehen wir drei Reiter in nuoresischen roten Wämsen, Haupt und Schultern von dem schwarzen Kapuzenmantel (gabbánu) bedeckt, den steilen Hang herabgaloppieren und bald mit den in der Sonne leuchtenden Flinten hinter den Felsen verschwinden. [...] Am Morgen stiegen wir noch einmal auf den Gipfel und genossen das schöne Schauspiel, wie die Sonne allmählich einen Gipfel nach dem anderen beleuchtet und von den Höhen in die Täler niedersteigt. Auf der Ebene lagen noch fieberschwangere Nebelschleier. Vom Gipfel aus sah man Muflons gruppenweise an den Hängen; diese schönen Tiere, die Korsika und Sardinien eigen sind, bevorzugen die Gennargentugruppe als Aufenthaltsort, werden aber auch dort selten, besonders seitdem Engländer alljährlich hier systematisch Treibjagden abhalten.«

Ziel der Wanderung ist Desulo

Desulo

Umgeben von weitläufigen Kastanienhainen liegt das kleine Bergdorf Desulo (886 m, 3800 Einw.) an den Hängen des Gennargentu. Es ist erst in den letzten Jahrzehnten aus den drei ursprünglich getrennten Weilern Asuai, Ovolaccio und Issiria zu einem Ort zusammengewachsen. Die traditionellen Häuser waren aus Granit und Schiefer erbaut und besaßen überdachte Holzbalkone. In der alten, allmählich verfallenden Pfarrkirche Sant'Antonio Abate, neben der ein Kirchenneubau steht, sollen nach der seit langem geplanten Renovierung ein Kulturzentrum und ein örtliches Museum eingerichtet werden. Die scharlachrote Frauentracht mit blauen Samtstreifen und gelben Borten wird heute noch gelegentlich im Alltag getragen. Das Schnitzen von Gebrauchsgegenständen und Möbeln aus Kastanien- und Nußholz hat in Desulo eine lange Tradition. Berühmt sind die geschnitzten Truhen, die noch zu Beginn dieses Jahrhunderts angefertigt wurden.

La Barbagia

Die weitläufigen, einst von dichten Eichenwäldern bedeckten Bergländer, die das Gennargentu-Massiv kranzförmig umgeben, werden zusammenfassend als Barbagia bezeichnet. Die Landschaft mit ihren sanftgestuften Verebnungen und tiefen Kerbtälern erinnert an deutsche Mittelgebirge. Verbreitet sind Gesteinsdecken aus gefalteten Schiefern; nur im Norden und Osten treten die unter ihnen liegenden Granite hervor. Schroffere Züge weisen die Kalkstein- und Dolomitlandschaften im Süden auf.

Als reine Weidelandschaft ist die Barbagia insgesamt nur dünn besiedelt, doch zeigen sich Unterschiede in der Besiedlungsdichte: Während der Osten nahezu menschenleer erscheint, finden sich im Westen eine ganze Reihe von Bergdörfern. Die Erklärung des ungleichen Siedlungsmusters liegt in der traditionellen Transhumanz, einer Fernweidewirtschaft mit halbjährlichem Wechsel zwischen Sommer- und Winterweiden. Im Herbst, rechtzeitig vor den ersten Schneefällen, treiben die Hirten das Vieh von den Hängen des Gennargentu in die wärmeren Tiefländer. Die Hirten an der Westflanke des Gennargentu können mit ihren Herden in die Marmilla, Trexenta oder den Campidano ziehen. An der Ostflanke des Gebirges stehen den Hirten hingegen nur wenige Ausweichgebiete im Tiefland zur Verfügung, denn fast überall brechen die hohen Berge hier steil zum Meer hin ab. Küstenebenen wie die Ogliastra und die Baronie werden intensiv landwirtschaftlich genutzt und bieten den Hirten nur beschränkte Weidemöglichkeiten.

Der Dorfplatz von Lula: *Murales* stellen in der Barbagia oft den Konflikt zwischen Hirten und Grundbesitzern dar

Heimisches Brauchtum und alte Traditionen waren in dieser abgelegenen Gegend bis vor wenigen Jahrzehnten lebendig. Die Transhumanz bestimmt den traditionellen Lebensrhythmus der Hirten in der Barbagia und wird in den *murales* (Wandmalereien) thematisiert: Als innersardische Emigration, die immer wieder den uralten Konflikt zwischen den Hirten der Bergländer und den Bauern der Tiefebenen aufflammen läßt. Die trüben Wintertage, die Einsamkeit der Hirten fern der Heimat und der Frauen zu Hause scheint vergessen, wenn mit der Rückkehr auf die Sommerweiden am Montag nach dem ersten Junisonntag in Fonni das schönste Fest der Barbagia – Sos Curillos – mit feierlicher Reiterprozession stattfindet. Viele Menschen tragen zu diesem Anlaß noch ihre alte Tracht.

Vier verschiedene Barbagias lassen sich aufgrund ihres naturräumlichen Gepräges unterscheiden: Südlich von Nuoro, an der Nordflanke des Gennargentu, erstreckt sich eine mächtige Granithochfläche, die von Olzai bis Orgosolo reicht und als **Barbagia Ollolai** bekannt ist. Westlich des Gennargentu schließt sich die **Barbagia Mandrolisai** an, eine rauhe und wilde Landschaft, die hauptsächlich aus stark gefalteten, schiefrigen Gesteinen besteht. In ihrem Mittelpunkt liegt das Dorf Sorgono. Die **Barbagia Belvi** umfaßt die waldreiche Südwestflanke des Gennargentu, etwa zwischen Meana Sardo und Aritzo. Neben Schiefer kommen hier auch Porphyr und Kalkstein vor, die das Landschaftsbild abwechslungsreich gestalten. Im Süden des Gennargentu liegt die **Barbagia Seulo**, die von Seulo bis Ussassai und südwärts bis Esterzili reicht. Ihre Landschaft wird von steil aufragenden Kalksteintafeln und -türmen (*takkus* und *tónneris*) geprägt. Die östliche Barbagia geht zum Golf von Orosei hin in das Kalksteinmassiv des Supramonte über und trägt keinen besonderen Namen.

12 Spaziergang von Aritzo zum Kastanienhain Geratzia

Kurzbeschreibung: Dieser bequeme Ausflug führt uns in einen Kastanienhain mit uralten, knorrigen Baumriesen. Auf schattigen Wegen können wir unterwegs Rast machen und schöne Ausblicke auf die waldreiche Berglandschaft genießen.

Dauer/Länge: 1:45 Std./7 km
Wegbeschaffenheit: Straße, Feldweg
Schwierigkeitsgrad: leicht

Orientierung: leicht
Unterkunft: Aritzo
Bar/Restaurant: Aritzo
Feste und Feiern in Aritzo: 16./17. Januar Sant' Antonio Abate (Freudenfeuer). Prozession an Ostern. Zweiter Sonntag im August San Isidoro (Prozession). 1. Sonntag im September San Basilio (Prozession). Mitte September das dreitägige Reiterfest (Rodeo) mit Wildpferden. Letzter Sonn-

tag im Oktober Sagra delle Castagne, das wichtigste Fest mit Tänzen, Folklore und Jahrmarkt; der Duft frisch gerösteter Maronen liegt in der Luft. **Carta d'Italia alla scala di 1:25000**: 218-IV-NE Aritzo und 218-I-NO Punta La Marmora

Wanderung 12

Der Spazierweg

Unser Spaziergang beginnt an der Pfarrkirche in **Aritzo**. Wir folgen zunächst der Hauptstraße Richtung Belvi und passieren die Agip-Tankstelle. Kurz danach gehen wir an der Straßengabelung rechts hinauf (ausgeschildert zum ›Castagneto Geratzia‹). Nach 50 m folgen wir der breiteren Straße, die weiter ansteigt, und passieren sogleich eine Telefonzelle.

An der Straßenverzweigung vor dem Friedhof biegen wir scharf rechts auf den ansteigenden Fahrweg. Es bietet sich ein schöner Blick auf das Dächergewirr der Altstadt von Aritzo. Bei einem größeren Wohnhaus gehen wir an der Weggabelung links weiter. Von Steinmäuerchen gesäumt, schlängelt sich unser Weg auf etwa gleichbleibender Höhe am schattigen Hang entlang. Kastanien, Eichen, Kirschbäume und Holundersträucher stehen in der Flur, im Unterwuchs gedeihen Alpenveilchen und Fingerhut.

Bald bietet sich über Baumwipfel hinweg ein freierer Blick auf das waldreiche Tal des **Riu s'Iscara**. Wir erreichen eine Wegverzweigung, an der beiderseits Nebenwege abzweigen, und gehen auf dem mittleren Weg weiter. Er steigt in einer Doppelkehre an, und wir genießen einen umfassenden Ausblick. Unten im

Haupttal liegt Belvi, auf einem Bergsattel im Nordwesten ist Tonara erkennbar.

An der folgenden Gabelung führt uns der linke Weg in den **Kastanienhain Geratzia** mit seinen uralten, bis zu eintausend Jahre alten Baumriesen. Wir wandern im Schatten der Bäume. Nach einer Viertelstunde führt der Weg aus dem Kastanienhain heraus. Hier kehren wir um und gehen auf demselben Weg zurück, denn der weitere Weg führt über trockene Hänge bergab und verläuft sich dann.

Am Wege

Durch Schneehandel zu Wohlstand: Aritzo

Eingebettet in quellenreiche Eichenwälder liegt das Bergdorf Aritzo (796 m, 1900 Einw.) an den waldigen

Westhängen des Gennargentu. Der historische Ortskern ist von Neubauten umgeben, die sich längs der Hauptstraße aneinanderreihen. Insgesamt hat Aritzo jedoch ein sehr harmonisches Ortsbild bewahren können. Die spätgotische **Pfarrkirche San Michele Arcangelo** aus dem 16. Jh. wurde 1919 weitgehend umgestaltet. Im Innern sind das silberne Prozessionskreuz (15. Jh.) und die Holzstatuen des hl. Christophorus (1606) sowie der Pietà (18. Jh.) beachtenswert. Schräg gegenüber der Kirche, etwas unterhalb der Hauptstraße, führt eine schmale Gasse

zum **ehemaligen Gefängnis** aus dem 17. Jh. hinab. Es war noch vor wenigen Jahrzenten in Gebrauch.

An der Hauptstraße steht auch das **Castello Arangino**, ein eklektizistischer Bau vom Anfang dieses Jahrhunderts. Er wurde von der Patrizierfamilie Arangino erbaut, die mit dem Handel von Eis zu Wohlstand gelangt war. An den Hängen des Monte Funtana Cungiada wurden im Winter besondere Schneelager angelegt. Im Laufe des Sommers wurde dieser zu Eis komprimierte Schnee nach Cagliari geliefert, wo er zur Kühlung sowie zur Herstellung von Speiseeis

Aritzo

Verwendung fand. Erst in den zwanziger Jahren unseres Jahrhunderts kam der Eishandel zum Erliegen.

Bereits Ende des 19. Jh. entwickelte sich Aritzo für die Bürger Cagliaris zur beliebten Sommerfrische, nicht zuletzt deshalb, weil man in diesen luftigen Höhen halbwegs sicher vor der Malaria war. Zu jener Zeit gab es hier sechs Hotels, während die Hauptstadt Cagliari gerade mit zwei Quartieren aufwarten konnte.

13 Rundwanderung von Aritzo zum Monte Texile

Kurzbeschreibung: Diese reizvolle Tour führt zum Monte Texile, einem typischen Kalksteinturm (*takku*). Wir wandern auf zumeist schattigen Wegen durch die waldige Umgebung von Aritzo. Unterwegs bieten verschiedene Quellen eine willkommene Erfrischung. Am Monte Texile genießen wir einen großartigen Blick auf die Barbagia Belvi.

Dauer/Länge: 2:40 Std./11 km
Wegbeschaffenheit: Straße, Waldweg
Höhenunterschied: 350 m Auf- und Abstieg
Schwierigkeitsgrad: leicht
Orientierung: leicht

Unterkunft: Aritzo
Bar/Restaurant: Aritzo
Museum: Museo Etnografico mit schönen Trachten, unterhalb der Hauptstraße nahe der Agip-Tankstelle gelegen (ausgeschildert)
Feste und Feiern: siehe Wanderung 12
Carta d'Italia alla scala di 1:25000: 218-IV-NE Aritzo

Der Wanderweg

An der Hauptstraße gegenüber der Pfarrkirche, zwischen Haus Nummer 50 und 52, steigen wir über Stu-

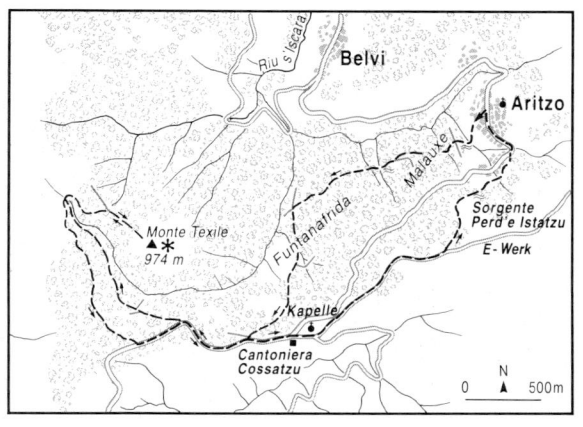

Monte Texile ▷

fen eine schmale Gasse zum ehemaligen Gefängnis von **Aritzo** hinunter und gehen unter dem aus Schiefer gemauerten Gebäude hindurch. Hier folgen wir der gepflasterten Gasse nach links hinab und gehen an der Verzweigung geradeaus durch die Via Garibaldi weiter. An der nächsten Verzweigung halten wir uns ebenfalls geradeaus. Ein Pflasterweg führt aus dem Ort heraus und in ein Tälchen hinab. Hier queren wir einen Bachlauf, passieren einen Brunnen und wandern auf einem Fahrweg weiter.

An der folgenden Wegkreuzung gehen wir auf dem Hauptweg schräg links bergab. Der schattige Weg schlängelt sich im Gebiet **Malauxe** zwischen Gärten und Baumhainen mit Kastanien, Stechpalmen und Eichen hindurch. Wir wandern an einer Linksabzweigung und einer gefaßten Quelle vorbei bis zu einer Wegkreuzung, wo wir dem Hohlweg nach links bergauf folgen. Wir steigen steil an; durch das Blätterdach dringt kaum ein Sonnenstrahl herab. An der Weggabelung halten wir uns rechts. Wir haben das Gebiet **Funtanafrida** (›Kalte Quelle‹) erreicht.

Nach weiterem Aufstieg kommen wir auf einem Fahrweg heraus, der wenige Schritte nach links zur Asphaltstraße hinaufführt. Wir folgen der schwach befahrenen Straße nach rechts, bis rechts ein Fahrweg abzweigt. In Blickrichtung vor uns erhebt sich der Felsturm des Monte Texile. Unser Weg führt durch unterwuchsreichen Mischwald. Wir halten uns an der Weggabelung rechts sowie wenige Schritte danach an einer Rechtsabzweigung geradeaus auf dem Hauptweg.

Wir stoßen auf einen Querweg, dem wir nach rechts folgen. An einer Gabelung gehen wir wiederum

rechts durch ein Kiefernwäldchen weiter. Der Weg verengt sich zum Pfad und steigt zum Fuße des **Monte Texile** (*texile* = Sitz, Bank) an. Man kann an einer Stelle auf die flache Oberseite des Felsturms aufsteigen – ein Höhepunkt im wahrsten Sinne des Wortes. Auf diesem natürlichen Belvedere umgibt uns friedvolle Stille. Der Blick erfaßt die gesamte Barbagia Belvi. Im Osten, wo sich die Flumendosa tief in das wilde Bergland eingefräst hat, säumen steil aufragende Kalksteinwände (*tónneris*) den Flußlauf. Eingebettet in waldige Berghänge, schließen sich nach Norden die Bergdörfer Aritzo, Belvi, Desulo und Tonara an.

Nach wohlverdienter Rast kehren wir zur letzten Weggabelung zurück und gehen links weiter. Wir verlassen unseren Hinweg dort, wo er links abzweigt, und wandern geradeaus auf dem Hangweg weiter. Er führt durch schattigen Wald und mündet in die Asphaltstraße, der wir nach links folgen. An der Straßenkreuzung bei der **Cantoniera Cossatzu** gehen wir das Sträßchen rechts von der Kapelle hinauf (ausgeschildert zum ›Campo sportivo‹).

Nach knapp 20 Minuten, noch bevor wir ein Umspannwerk passieren, müssen wir auf die Linksabzweigung eines Weges achten. Wir wandern diesen recht schattigen Weg durch Baumhaine mit Eichen und Edelkastanien bergab. Unterwegs kommen wir an der Quelle **Sorgente Perd'e Istatzu** vorbei, bevor wir gegenüber dem Hotel Moderno auf die Hauptstraße in **Aritzo** gelangen.

14 Von Aritzo zum Fiume Flumendosa

Kurzbeschreibung: In weiten Mäandern schlängelt sich die Flumendosa, zweitlängster Fluß der Insel, durch das einsame Bergland Ostsardiniens. Die Wanderung führt zunächst durch einen Hohlweg, dann auf einer Straße an den Rand des tief eingeschnittenen Tals. Durch lichte Korkeichenhaine wandern wir in die grüne Aue hinab. Hier erwartet uns eine paradiesische Flußlandschaft. Gesäumt von üppigem Uferbewuchs fließt das Wildwasser durch Felsenbecken und über kleine Stromschnellen. Allseits steigen waldige Berghänge an, die das Gefühl von Abgeschiedenheit noch verstärken.

Dauer/Länge: 2:15 Std./10,5 km
Wegbeschaffenheit: Straße, Weg
Höhenunterschied: 180 m Aufstieg, 540 m Abstieg
Schwierigkeitsgrad: leicht
Orientierung: leicht
Unterkunft: Aritzo
Bar/Restaurant: Nach Absprache mit Signore Nini Paba, Direktor des Hotels Sa Muvara in Aritzo (Anschrift s.S. 246), kann am Fluß ein typisch sardisches Barbecue veranstaltet werden.
Anfahrt: Ausgangspunkt ist Aritzo. Die Rückfahrt mit dem Jeep kann durch Signore Paba organisiert werden. – Für die Variante (siehe unten)

2 km von Aritzo nach Süden zur Straßenverzweigung an der Cantoniera Cossatzu fahren und scharf links abbiegen Richtung ›Campo sportivo‹. Nach gut 2 km an der Gabelung unmittelbar hinter einer Quelle rechts halten. Nach 3 km auf dieser Asphaltstraße fährt man an der Rechtsabzweigung eines Weges vorbei. Etwa 100 m danach zweigt in einer Linkskurve rechts der Wanderweg ab.

Besondere Hinweise: Auf der Flumendosa sind von März bis Mai Kanufahrten möglich. Ein großartiges Erlebnis, das man sich zur rechten Jahreszeit nicht entgehen lassen sollte. Nähere Informationen über Signore Paba, Hotel Sa Muvara (s. S. 246). – Falls man kein Barbecue mit Rückfahrt vereinbart, empfiehlt sich folgende Variante: Die Wanderung an der Wegabzweigung auf dem Rücken Perda'e Caddu beginnen und auf demselben Weg zurückkehren (hin und zurück 2:30 Std./9,5 km). Auf diese Weise meidet man den Fußmarsch auf der Asphaltstraße.

Carta d'Italia alla scala di 1:25000: 218-IV-NE Aritzo, 218-I-NO Punta La Marmora und 218-I-SW Seui

Feste und Feiern: siehe Wanderung 12

Ein Mitglied der örtlichen Umweltschutzgruppe markiert endemische Wasserschildkröten

Der Wanderweg

Von der Pfarrkirche in **Aritzo** gehen wir auf der Hauptstraße nach Süden, bis linker Hand (gegenüber den beiden Gebäuden des Hotel Moderno) ein Weg ansteigt (Wegweiser ›Sorgente Perd'e Istatzu‹). An einigen Häusern vorbei wandern wir diesen Hohlweg hinauf und kommen an der Quelle **Perd'e Istatzu** vorbei. Der schattige Weg steigt weiter durch Eichen- und Kastanienhaine an und mündet in eine Asphaltstraße. Wir folgen ihr nach links am Hang der Serra Santa Maria entlang und passieren ein kleines E-Werk.

An der Straßengabelung bei einer Quelle halten wir uns rechts. Die Straße läuft schräg am Hang zurück und bietet einen schönen Blick auf Aritzo. Bald überqueren wir den Bergrücken der **Serra Santa Maria** und sehen rechter Hand die Ruine der Kirche Santa Maria. Die Straße führt nun stetig bergab. Jenseits eines weiten Taleinschnitts (Riu Gierdesi) erblicken wir im Osten die Kuppe der Punta Funtana Cungiada (1459 m), höchste Erhebung der Gegend. Ihre Berghänge werden gegen-

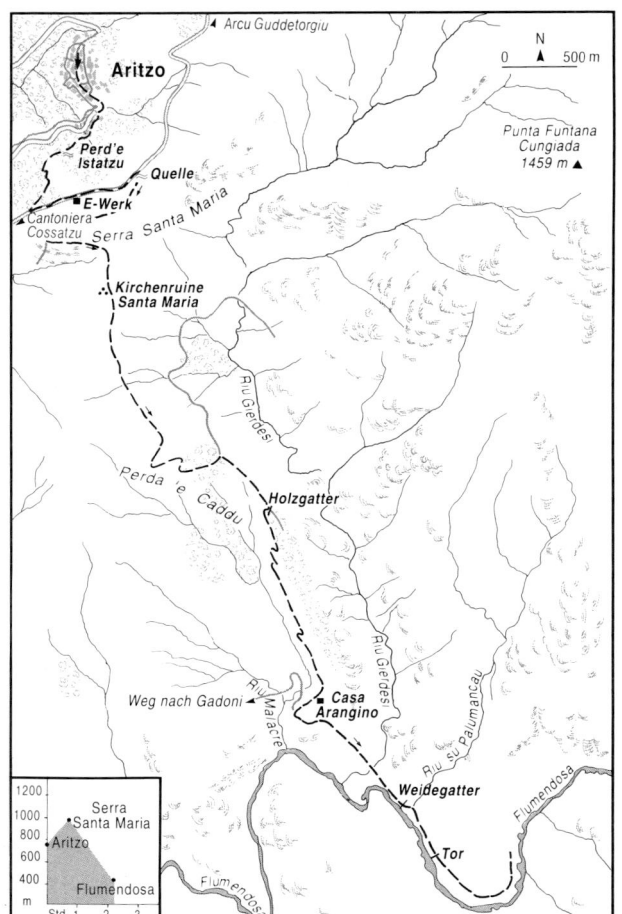

Wanderung 14

wärtig weitflächig aufgeforstet, wie die schmalen Hangterrassen zeigen.

Gut zwanzig Minuten nach Passieren der Kirchenruine zweigt rechts ein Fahrweg ab. Wir gehen jedoch noch etwa 100 m weiter die Straße bergab und biegen in einer Linksbiegung rechts auf einen zweiten Fahrweg ab. Dieser Weg führt in das Tal der Flumendosa hinab. Wir wandern ziemlich geradlinig auf dem Rücken **Perda'e Caddu**; Steinmäuer-

chen begrenzen den Weg. Ringsum breitet sich lichter Korkeichenwald aus, dessen Stämme regelmäßig geschält werden. Bevor der Weg geradeaus durch ein Holzgatter weiterführt, folgen wir dem Hauptweg in einer Rechtskehre bergab.

Der Weg führt in weiteren Kehren zu Tal. Rechter Hand fällt der Hang zum Riu Malacre ab, einem Zufluß der Flumendosa. Wir halten uns auf dem Hauptweg und lassen alle Abzweigungen unbeachtet. Bald bietet sich ein erster Blick auf die Flumendosa. Der Flußlauf hat sich in weiten Mäandern in das Bergland eingeschnitten. Nach weiterem Abstieg sehen wir links ein altes Häuschen, die **Casa Arangino**, inmitten eines verwilderten Obstgartens. Es gehörte einst der gleichnamigen Patrizierfamilie. Kurz danach gehen wir an einer Rechtsabzweigung vorbei.

Wir wandern weiter in das Haupttal hinab, queren den **Riu Gierdesi** und haben nun die Flumendosa-Aue oberhalb des Flußlaufs erreicht. Wir passieren ein Weidegatter (wieder verschließen!) und queren unmittelbar danach den Bachlauf des **Riu su Palumancau** (›der fehlende Stamm‹). Der Fahrweg führt rechts an einem Eisengittertor vorbei, schlängelt sich durch die sandig-kiesige Flußaue und endet am Ufer der **Flumendosa**.

Gesäumt von üppig grünem Uferbewuchs, schlängelt sich der Fluß zwischen waldigen Hängen und vereinzelt aufragenden Felsen durch ein unberührt wirkendes Tal. Libellen schweben über der Wasseroberfläche, Forellen flitzen durch den Fluß, und mit etwas Glück bekommt man sogar Wasserschildkröten zu Gesicht, die sich auf einem Stein sonnen. Auf einer stillen Kanufahrt erschließt sich der ganze Reiz dieser Flußlandschaft. Mühelos dem Lauf des Wildwassers folgend, eröffnen sich nach jeder Biegung überraschend neue Ausblicke. Kleine Stromschnellen und tiefe Felsenbecken wechseln einander ab. An feuchten Standorten gedeihen prächtige Lilien und große Farne, grazil beugen sich Tamarisken über das Ufer. Es fällt schwer, sich von diesem paradiesischen Ort loszureißen.

An der Flumendosa

15 Rundwanderung im Staatsforst Montarbu und Aufstieg zum Pizzu Margiani Pobusa

Kurzbeschreibung: Diese äußerst lohnende Tour sollte man trotz langer Anfahrt nicht auslassen. Auf der Kalksteintafel des Monte Tonneri im einsamen Bergland Ostsardiniens liegt der Staatsforst Montarbu. Der unterwuchsreiche Steineichenwald gehört zu den schönsten Sardiniens; selbst im Hochsommer rauschen hier noch kleine Wasserläufe. Zunächst folgen wir einem botanischen Lehrpfad an einem Wildbach entlang. Dann steigen wir durch Eichenwälder auf den höchsten Gipfel der Gegend (Pizzu Margiani Pobusa, 1324 m) auf. Hier bietet sich ein grandioser Rundblick über die wilde Bergwelt der Barbagia, das tief eingeschnittene Flußtal der Flumendosa sowie auf den charakteristischen Felsturm Perda 'e Liana.

Dauer/Länge: 2:45 Std./12 km
Wegbeschaffenheit: Waldweg, Pfad
Höhenunterschied: 500 m Auf- und Abstieg
Schwierigkeitsgrad: leicht
Orientierung: leicht
Unterkunft: Seui, Lanusei
Bar/Restaurant: Seui
Anfahrt: mit dem Auto von Seui (24,5 km). Auf der SS 198 Richtung Ussassai fahren; 300 m nach der Cantoniera Arcueri (rotes Gebäude) links auf die Asphaltstraße abbiegen (Wegweiser ›Tonneri/Perda Liana/Montarbu‹). 6,6 km nach dieser Abzweigung rechts auf eine Schotterstraße abbiegen (verrostete Schilder). Nach 2,8 km fährt man durch ein Eisengittertor (wieder schließen!) und läßt 3 km danach eine Rechtsabzweigung unbeachtet. Nach 2,8 km kommt man durch ein weiteres Eisengittertor. 1,5 km danach endet die Straße an der Forststation Mario Falchi.
Carta d'Italia alla scala di 1:25000: 218-I-SE Monte Tonneri

Der Wanderweg

Wir folgen dem Fußweg, der ungefähr in Verlängerung der Schotterstraße rechts am Gebäude der **Forststation M. Falchi** vorbeiführt und sogleich nach rechts biegt. Er verläuft im schattigen Tal des **Riu Ermolinus** (›Mühlbach‹) und quert das Flüßchen über eine kleine Holzbrücke (Ponte Trancallai). Im Bachbett sind stellenweise Kalksinterterrassen zu sehen, wie man sie von Tropfsteinhöhlen her kennt. Wir wandern entlang des Wasserlaufs bergan; durch das Blätterdach dringt nur wenig Licht herab.

Wir gehen an einer Linksabzweigung vorbei bis zu einer Gabelung und halten uns rechts (Wegweiser ›Margiani Pobusa‹). Der Pfad führt am Riu Ermolinus weiter und überquert das Flüßchen mehrfach. Bald sehen wir linker Hand eine alte Köhlerterrasse. Danach ist der Weg mit Bruchsteinen grob befestigt, und es wird deutlich, daß wir hier auf einem alten Köhlerweg wandern.

Das Tälchen weitet sich zu flacherem Gelände. Von links führt ein

Weg heran; wir gehen rechts weiter und queren einen Wasserlauf, der an der ›**Sorgente su Scurzu**‹ (Holzschild) austritt. Auf einem teils grob befestigten Weg wandern wir über eine Karsthochfläche, die von Bergen eingerahmt ist. Wir folgen dem Hauptweg bis zu einer Weggabelung, an der wir uns links halten (Holzschild ›Sulinarbu/Caserma Ula‹; geradeaus ›Caserma Ula‹).

Wir stoßen auf einen Fahrweg und folgen ihm nach links (Holzschild ›Margiani Pobusa‹); unser Abstecher auf den höchsten Gipfel der Gegend beginnt. Nach kurzer Zeit gehen wir an einer Rechtsabzweigung vorbei, die durch den Drahtzaun führt. Unser Weg steigt gemächlich im dichten Steineichenwald an. An der Gabelung wandern wir links auf dem teilweise grob befestigten Hauptweg bergauf.

An der nächsten Gabelung gehen wir links ansteigend weiter. Über dichten Eichenwald hinweg bietet sich ein erster Blick auf die *tónneris* der Barbagia. Wir lassen einen Weg unbeachtet, der von rechts hinten einmündet, und erreichen eine grasbewachsene Freifläche. Hier befinden wir uns auf dem Boden einer Karstdoline; am rechten (östlichen) Rand öffnet sich der Karstschlund **Su Stampu**.

Der Weg führt quer über das offene Wiesengelände und steigt dann grob befestigt in Kehren an. Nach 20 Minuten Aufstieg erreichen wir den Gipfel **Pizzu Margiani Pobusa**. Auf der baumlosen Kuppe steht ein Häuschen. Wir können auf der höchsten Stelle nach Norden bis an den Rand des Steilabbruchs gehen. Über die felsige Nordwand des Monte Tonneri

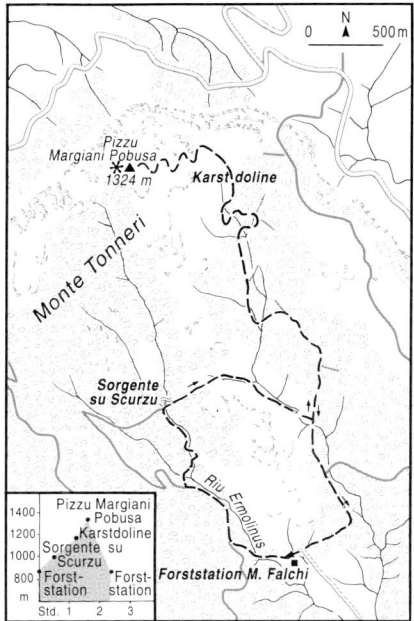

Wanderung 15

hinweg blicken wir in das rund 700 Meter tiefer gelegene Tal der Flumendosa. Der Fluß schlängelt sich in weiten Mäandern durch das einsame Bergland, im Hintergrund überragt von den Kammlinien des Gennargentu. Im Nordosten erhebt sich der markante Felsturm Perda 'e Liana. Nach Süden bietet sich ein weiter Blick in die Barbagia Seulo.

Wir kehren auf demselben Weg bis zu der Einmündung zurück, an der wir ursprünglich auf den Fahrweg gestoßen sind, und gehen nun geradeaus weiter. Schon bald erblicken wir in Wegrichtung vor uns eine Kette charakteristischer *tónneris*. Nach kurzer Zeit gelangen wir auf eine Schotterstraße, die von links heranführt, und gehen geradeaus weiter (Holzschild ›Caserma Ula‹). An der **Forststation M. Falchi** laden Picknicktische und Bänke im schattigen Wald den müden Wanderer zur Rast.

Am Wege

Foresta demaniale di Montarbu

Im Bereich des Monte Tonneri wurde 1926 auf einer Fläche von 16 km^2 der Staatsforst Montarbu (Foresta demaniale di Montarbu) gegründet. 1965 konnte er auf insgesamt 27 km^2 erweitert werden. Seit der Ausweisung dieses Schutzgebietes ist es gelungen, den vorhandenen Waldbestand zu erhalten und durch umfassende Aufforstungen zu vergrößern. Ökologisch besonders wertvoll ist der artenreiche Laubmischwald mit der bestandsbildenden Steineiche, während die stärker erodierten Randflächen mit anspruchsloseren Nadelhölzern (vorwiegend Kiefern) aufgeforstet wurden. In den Steineichenwäldern gedeihen u.a. die Hopfenbuche *(Ostrya carpinifolia)*, die Mannaesche *(Fraxinus ornus)*, der Immergrüne Schneeball *(Viburnum tinus)*, die Mehlbeere *(Sorbus aria)*, der Stechwacholder *(Juniperus oxycedrus)*, die Stechpalme *(Ilex aquifolium)* und die Eibe *(Taxus baccata)*. Im Staatsforst Montarbu sind Mufflons, Wildkatzen und Wildschweine heimisch. Die Greifvögel werden vor allem durch den Steinad-

Takkus und tónneris

In dem wilden Bergland, das sich nach Süden und Südosten an das Gennargentu-Massiv anschließt, prägen steilwandig aus den umliegenden Schiefergebieten aufragende Felstürme und Tafelberge, sogenannte *takkus* und *tónneris*, das Landschaftsbild. Es sind die stehengebliebenen Reste einst ausgedehnter Kalkstein- und Dolomittafeln, die wiederholte Meeresüberflutungen im Mesozoikum auf dem paläozoischen Schiefergebirge zurückgelassen haben. In der Barbagia Belvi, der Barbagia Seulo und dem Sarcidano erreicht die landschaftsbildende jurassische Kalksteintafel der **Takku-Formation** eine Mächtigkeit von bis zu 150 m.

Auch der Monte Tonneri gehört zu den isolierten Resten dieser Kalksteintafel, die noch nicht der Abtragung anheimgefallen sind. An seiner langgestreckten Nordflanke bricht das Kalksteinmassiv steil zum Flumendosa-Tal ab. Die Felswand wurde durch die gewaltige Erosionsarbeit des Flusses freigelegt, der sich über Jahrmillionen immer tiefer in die Gesteinsschichten eingegraben hat. Die charakteristische Steilwand des Monte Tonneri war namengebend für ähnliche Erosionsformen, die allgemein als *tónneris* bezeichnet werden. Der höchste Gipfel, der **Pizzu Margiani Pobusa** (›Fuchs-Wiedehopf-Bergspitze‹, 1324 m), hebt sich daraus kaum hervor.

Die auffälligen Felstürme der **Perda 'e Liana** (›Stein der Ebene‹) nordöstlich des Monte Tonneri sowie des **Monte Texile** (*texile* = Sitz, Bank) bei Aritzo bilden typische *takkus* und gehören ebenfalls zu den markanten Erosionsformen dieser Landschaft.

Der Felsturm *(takku)* Perda ´e Liana

ler vertreten, während von dem seltenen Mönchsgeier hier nur noch wenige Exemplare existieren. Der Korsische Hirsch ist im Montarbu vor etwa fünfzig Jahren ausgestorben.

Il Sarrabus

Im äußersten Südosten Sardiniens erhebt sich das einsame Granitbergland des Sarrabus. Es grenzt im Norden an die Landschaft des Gerrei, während es im Westen in Hügelland übergeht, das zum Campidanograben abfällt. Die beiden höchsten Erhebungen des Granitgebirges, die Punta Serpeddi (1067 m) und der Monte dei Sette Fratelli (1016 m), werden durch die großartige Felsschlucht des Riu Cannas getrennt, der die Staatsstraße 125 folgt.

Im nördlichen Sarrabus zeugen zahlreiche aufgegebene Silber- und Bleiminen vom einstigen Bergbau; die Lagerstätten sind an vererzte Gänge in paläozoischen Schiefern und Graniten gebunden. Verstreut im heute nahezu menschenleeren Gebirge finden sich verlassene und halbverfallene Häuser, die auf eine vorübergehende Besiedlung durch Hirten und Mandelbaumzüchter im 19. Jh. zurückgehen. Einzige Ortschaft im einsamen Bergland ist Burcei, angeblich um 1600 von Hirten aus der Barbagia gegründet.

Östlich der Granitberge erstreckt sich eine breite und fruchtbare Küstenebene, die seit alters her ackerbaulich genutzt wird. An der Ostküste zwischen Porto Corallo und dem Capo Ferrato liegen fischreiche Strandseen, weiter nach Süden schließen sich die langen Sandstrände der Costa Rei an. Die buchtenreiche Südküste des Sarrabus fällt überwiegend felsig zum Meer hin ab.

In der Schwemmebene der Flumendosa mit ihren ausgedehnten Zitrusplantagen liegen die Dörfer San Vito, Villaputzu und Muravera. In der Antike befand sich hier die vermutlich von den Puniern gegründete Stadt Sarcapos, von der sich der Name Sarrabus ableitet. Weiter südlich, am Riu sa Picocca, liegt San Priamo. Die Eisengitter an vielen Fenstern erinnern daran, daß dieses Gebiet früher eine Sträflingskolonie war. Als eines der erfolgreichsten Projekte der Bodenreform wurde das Tal von Corr'e Pruna (zwischen San Priamo und Castiadas) von 1955 bis 1975 in ein Netzwerk von rund vierhundert landwirtschaftlichen Betrieben aufgeteilt, nachdem es zwischen 1875 und 1953 von den Insassen der Sträflingskolonie trockengelegt worden war.

16 Rundwanderung durch die Kammregion des Monte dei Sette Fratelli

Kurzbeschreibung: Auf bequemen Wegen wandern wir durch dichte Eichenwälder und schattige Täler, in denen Wildbäche rauschen. In der Kammregion erwarten uns bizarr verwitterte Felsen, Glockenberge und Wackelsteine, wie sie für Granitlandschaften typisch sind. Auf einer Schotterstraße geht man schließlich durch ein Gebiet mit Gärten und Wochenendhäusern zum Ausgangspunkt zurück.

Dauer/Länge: 4:50 Std./18 km
Wegbeschaffenheit: Schotterstraße, Waldweg

Höhenunterschied: 650 m Auf- und Abstieg
Schwierigkeitsgrad: mittel
Orientierung: leicht
Unterkunft: Cagliari, San Priamo
Bar/Restaurant: an der SS 125 bei km 25 ›Chalet delle Mimose‹ sowie an der Cantoniera Campu Omu ›Tavernetta del Cacciatore‹
Anfahrt: Mit dem Auto von San Priamo (23,5 km) oder Cagliari (25 km) auf der SS 125 bis zum Paß Arcu Neridu fahren und hier Richtung ›Parco 7 fradis‹ (brauner Wegweiser) abbiegen. Entweder gleich links an der Wallfahrtskapelle oder kurz dahinter an der Forststation U. Noci (Campu Omu) parken.
Besonderer Hinweis: Der Staatsforst ist im Sommer zwischen 8 und 19 Uhr, im Winter zwischen 8 und 16.30 Uhr zugänglich.
Carta d'Italia alla scala di 1:25000: 234-I-NE San Gregorio

Der Wanderweg

Von der Wallfahrtskapelle am **Arcu Neridu** folgen wir der Schotterstraße bis zur Weggabelung an der **Forststation U. Noci** (Campu Omu) und biegen hier links auf den Fahrweg, der sich hinter einer grünen Eisenschranke fortsetzt. Wir wandern in ein waldiges Tal hinab und überqueren den **Riu Monte Cresia** sowie den **Riu Maidopis**. Unmittelbar danach halten wir uns an der Weggabelung links.

Der Weg führt im Eichenwald bergan. An einer Weggabelung gehen wir links weiter und steigen nun in Serpentinen recht steil bergauf. Bald bie-

tet sich ein schöner Blick nach Westen auf den Golf von Cagliari, den Campidano-Graben und das Sulcis-Gebirge. 45 Minuten später halten wir uns an der Weggabelung rechts.

Nach kurzer Zeit führt der Weg über eine kleine **Hochfläche**, die von bizarr verwitterten Granitfelsen und Glockenbergen umgeben ist. Im Süden erblicken wir den Gipfelkranz der **Sette Fratelli** vor uns. Die beiden höchsten Gipfel sind mit jeweils 1016 m die Punta sa Ceraxa und die Punta su Baccu Malu; auf dieser soll demnächst eine Sendeantenne errichtet werden.

An der nächsten Gabelung führt die Rundwanderung nach rechts in das Tal des Riu sa Ceraxa hinab, doch lohnt zunächst ein Abstecher nach links (man geht praktisch geradeaus weiter). Dieser Weg steigt an und gabelt sich: Wir halten uns rechts und passieren eine Forststation. Schon bald bietet sich ein herrlicher Blick über die Abhänge des Gebirges auf das intensiv landwirtschaftlich genutzte Hügelland des Corr'e Pruna und die langen Sandstrände der Costa Rei.

Wir gehen zur ursprünglichen Weggabelung zurück und wandern in das schmale, langgestreckte Tal des **Riu sa Ceraxa** hinab. Der Bach ist von üppiger Auenvegetation umgeben. Unser Weg quert mehrfach den Bachlauf und wechselt die Talseite. Hinter einer Eisenschranke führt der Weg auf die linke Talseite. Knapp 20 Minuten später biegt er wieder nach rechts, überquert den Riu sa Ceraxa und gabelt sich sogleich: Wir halten uns rechts. Der Weg steigt am Hang an und mündet auf eine kleine Freifläche mit Teich. Wir sind am **Arcu**

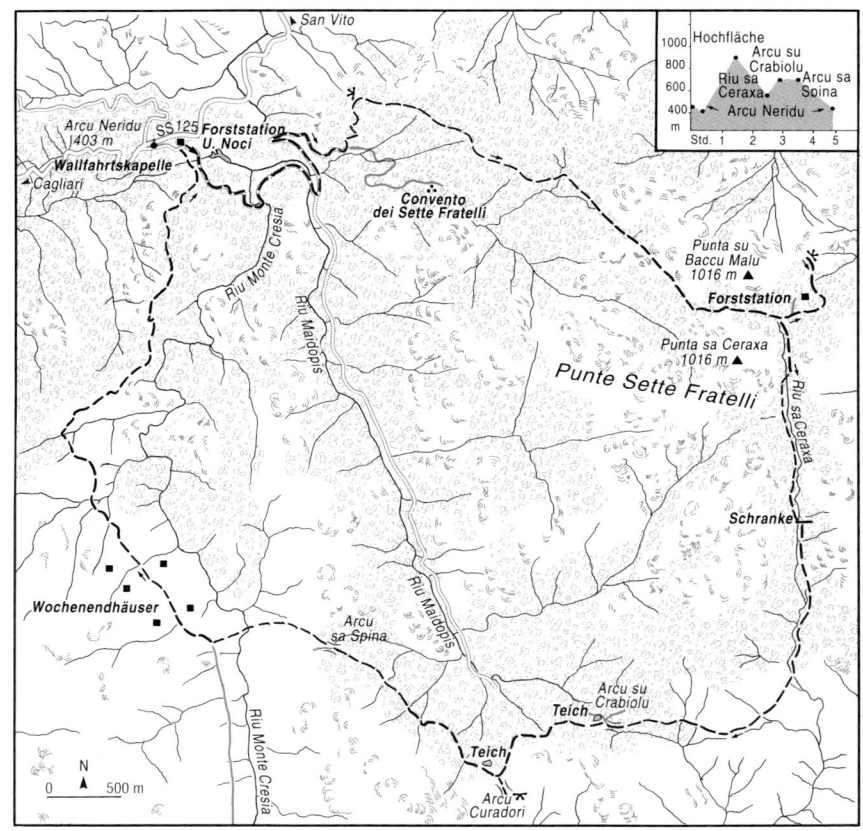

Wanderung 16

su Crabiolu (›Damhirsch-Paß‹) angelangt.

Wir folgen dem Hauptweg nach
links am Teich vorbei. Dieser Hangweg bietet nach Norden schöne Ausblicke über das Tal des Riu Maidopis
hinweg auf den Gipfelkranz der Sette
Fratelli. Nach knapp 15 Minuten
passieren wir einen weiteren Teich.
An dieser Stelle öffnet sich links der
Arcu Curadori (›Distrikt-Paß‹), an der
Südgrenze des Staatsforstes gelegen.
Wir können dem Hirtenpfad wenige

Schritte ansteigend folgen, um vom
Paß aus den Blick über eine einsame
Weidelandschaft zu genießen; nach
Süden öffnet sich das Tal des Riu Sciu-
sciu.

Wir gehen auf dem Hangweg weiter und erreichen die Wegverzweigung am **Arcu sa Spina**. Hier biegen
links zwei Wege ab, doch halten wir
uns geradeaus auf dem Hauptweg,
der nun in die Aue des **Riu Monte
Cresia** hinabführt. Wir queren den
Bach an einer Furt und stoßen auf ei-

ne Schotterstraße, der wir nach rechts folgen. Zunächst führt sie durch ein Gebiet mit Wochenendhäusern, dann schlängelt sie sich an waldigen Hängen bergab. Schließlich erreichen wir wieder die Gabelung an der **Forststation U. Noci** und kehren links zum Parkplatz zurück.

Am Wege

Monte dei Sette Fratelli

Schon von weitem ist die auffällige, gezackte Kammlinie des Monte dei Sette Fratelli erkennbar, der das Granitmassiv seinen Namen verdankt – ›Berg der Sieben Brüder‹. Der gezähnte Gipfelkranz wird von aneinandergereihten Glockenbergen gebildet, die aus einer widerständigen Granit-Varietät bestehen und daher der Abtragung standhalten konnten. Dabei ist ein Gebirgskamm entstanden, der den *serras* der geologisch verwandten Gallura entspricht.

Die ursprüngliche Vegetation bestand aus hohem Steineichenwald, der durch Abholzung, Brandrodung und anschließender Überweidung stark zurückgedrängt wurde. Seit Gründung des Staatsforstes Settefratelli gegen Ende des vorigen Jahrhunderts gelang es, auf einer Fläche von heute 43 km^2 einen recht üppigen, macchieartigen Steineichen-Mischwald nachwachsen zu lassen. Auf weitgehend erodierten Böden werden genügsamere Nadelhölzer wie Pinien und Zypressen angepflanzt, die als Sukzessionskultur später durch ökologisch wertvollere Arten ersetzt werden sollen. Entlang den recht zahlreichen Wasserläufen gedeihen die Schwarzerle *(Alnus glutinosa)* und der Gemeine Oleander. In der artenreichen Krautschicht finden sich unter anderem der Fingerhut *(Digitalis purpurea)*, das Geschweiftblättrige Alpenveilchen *(Cyclamen repandum)* und die Päonie *(Paeonia officinalis)*.

Im Staatsforst Settefratelli, einem von drei Schutzgebieten des Korsischen Hirschs, sind noch rund einhundert Exemplare dieser vom Aussterben bedrohten Art heimisch.

Blick vom Arcu sa Spina in die Aue des Riu Monte Cresia

L'Iglesiente

Im Südwesten Sardiniens, von der übrigen Insel durch die breite Ebene des Campidano getrennt, erhebt sich eine stark in sich gegliederte, gebirgige Landschaft, deren höchste Gipfel knapp über 1000 m reichen. Sie wird durch einen Seitenarm des Campidano, den Cixerrigraben, in einen nördlichen und südlichen Bereich geschieden. Die Ebenen an den Küsten und im Cixerrigraben werden seit alters her landwirtschaftlich genutzt. Dichte Steineichenwälder bedecken vor allem das südöstliche Bergland, während die übrigen Gebiete teilweise kahl und felsig sind. Ein über Jahrtausende betriebener Bergbau mit seinen riesigen Abraumhalden, von Minen zernagten Hängen und weitläufigen Förderanlagen prägt die Gebirgsregion. Heute sind die meisten Bergwerke stillgelegt; verlassene Bergarbeitersiedlungen bezeugen den Niedergang des einst blühenden Wirtschaftsraumes.

Von großer bergbaulicher Bedeutung war vor allem die Gonnesa-Formation, eine kambrische Gesteinsschicht aus Kalkstein und Dolomit, die noch im Paläozoikum zu verkarsten begann. In den Gängen und Hohlräumen dieses sogenannten **Paläokarstsystems**, das zu den ältesten der Welt gehört, reicherten sich zahlreiche Erze an. Neben mächtigen Blei- und Zinklagerstätten gibt es hier eine Vielzahl kleinerer Mineralienvorkommen wie Eisen- und Molybdänerze. Bekannteste Karsthöhle ist die Grotta di San Giovanni nordwestlich von Domusnovas. Schon vor rund 300 Millionen Jahren rauschte der Vorläufer des heutigen Riu sa Duchessa durch den hohen Kalksteinrücken Marganai. Seit der Mitte des 19. Jh. führt eine Fahrstraße am Höhlenbach entlang durch den 700 m langen Karsttunnel.

Reich an Bodenschätzen sind auch die granitischen Gesteine, die in Südwestsardinien vor allem um Arbus und den Monte Linas sowie im südöstlichen Teil des Iglesiente zutage treten. Im Kontaktbereich des Granits mit den umgebenden Gesteinen entstanden Vererzungen, die zum Beispiel in der Kupfer-Zink-Lagerstätte Sa Duchessa aufgeschlossen sind. Außerdem bildeten sich langgestreckte Risse (*Lineamente*) in der Erdkruste, in denen sich Erze anreichern konnten. Ein solches mit Blei- und Zinkmineralien vererztes Gangsystem aus mächtigen Quarzadern durchzieht den nördlichen Iglesiente um Montevecchio.

Fünftausend Jahre Bergbau im Südwesten Sardiniens

Die Anfänge des Bergbaus im Südwesten Sardiniens liegen im dunkeln, aber archäologische Spuren bezeugen einen recht frühen Beginn der Metallverarbeitung. Schon in einer spätneolithischen Siedlung bei Selargius (nahe Ca-

Bergwerk bei Montevecchio

gliari) fanden sich kupfer- und silberhaltige Schlackenreste. Mit dem Übergang in die Kupferzeit (2700–1800 v.Chr.) wurden kupferne Grabbeigaben
(z.B. Dolche) häufiger, und die Menschen begannen, nun auch Bleierze zu verhütten. Ein entscheidender Fortschritt bestand darin, das weiche Kupfer mit
Zinn zu legieren, um die wesentlich härtere Bronze zu gewinnen. Dieser
Übergang in die Bronzezeit (1800–900 v.Chr.) wurde von der Bonnanaro-Kul-
tur vollzogen. Zahlreiche Grabstätten dieser Kultur belegen, daß der Iglesiente zu jener Zeit auffällig dicht besiedelt war, und zweifellos waren es die reichen Bodenschätze, die die Menschen in die Bergländer zogen.

Die bronzezeitliche Kultur der Nuragher hatte einen für die damalige Zeit
immensen Bedarf an Kupfer. Metallanalysen nuraghischer Bronzegegenstän-
de bezeugen, daß das verwendete Kupfer u.a. aus der Mine von Sa Duchessa
im zentralen Bergland des Iglesiente stammt. In dieser Lagerstätte liegt es in
Form von blauem, kupferhaltigen Kieselzinkerz vor. Das bei der Bronzeher-
stellung erforderliche Zinn ist im östlichen Mittelmeerraum sehr selten. Im
Iglesiente gibt es im Granitmassiv des Monte Linas kleinere Vorkommen von
Zinnstein (Kassiterit), der rund 79 Prozent Zinn enthält. Ein solches Zinn-
vorkommen ist heute im Molybdänbergwerk Sa Perda 'e Pibera südlich von
Gonnosfanadiga aufgeschlossen, doch ist unklar, ob diese Lagerstätte den Nu-
raghern bekannt war.

Frühindustrieller Erzabbau am Beispiel der Mine von Monteponi

Zu den größten italienischen Bergwerken zählte die bereits in der Antike ausgebeutete Mine von Monteponi. Mitte des 19. Jh. wurde sie in staatlicher Regie geführt, von »faulenzenden Beamten, welche sie mit dem bei allen Regierungsarbeiten üblichen Schlendrian betrieben [und] mehr an Gehalt bezogen, als das Bergwerk eintrug« (Maltzan). Nach der Verpachtung an eine genuesische Gesellschaft im Jahre 1851 waren in diesem Bergwerk 1868 bereits über 1000 Personen beschäftigt, davon 736 Bergarbeiter sowie etwa 50 Oberaufseher und Ingenieure. Gearbeitet wurde wie in fast allen Minen des Iglesiente im Akkord. Der Metallgehalt der geförderten Bleierze reichte bis zu 80 Prozent. Da keine Verhüttung vor Ort erfolgte, mußte Erz mit einem Bleigehalt von unter 60 Prozent zunächst für den Transport aufbereitet werden. Um den Metallgehalt zu erhöhen, wurde es in einer Erzwäsche gereinigt. In Monteponi waren 273 Arbeiter, überwiegend Frauen, mit dieser Tätigkeit befaßt. Das geförderte Erz wurde gestampft, gewaschen und anschließend gesiebt. Sofern diese Reinigung nicht nach der englischen Methode erfolgte (Antrieb durch eine Dampfmaschine), bedeutete die Erzwäsche Schwerstarbeit.

Erz mit einem Bleigehalt unter 20 Prozent, das in Monteponi allerdings nur etwa 20 Prozent der Gesamtfördermenge ausmachte, konnte allein durch eine Erzwäsche nicht ausreichend angereichert werden und wurde in einem der wenigen Hochöfen, die es im Iglesiente gab, nochmals gereinigt. Eine vollständige Verhüttung fand indes nicht statt, da es an der hierzu erforderlichen Steinkohle mangelte. Hochöfen brannten in Domusnovas, Villacidro und Fluminimaggiore, wo die nur unzureichend ausgebeuteten antiken Schlacken mit einem Bleigehalt zwischen neun und vierzehn Prozent nochmals verhüttet wurden. Auch in Nebida und Masua standen Hochöfen, die dem Zweck dienten, das Erz durch Anreicherung transportwürdig zu machen. Über Ausfuhrhäfen an der Westküste wurde das aufbereitete Erz dann auf das Festland verschifft, um es dort vollständig zu verhütten.

Auch die überaus reichen Bleilagerstätten des Iglesiente wurden von den Nuraghern intensiv ausgebeutet. Das Metall tritt hier hauptsächlich in Form von Bleiglanz (Galenit) auf, der rund 86 Prozent Blei und bis zu einem Prozent Silber enthält. Die reichliche Verfügbarkeit von Blei war der Grund, warum das Metall von den Nuraghern in außergewöhnlicher Menge verwandt wurde, etwa zur Reparatur von Gefäßen und als Bindemittel.

Nach der Besetzung Sardiniens durch Rom nahm der Bergbau einen gewaltigen Aufschwung. Unter der Aufsicht eines *procurator metallorum* arbeiteten Sklaven und Verbannte in den Bergwerken, und Sardinien erlangte als gefürchtetes Deportationsziel traurige Berühmtheit. Durch technische Neuerungen wie der Archimedischen Schraube, mittels der Grubenwässer abgeleitet werden konnten, gelang es den Römern, die Produktion zu steigern. Die Spuren der römischen Bergbautätigkeit waren in der Mitte des 19. Jh., bevor der industrielle Erzabbau einsetzte, noch allgegenwärtig: Neben mächtigen Schlackehalden gab es senkrechte Schächte mit einer Tiefe von 90 bis 150 m (!), in denen bergbauliche Werkzeuge und zahlreiche Lampen aus römischer Zeit gefunden wurden. Gefördert wurden hauptsächlich die stark silberhaltigen Bleierze, wobei das eigentliche Interesse dem Edelmetall galt.

Mit dem Untergang des Römischen Reiches kam der sardische Bergbau zeitweilig zum Erliegen. Erst die Pisaner nahmen die Minen mit Hilfe toskanischer und deutscher Bergleute wieder in Betrieb. Unter dem Grafen Ugolino della Gherardesca entstand im 13. Jh. der Ort *Villa di Chiesa* (›Stadt der Kirche‹), das heute **Iglesias** (30.000 Einw.). Diese Stadt liegt im Mittelpunkt der nach ihr benannten Region und entwickelte sich zum Zentrum des sardischen Bergbaus. Mit der Ausbeutung von Silberminen und der Ausgabe eigener Münzen blühte Iglesias unter den Pisanern rasch auf. Nachdem jedoch die Aragonesen im Jahre 1323 die Vormacht über Sardinien errungen hatten, setzte der Niedergang der Stadt und der gesamten Region ein. Ab Ende des 15. Jh. richtete sich das Interesse der spanischen Krone auf das Gold und Silber der Neuen Welt, und der Bergbau kam gänzlich zum Erliegen.

Als mit der Industrialisierung der Bedarf an Rohstoffen rapide stieg, gewann der Bergbau im Iglesiente erneut große Bedeutung. Nach 1840 ermöglichte ein liberales Bergbaugesetz die Vergabe von Schürfrechten an fest- und ausländische Unternehmen. In der Folgezeit erwarben vor allem italienische, französische, englische und belgische Bergbaugesellschaften die unbefristeten Konzessionen; drei Prozent des Bruttoertrages waren an den Staat abzuführen.

Zunächst galt das Interesse ausschließlich dem Abbau der reichen Bleierze, doch 1867 entdeckte man die mächtigen Zinkvorkommen des Iglesiente. Gleich dem amerikanischen und australischen Goldrausch setzte nun ein regelrechter ›Galmeirausch‹ ein, der Spekulanten aus vielen Teilen Europas anlockte. Galmei leitet sich von ital. *gialla mina* (›gelbe Mine‹) ab und bezeichnet Zinkspat (Smithsonit) und Hemimorphit, zwei der wichtigsten Zinkerze. In den ersten vierzehn Monaten nach Entdeckung der Zinkgruben wurden rund 500 (!) Konzessionen zum Erzabbau erteilt. Als Folge dieses Aufschwungs herrschte vorübergehend sogar Arbeitskräftemangel, nicht zuletzt auch deshalb, weil die sardischen Hirten eine Abneigung gegen die ihnen völlig fremde Arbeit unter Tage verspürten. So mußten Arbeiter aus Piemont und Genua herbeigerufen werden.

Die Blei- und Zinkminen im Umkreis von Iglesias (Campo Pisano, Monteponi und San Giovanni) und Montevecchio entwickelten sich rasch zu den größten Bergwerken Italiens. Iglesias selbst war zu Beginn der Industrialisierung ein elendes Landstädtchen, dem »unstreitig der Preis der Unbewohnbarkeit, Schmutzigkeit und Unbequemlichkeit« (Maltzan 1869) zukam. Die Fremden lebten aufgrund der Malariagefahr nur im Winter auf Sardinien und kehrten für die Sommermonate in ihre Heimat zurück. Die Kosten der saisonalen Hin- und Rückreise sowie der beträchtliche Betriebsausfall wurden von den Bergwerksgesellschaften getragen.

Ab Ende des 19. Jh. wurden ausschließlich Sarden beschäftigt, da sich Berg-arbeiter vom Festland für die niedrigen Löhne nicht mehr anwerben ließen. Um sich ein Existenzminimum zu sichern, arbeiteten sie im Nebenerwerb als Hirten, Bauern oder Fischer. Während der frühindustriellen Phase waren die Lebensbedingungen der Menschen katastrophal; jeder dritte Arbeiter starb an Tuberkulose. Im Kampf um besseren Lohn und mehr Rechte kam es zwischen 1898 und 1922 immer wieder zu Arbeitskämpfen und blutigen Auf-ständen, die 1904 sogar den ersten Generalstreik Italiens zur Folge hatten.

Die stürmische Entwicklung des Bergbaus – 1872 erfolgte in Iglesias die Gründung einer Bergbauschule – erfuhr jedoch schon in den Jahren 1890 bis 1899 einen ersten Einbruch. Die monostrukturierten, nur auf den Abbau der Erze ausgerichteten und schlecht organisierten Minenbetriebe waren extrem krisenanfällig, und es fehlte jegliche weiterverarbeitende Industrie. In den Jahren 1908 bis 1910, 1921 und ab der Weltwirtschaftskrise 1929 kam der Bergbau praktisch zum Erliegen. Faschistische Autarkiebestrebungen führten ab 1935 zu einer künstlichen Wiederbelebung, doch 1943 brach der Bergbau infolge der Kriegsereignisse fast vollständig zusammen. Er konnte sich jedoch in den Notjahren der Nachkriegszeit nochmals etwas erholen. Mit 23.700 Ar-beitern wurde 1950 der höchste Beschäftigungsstand erreicht. Seit den späten fünfziger Jahren änderte sich die weltwirtschaftliche Gesamtsituation. Trotz verschiedener Versuche, die überalterte Infrastruktur zu modernisieren, setz-te ein erneuter, dramatischer Niedergang des Kohlebergbaus und der Erzmi-nen ein.

Die große Hoffnung richtet sich nun auf die touristische Entwicklung. Im Vordergrund dieser Überlegungen stehen die Strände an der Westküste, etwa die kilometerlange Dünenlandschaft an der Costa Verde. Seit den achtziger Jahren gibt es auch Bestrebungen, die historische Bedeutung der Gegend zu berücksichtigen und einige der alten Bergwerksanlagen (z.B. in Arenas und Malacalzetta) im Sinne einer *archeologia industriale* als Zeugen der bergbau-lichen Geschichte herzurichten.

Für geologisch Interessierte ist der Besuch des **Museo di Mineralogia** in Iglesias lohnend. Es umfaßt rund 8000 Proben von Mineralien und Gesteinen sowie archäologische Funde und alte Arbeitsgeräte aus den Gruben um Igle-sias. Das Museum ist der Bergbauschule angeschlossen und kann nach telefo-nischer Voranmeldung besichtigt werden. (Istituto Tecnico Minerario, Via Roma 45, ✆ 0781-22460).

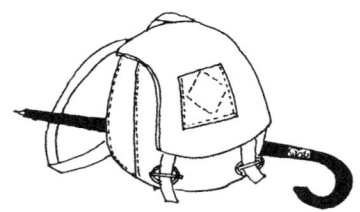

17 Durch den Staatsforst Marganai auf die Punta San Michele

Kurzbeschreibung: Mit steilen Felswänden erhebt sich nordöstlich von Iglesias ein Karstmassiv aus der Ebene des Cixerrigrabens, dessen höchster Gipfel von der Punta San Michele (906 m) gebildet wird. Anfänglich folgen wir einem Fahrweg über macchiebedeckte Hänge. Durch urwüchsigen Eichenwald wandern wir weiter bergauf. Vom Gipfel bietet sich ein weiter Blick über den Cixerrigraben sowie den Fluminese, das waldreiche Bergland des zentralen Iglesiente. Der Rückweg führt durch eine wildromantische Talschlucht.

Dauer/Länge: 4:25 Std./17,5 km
Wegbeschaffenheit: Fahrweg, Pfad
Höhenunterschied: 725 m Auf- und Abstieg
Schwierigkeitsgrad: mittelschwer. Die Brücke über den Gutturu Xeu ist durch einen Zaun versperrt, der überklettert werden muß. Der Rückweg führt ab der Vecchia Cantoniera auf einem Pfad durch eine Karstschlucht bergab. Falls dieser Weg zu schwierig erscheint, kann man über den Hinweg zurückkehren.
Orientierung: leicht
Unterkunft: Iglesias
Bar/Restaurant: Iglesias
Anfahrt: mit dem Auto von Iglesias (3 km ab der Kirche Nostra Signora di Valverde). Von der SS 130 aus Richtung Domusnovas über die südöstliche Ortseinfahrt (Pinienallee) kommend, hält man sich an der ersten Straßengabelung rechts (u.a. zum Fußballstadion ausgeschildert). Man

fährt am Friedhof und der Kirche Nostra Signora di Valverde vorbei und biegt hier an der Straßenverzweigung rechts Richtung ›Polizia di Stato‹. Gleich danach erreicht man eine weitere Straßenverzweigung (Verkehrsinsel) und hält sich wiederum rechts. Man kommt in ein Neubaugebiet, und nach 200 m gabelt sich die Straße vor einer Ziegelsteinmauer: links halten. Gleich danach fährt man an der ›Clinica Veterinaria‹ vorbei und etwa 1 km auf der Asphaltstraße weiter, bis sie eine S-Kurve beschreibt. In der Rechtsbiegung zweigt links ein ansteigender, auf den ersten Metern teilweise asphaltierter Fahrweg ab. Dieser Fahrweg ist in schlechtem Zustand, aber befahrbar. Unmittelbar nachdem der Fahrweg eine Talaue quert, hält man sich an der Verzweigung links auf dem Hauptweg. Nach etwa 1 km führt der Weg an einer Verzweigung geradeaus weiter (hier beginnt die Wanderung), während der Hauptweg nach links schwenkt und zu einem neuen, großen Wohnhaus mit länglichem Stallgebäude ansteigt. An dieser Verzweigung parken.
Carta d'Italia alla scala di 1:25000: 233-IV-NO Iglesias, 225-III-SE Grotta di San Giovanni, 225-III-SO San Benedetto

Der Wanderweg

Von der Wegverzweigung am ›Parkplatz‹ gehen wir geradeaus über einen

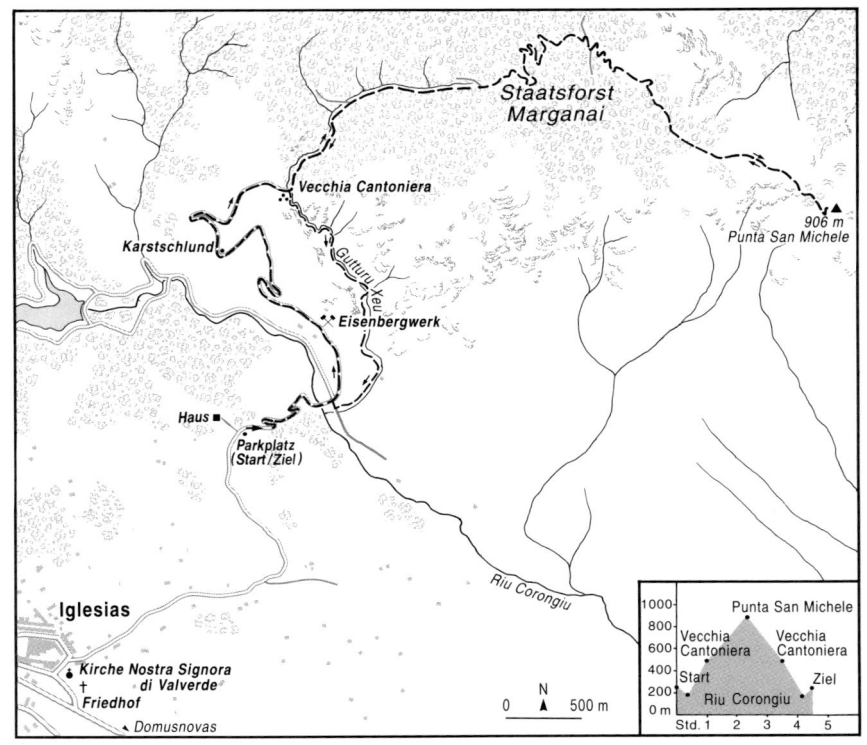

Wanderung 17

Sattel weiter. Der Fahrweg schlängelt sich durch ein schmales Seitental in die breite Talaue des Riu
Corongiu hinab. Vor uns erhebt sich
eine steile Felswand aus kambri-
schem Kalkstein und Dolomit. Die
Eisenvererzungen im rotbraun ge-
färbten Hangbereich – es handelt
sich um Brauneisenstein (Limonit) –
wurden früher abgebaut.

Wir überqueren den **Riu Corongiu**,
kreuzen sogleich eine Schotterstraße
und gehen auf dem Fahrweg weiter,
der nun auf der nördlichen Talseite
ansteigt. Die Hänge sind mit niedriger Macchie bedeckt. Schon bald passieren wir ein aufgegebenes Eisen-

bergwerk. Allmählich rückt die Staumauer des Lago di Gennarta in unser
Blickfeld. In einer Rechtsbiegung
passieren wir einen eingezäunten
Karstschlund.

Eine Stunde nach Beginn der Wanderung erreichen wir eine Brücke
über die Schlucht **Gutturu Xeu**. Am
Felsen unmittelbar rechts vor der
Brücke stehen die spärlichen Mauer-
reste der **Vecchia Cantoniera** (›Altes
Straßenwärterhaus‹). Die Brücke ist
durch eine Schranke für Fahrzeuge
gesperrt, und leider gibt es auch für
Fußgänger keinen Durchlaß, so daß
die Absperrung überklettert werden
muß. Hier beginnt der **Staatsforst**

Marganai; niedrige Macchie wird von schattigem Steineichenwald abgelöst.

Der Fahrweg steigt in einem Tälchen an; zwei Linksabzweigungen lassen wir unbeachtet. Schließlich erreichen wir eine Wegverzweigung, an der wir uns rechts halten (Ausschilderung ›Punta San Michele/Sa Martinedda‹). Gleich darauf gehen wir an der nächsten Gabelung links weiter. Wir wandern zunächst in Serpentinen bergauf, dann ohne große Höhenunterschiede weiter. Uns umgibt ein zauberhaftes Waldgebiet, in dem neben der bestandsbildenden Steineiche auch die Stechpalme und der Französische Ahorn *(Acer monspessulanum)* gedeihen.

Über einen Kalksteinrücken gelangen wir schließlich auf die **Punta San Michele** (Sendeanlagen). Nach Süden bietet sich ein großartiger Blick in den Cixerrigraben; im Südwesten liegt Iglesias mit dem Minengelände von Monteponi, Campo Pisano und San Giovanni. Im Norden und Osten erstreckt sich das überwiegend bewaldete Bergland des Fluminese, im Nordwesten erhebt sich die Punta Campu Spina (939 m), an ihren Sendeantennen erkennbar.

Nun kehren wir auf demselben Weg zur Brücke über den **Gutturu Xeu** (an der Vecchia Cantoniera) zurück und steigen hier in die Schlucht ab. Auf schmalen Pfaden und über Felsen wandern wir dann die wildromantische Talschlucht hinunter. Kleine Dickichte und Wiesenplätze wechseln einander ab; im Frühjahr tragen die violetten Blüten

Nebelwallen im Staatsforst Marganai

der Sternanemone *(Anemone hortensis)* zum Reiz der Gegend bei. In den seitlichen Felswänden aus Kalkstein und Dolomit befinden sich große Karsthöhlen. An mehreren Schürfstellen wurde einst Eisenerz abgebaut. Die Schlucht öffnet sich schließlich zum Tal des **Riu Corongiu**. Wir stoßen hier wieder auf die Schotterstraße, die wir auf dem Hinweg gekreuzt haben, und folgen ihr wenige Schritte nach rechts. Über die Brücke kehren wir zum Ausgangspunkt zurück.

18 Rundwanderung von San Benedetto zur Forststation Marganai

Kurzbeschreibung: Diese bequeme Tour führt zu ehemaligen Minen, die im Umkreis der kleinen Bergbaugemeinde San Benedetto liegen. Unterwegs bieten sich schöne Ausblicke in das einsame Bergland des Fluminese.

Dauer/Länge: 3:15 Std./13 km
Wegbeschaffenheit: Waldweg
Höhenunterschied: 580 m Auf- und Abstieg
Schwierigkeitsgrad: leicht
Orientierung: leicht
Unterkunft: Iglesias
Bar/Restaurant: San Benedetto
Anfahrt: mit dem Auto von Iglesias (6 km). Die Stadt nach Norden auf der SS 126 verlassen und rechts nach San Benedetto abbiegen (ausgeschildert). Der Wanderweg zweigt gleich am Ortseingang ab. Gute Parkmöglichkeit an dem schattigen Platz vor der Kirche.
Carta d'Italia alla scala di 1:25000: 225-III-SO San Benedetto und 225-III-SE Grotta di San Giovanni

Der Wanderweg

Bei den ersten Häusern von **San Benedetto** zweigt rechts ein Fahrweg ab (blaue Wegweiser ›Marganai‹ und ›Foresta demaniale Marganai‹), der sogleich aus dem Ort herausführt. Bald sehen wir linker Hand den Stolleneingang einer aufgelassenen Bleimine, davor Schienen sowie alte Loren und Lokomotiven. Mit etwas Glück finden wir am Weg das silbrig

Alte Loren vor einer aufgelassenen Bleimine im Staatsforst Marganai

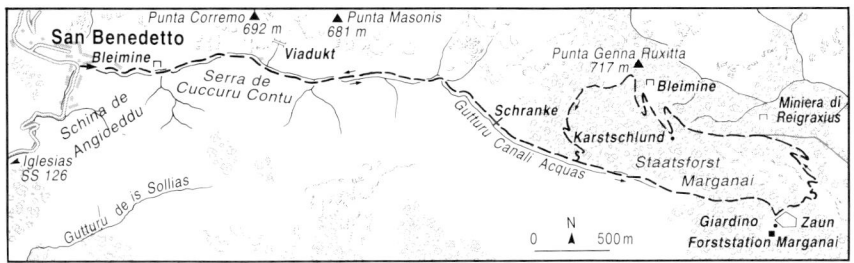

Wanderung 18

glänzende Mineral. Unser Weg steigt gemächlich im langgestreckten Tal des **Gutturu Canali Acquas** an. Im Talgrund breiten sich Viehweiden mit verstreuten Stallungen aus, während auf den steilen Hängen Macchie gedeiht.

Linker Hand führt ein kleines Eisenbahnviadukt über ein Seitental, das sich zwischen den Gipfeln der Punta Corremo und Punta Masonis öffnet. Nach 25 Minuten passieren wir eine Eisenschranke und betreten den **Staatsforst Marganai**. Am Ein-

gang steht eine Holztafel mit Wanderrouten; diese sind allerdings ohne genaue Karte nicht begehbar.

Unser Weg steigt im dichten Steineichenwald an. Wir gehen an einer Linksabzweigung vorbei (Holzschild ›Miniera Reigraxius‹). Später steigt unser Weg in einigen Kehren an und überquert eine Anhöhe. Wir wandern in eine kleine Niederung hinab und auf die **Forststation Marganai** zu. Noch vor Erreichen des Gebäudekomplexes führt unsere Route nahezu weglos schräg nach links über die Freifläche einer Niederung hinweg. Zunächst können wir uns jedoch den **Giardino Montano Linasia** vor der Forststation ansehen und im Schatten der Eichen rasten. In dem kleinen botanischen Lehrgarten gedeihen verschiedene für das Gebiet typische Pflanzenarten.

Wir gehen über die Freifläche und halten uns rechts, in der Nähe des Maschendrahtzauns, der ein militärisches Sperrgebiet eingrenzt. Sogleich treten wir in den Wald ein und folgen dem Pfad; rechter Hand verläuft der Zaun. An einigen Bäumen ist ein Wegzeichen (auf der Spitze stehendes rotes Quadrat mit weißem Balken) aufgemalt. Links im Wald sehen wir einen eingezäunten Karstschlund. Dort, wo der Zaun nach rechts abbiegt, gehen wir in ungefähr gleicher Wegrichtung weiter. Die Anhöhe, auf der wir uns befinden, bricht zunächst jäh zum wilden Bergland des Fluminese ab. Hier gelangen wir auf einen alten, seitlich abgestützen Weg, der in Spitzkehren am steilen Hang bergabführt. Immer wieder bieten sich herrliche Ausblicke. Im Hintergrund erhebt sich das Granitmassiv des Monte Linas.

Unweit der Miniera di Reigraxius stoßen wir auf einen Fahrweg, dem wir links ansteigend folgen. Nach einer halben Stunde Aufstieg wandern wir an einer ehemaligen Bleimine am Hang der **Punta Genna Ruxitta** vorbei. Am linken Wegesrand öffnet sich ein eingezäunter Karstschlund (Warnschild). Der Weg führt über eine Anhöhe und dann stetig bergab. Unten im Tal stoßen wir wieder auf unseren Hinweg und kehren rechts nach **San Benedetto** zurück.

19 Durch den Staatsforst Montimannu

Kurzbeschreibung: Auf einem bequemen Waldweg wandern wir durch eine schattige Talaue. Zahlreiche Stolleneingänge am Wegesrand und an den umliegenden Hängen zeugen vom einst hier betriebenen Bergbau. Ein kurzer Abstecher führt uns in ein wildromantisches Seitental. Anschließend steigen wir durch das Trockental einer Karsthochebene auf. Es bietet sich ein weiter Blick über das Bergland des Fluminese.

Dauer/Länge: 7 Std./26 km
Wegbeschaffenheit: Fahrweg, Pfad
Höhenunterschied: 600 m Auf- und Abstieg
Schwierigkeitsgrad: mittelschwer. Die relativ lange Wanderung kann um 2:40 Std. verkürzt werden, wenn man nach gut 2:30 Std. den Abstecher über den Torrente Leni ausläßt und direkt zurückkehrt.
Orientierung: leicht
Unterkunft: Villacidro
Bar/Restaurant: Villacidro

Anfahrt: mit dem Auto von Villacidro (11 km). Den alten Ortskern nach Süden (zum Monti Mannu ausgeschildert) verlassen und etwa 2 km bis zur nächsten Straßengabelung fahren. Hier rechts halten; diese Straße führt auf eine begrünte Staumauer zu und rechts daran vorbei. Man fährt am Nordufer des Stausees entlang, biegt in ein Seitental und überquert hier einen Zufluß. Hinter der Brücke an der Gabelung links Richtung Monti Mannu weiterfahren. Die Straße ist nun geschottert (teilweise tiefe Schlaglöcher), führt am Stausee entlang bis zu dessen oberem Ende und überquert hier den Hauptzufluß. An der Weggabelung hinter der Brücke parken. Die Wanderung beginnt auf dem Fahrweg nach rechts (Wegweiser ›Monti Mannu‹).
Carta d'Italia alla scala di 1:25000: 225-III-SE Grotta di San Giovanni

Steg über den Riu Cannisoni   ▷

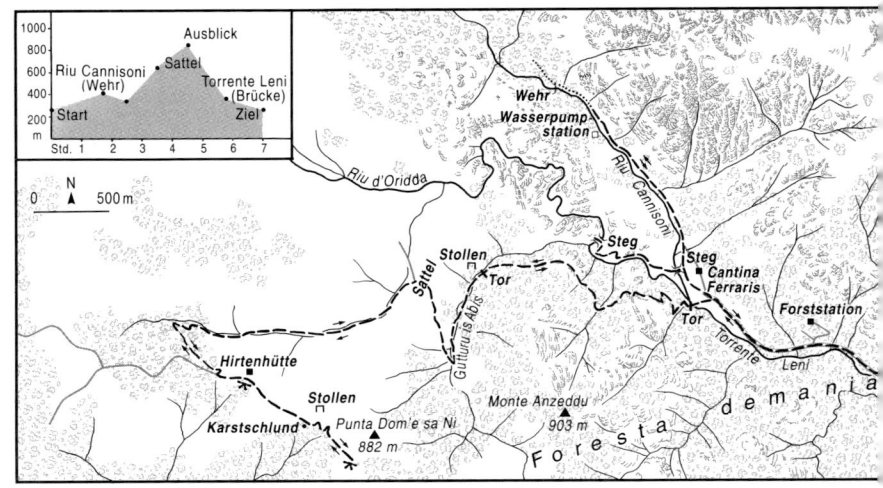

Der Wanderweg

Unser Fahrweg verläuft im schattigen Tal des Torrente Leni. Bald gehen wir an einer Rechtsabzweigung vorbei, die zum Fluß hinunterführt (Holztafel ›Benvenuto a Monti Mannu‹). Später passieren wir eine Baumschule, die links in einem kleinen Seitental liegt. In dem ehemaligen Bergwerk oben am Hang wurden einst Blei-, Zink- und Zinnerze gefördert. Der Fahrweg quert den **Torrente Leni**; im Flußbett liegen große, gerundete Granitblöcke. Der Weg verläuft weiter in der waldigen Aue. Neben heimischen Baumarten wurde hier Eykalyptus angepflanzt. Von den schlanken, bis 40 m hohen Stämmen löst sich die Borke in langen Streifen. Auffällig sind die blaugrünen, bereiften Samenkapseln, die (wie die Blätter des Baumes) das hocharomatische Eukalyptusöl enthalten.

Wir passieren eine Hangterrasse, auf der eine Pinie mit prächtiger Schirmkrone steht; im Wald befindet sich eine Forststation. Knapp 15 Minuten später gehen wir an der Weggabelung links weiter; der rechte Weg führt zu den Stallungen der **Cantina Ferraris** hinauf. Eine parkartige Auenlandschaft mit vereinzelten Eichen und Ölbäumen öffnet sich. Hier fließen der Riu d'Oridda und der Riu Cannisoni zusammen, um sich zum Torrente Leni zu vereinen. Vor uns (im Norden) erheben sich steile Felswände aus rötlichem Granit; höchster Gipfel ist die Punta Magusu (1023 m).

Der Weg setzt sich, nun teilweise grob geschottert, entlang des **Riu Cannisoni** (›Schilfrohr-Fluß‹) fort. Wir passieren eine Wasserpumpstation, durch die ein großer Teil des Flußwassers abgeleitet wird. Rechter Hand erheben sich rötliche Granitschroffen; Bäume klammern sich an kleine Felsvorsprünge und flache Absätze. Am Ende des Schotterweges kann man noch ein kurzes Stück über Felsen am Flußufer entlang weitergehen. Man gelangt auf einen Hir-

Wanderung 19

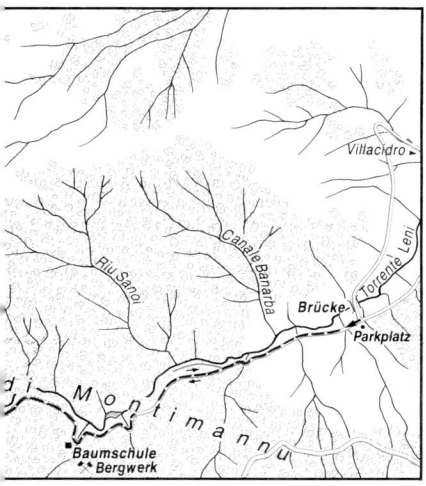

der **Cantina Ferraris** zurück und gehen noch etwa 100 m auf dem Hauptweg (unserem Hinweg) weiter, bis zu einer Rechtsabzweigung (Schild ›Aria protetta‹). Dieser Weg führt zwischen Eukalyptusbäumen auf den **Torrente Leni** zu und überquert den Fluß auf einer kleinen Betonbrücke. Am gegenüberliegenden Ufer passieren wir ein grünes Eisengittertor und folgen dem Waldweg bergauf. Bald bieten sich nach rechts (Norden) schöne Ausblicke auf die unter uns liegende Flußlandschaft und das Granitgebirge.

Später durchqueren wir ein weiteres Eisengittertor. Am rechten Hang öffnen sich Stollen, aus denen einst Zink- und Molybdänerze gefördert wurden. Unser Weg steigt in der Talsenke **Gutturu is Abis** (›Bienenschlucht‹) an und führt über einen Sattel. Hier an der Weggabelung halten wir uns links. Die nächste halbe Stunde wandern wir durch das langgestreckte Trockental einer Karsthochfläche. Anfänglich umgibt uns niedrige Macchie, dann wird der Wald höher.

Wir stoßen auf einen Querweg, dem wir nach links folgen. Nach kurzer Zeit erreichen wir eine flache Kuppe (751 m) mit einigen großen Steineichen; links steht eine Hirtenhütte. Im Schatten der Bäume können wir eine Pause einlegen und die wunderbare Aussicht über waldreiches Bergland genießen. Im Südwesten sind zwei Gipfel mit Sendeantennen erkennbar: links die Punta San Michele (906 m), rechts die Punta Campu Spina (939 m).

tenweg, der zu einem Wehr führt und sich danach im Wald verläuft.

Nun kehren wir auf demselben Weg zur Flußaue an der **Cantina Ferraris** zurück und biegen rechts auf einen Weg, der sogleich zu einem Steg über den **Riu Cannisoni** führt. Dahinter folgen wir einem Pfad durch Macchie in das Tal des **Riu d'Oridda**. Wir gehen an der Linksabzweigung eines Pfades vorbei, der zu einem Wehr führt, und erreichen das Ufer des Flüßchens. Eine mächtige knorrige Korkeiche, in deren Geäst sich Farne angesiedelt haben, beugt sich über das Wasser. An einer Gabelung gehen wir rechts ansteigend weiter. Kurz danach gelangen wir zum Riu d'Oridda zurück. Ein Holzsteg führt über das Flüßchen; danach endet der gut begehbare Pfad. Flußaufwärts blicken wir in das tief in die Granitfelsen eingeschnittene Tal. Das beschauliche Plätzchen am kühlen Wasser lädt zum Verweilen ein.

Wir kehren auf demselben Weg zur Gabelung in der parkartigen Aue an

Der Weg führt weiter in Richtung der Punta Dom'e sa Ni. Bald sehen wir am rechten Wegesrand einen umzäunten Karstschlund. Bei guter Fernsicht lohnt es sich, dem Weg noch ein kurzes Stück bergauf zu folgen (am Hang öffnen sich alte Stolleneingänge). Kurz nach Erreichen der höchsten Stelle bietet sich ein schöner Blick in den Cixerrigraben. – Wir kehren auf demselben Weg zurück.

20 Vom Parco comunale Perda'e Pibera zum Paß Genna Eidadi

Kurzbeschreibung: Südlich der Bergbaugemeinde Gonnosfanadiga (7500 Einw.) führt diese Wanderung durch einsames Bergland. Ausgangspunkt ist ein ehemaliges Bergwerk im waldigen Tal des Riu Perda 'e Pibera. Von hier wandern wir stetig bergauf, das mächtige Granitmassiv des Monte Linas mit seinen kargen Felsfluren im Blick. Ein alter Hirtenpfad führt über Hochweiden zur Genna Eidadi, einem Paß in 1026 m Höhe. Ringsum breitet sich ein unwegsames Bergland aus.

Dauer/Länge: 3:20 Std./12 km
Wegbeschaffenheit: Fahrweg, Pfad
Höhenunterschied: 600 m Auf- und Abstieg
Schwierigkeitsgrad: mittel
Orientierung: leicht
Unterkunft: Villacidro
Bar/Restaurant: Gonnosfanadiga
Anfahrt: mit dem Auto von Gonnosfanadiga zum ›Parco comunale Perda 'e Pibera‹ (teilweise ausgeschildert; 5 km). Die SS 196 in Gonnosfanadiga verlassen und über die lange Hauptstraße in den Ortskern fahren. An einem braunen Wegweiser (350 m, bevor die Straße eine Aussichtstreppe

erreicht) links abbiegen. Unmittelbar nach Überqueren des Riu Piras rechts abbiegen und auf einer Asphaltstraße am Fluß entlang bis zum großen Parkplatz vor dem Parkgebiet fahren.
Carta d'Italia alla scala di 1:25000: 225-III-NE Gonnosfanadiga

Der Wanderweg

Vom Parkplatz folgen wir dem Fahrweg, der zwischen den halbverfallenen Gebäuden des ehemaligen Molybdänbergwerkes ansteigt. Links sehen wir die Förderanlage, rechts eine mächtige Abraumhalde und das einstige Verwaltungsgebäude. Die Gemeinde Gonnosfanadiga ließ das Minengelände in einen Park umwandeln; Picknicktische und Bänke stehen unter schattigen Bäumen. Das hier stets vorhandene, frische Quellwasser wird von den Einheimischen in großen Kanistern abgefüllt. Die Gegend, der Flüßchen und Park ihren Namen verdanken, heißt **Sa Perda 'e Pibera** (›Der Vipernstein‹).

Der Fahrweg führt im Tal durch dichten Steineichenwald bergauf. An

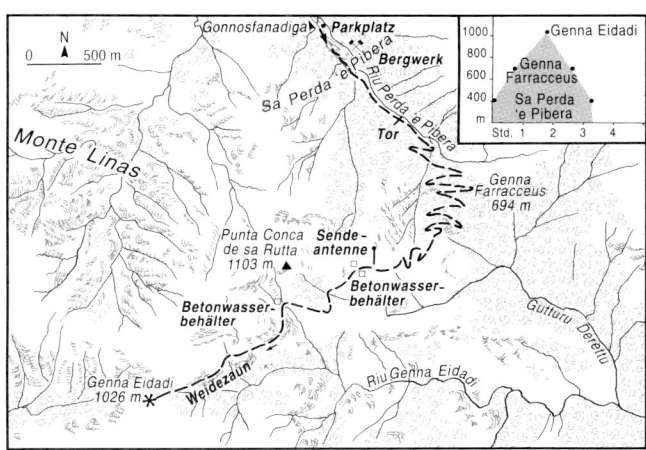

Wanderung 20

einer Weggabelung gehen wir rechts durch ein grünes Eisengittertor weiter. Nach 35 Minuten bietet sich oberhalb des Passes **Genna Farracceus** ein erster Ausblick. Zwischen hohen Bergkämmen öffnet sich im Südosten das waldige Tal des Gutturu Derettu; im Osten erhebt sich die Felswand der Punte di San Miali. Unser Fahrweg steigt weiter an. Später passieren wir eine Kuppe mit Sendeantenne sowie zwei Betonwasserbehälter. Bald danach gehen wir an einer Rechtsabzweigung vorbei. Wir wandern am Unterhang der Punta Conca de sa Rutta (›Sturzkopf-Gipfel‹) entlang, einer der Anhöhen des Monte Linas.

Der Fahrweg endet in einem Seitental bei einem Betonwasserbehälter. Wir durchqueren ein Weidegatter und folgen einem Hirtenpfad, der am felsigen Hang verläuft. Linker Hand (im Süden) erstreckt sich das waldige Tal des Riu Genna Eidadi. Wir wandern teils über Granitfelsen, teils durch dichte Macchie. Unterhalb des Pfades verläuft ein Weidezaun, der als Orientierungshilfe dienen kann. Nach 20 Minuten Aufstieg erreichen wir den Paß **Genna Eidadi**. Hier bietet sich ein eindrucksvoller Rundblick über das wilde Bergland. Im Nordwesten erhebt sich die Punta Perda de sa Mesa, höchster Gipfel des Monte Linas. Der einstige Waldreichtum dieses heute kahlen Gebirges wird durch seinen Namen bezeugt: Monte Linas bedeutet ›Brennholzberg‹. – Wir kehren auf demselben Weg zu unserem Ausgangspunkt zurück.

La Marmilla

An den nordöstlichen Rand des Campidano-Grabens schließt sich sanftgewelltes Hügelland an, das im Südosten in die Trexenta übergeht, im Nordosten an die Kalksteinhochebene des Sarcidano reicht und im Nordwesten von dem Vulkanmassiv des Monte Arci begrenzt wird. Ihren Namen verdankt diese Landschaft dem zentralen Kegelberg bei Las Plassas: La Marmilla (*mammella* = Brust). Auf der Spitze des Vulkanschlotes steht die Ruine einer mittelalterlichen Burg, die einst dem Judikat Arborea als südliche Grenzfeste diente. In den fruchtbaren Niederungen der Marmilla wird seit jeher Ackerbau betrieben. Inmitten von Weizenfeldern liegen hier freundliche Bauerndörfer, die zu den ansprechendsten Ortschaften Sardiniens gehören. Ihr naturräumliches Gepräge verdankt die Marmilla den Tafelbergen und Hochflächen, die sich mehrere hundert Meter mit steilen Flanken aus den Niederungen erheben. Sie stellen die erhaltenen, nur geringfügig abgetragenen Reste einer Basaltschicht dar, die im Pliozän die gesamte Landschaft bedeckte.

21 Rundwanderung von Tuili auf die Giara di Gesturi

Kurzbeschreibung: Ausgangspunkt ist das freundliche Bauerndorf Tuili (1300 Einw.) am Fuße der Giara di Gesturi. Durch Gartenland und Ölbaumhaine wandern wir zur Basalthochfläche der Giara hinauf. Während des Aufstiegs bieten sich schöne Ausblicke in die Marmilla. Auf der Giara bilden sich in der regenreichen Jahreszeit zahlreiche seichte Wasserflächen (*paùlis*). Ziel der Wanderung ist die Pauli Maiori, wo sich die frei umherstreifenden, halbwilden Pferde der Giara häufig aufhalten. Zurück in Tuili, lohnt ein Streifzug durch den beschaulichen Ort.

Dauer/Länge: 3:20 Std./12,5 km
Wegbeschaffenheit: Sträßchen, Fahrweg
Höhenunterschied: 375 m Auf- und Abstieg

Schwierigkeitsgrad: leicht
Orientierung: leicht
Unterkunft: Barumini, Mandas, Laconi, Sanluri
Bar/Restaurant: Tuili
Feste und Feiern in Tuili: Sonntag bis Fastnachtsdienstag Karneval mit Maskenumzug. Osterprozession. 29. Juli Sant' Antonio Abate mit Kirchenprozession und Reiterumzug.
Anfahrt: mit dem Auto von Barumini (4 km). Nach Tuili fahren und unmittelbar hinter der Ortseinfahrt rechts auf dem Platz mit dem Kriegerdenkmal parken.
Besichtigung: Nuraghenkomplex Su Nuraxi, links an der Straße von Barumini nach Tuili. Geöffnet im Sommer täglich von 8 Uhr bis Sonnenuntergang, im Winter täglich von 9 bis 16 Uhr. Pfarrkirche San Pietro Apostolo in Tuili: Retabel des Meisters

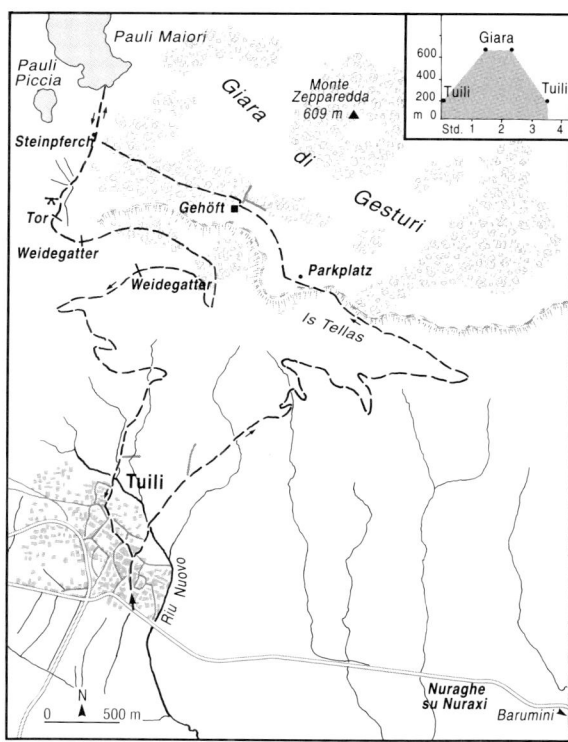

Wanderung 21

von Castelsardo. Obwohl erst im Jahre 1500 entstanden, gilt es als Hauptwerk der gotischen Malerei auf Sardinien.

Besonderer Hinweis: Im jahreszeitlichen Verlauf schwankt die Größe der Wasserflächen erheblich. Nach starken Niederschlägen stehen große Teile der Giara unter Wasser; die Wege sind dann aufgeschlammt und praktisch unpassierbar. Sollte es in den Tagen unmittelbar vor der Wanderung geregnet haben, sind Gummistiefel empfehlenswert. – Vom Verlassen des beschriebenen Weges auf der Giara sei gewarnt; die gleichförmige Hochfläche bietet außer einigen Steinmäuerchen keinerlei Orientierungsmöglichkeiten.

Carta d'Italia alla scala di 1:25000: 218-III-SO Barumini

Der Wanderweg

Vom Platz mit dem Kriegerdenkmal folgen wir der Via IV Novembre nach **Tuili** hinein und biegen rechts in die Via Sa Giara (gelber Wegweiser ›La Giara‹). Am Ortsrand gehen wir rechts über ein Brückchen, das einen im Sommer ausgetrockneten Bach überquert. Nach kurzer Zeit halten wir uns an der Straßengabelung rechts. Die Straße schlängelt sich in weiten Serpentinen durch eine bukolische Landschaft mit Ölbäumen, Gärten und Weiden bergauf.

Während des Aufstiegs wird der Blick nach Süden immer besser. Inmitten von Weizenfeldern liegt Barumini am Fuße der Giara. Ringsum erheben sich die sanftgeformten Hänge der Marmilla. Mittelpunkt bildet der charakteristische Kegelberg bei Las Plassas. Entfernt im Südosten liegt das Bergland des Sarrabus, im Südwesten der Iglesiente. Kurz vor Erreichen der Hochfläche passieren wir das Gebiet **Is Tellas** (›Die Steinplatten‹). Das an den Böschungen hervortretende Gestein geht hier von Kalkstein und Mergel in bräunlichen Basalt über, der die Deckschicht der Giara bildet.

Knapp anderthalb Stunden nach Beginn der Wanderung erreichen wir den Rand der Hochfläche. Wir lassen den Parkplatz rechts liegen und gehen geradeaus auf dem am stärksten befahrenen Weg durch lockeren, niedrigen Eichenbewuchs weiter. Zehn Minuten später folgen wir an einer Verzweigung unweit eines Gehöfts dem rechten Weg. Nach etwa 50 m passieren wir ein Steinmäuerchen (Lücke) und biegen sogleich links ab, geradlinig zwischen zwei Steinmäuerchen. Bald verläuft nurmehr links ein Mäuerchen.

Der Weg gabelt sich vor einem runden Steinpferch. Wir gehen rechts

Die halbwilden Pferde der Giara weiden zwischen den Sumpfpflanzen der Pauli Maiori

auf dem Hauptweg durch niedriges Buschwerk nach Norden und erreichen das Ufer der **Pauli Maiori** (›Großer Sumpf‹). Auf der schier endlosen, von windgebeugten Korkeichen bedeckten Hochfläche mutet sie beinahe wie eine Wasserstelle inmitten einer afrikanischen Savannenlandschaft an. An dieser seichten Wasserfläche streifen die halbwilden Pferde der Giara häufig umher, um die üppigen Sumpfpflanzen abzuweiden.

Vom Ufer kehren wir auf demselben Weg zum Steinpferch zurück und gehen nun, zunächst zwischen zwei Steinmäuerchen, geradeaus weiter. Schon bald erblicken wir rechter Hand eine weitere Wasserfläche, die **Pauli Piccia**. Der Weg führt dicht an den Wasserrand heran. Wir lassen die Pauli hinter uns und wandern geradeaus am Steinmäuerchen entlang weiter – zunächst durch etwas Gestrüpp – bis zum Südrand der Giara. Hier passieren wir ein Eisengittertor. Unvermittelt bietet sich ein weiter Blick in die Marmilla.

Wir gehen auf dem Fahrweg bergab und durchqueren erneut ein Weidegatter. 20 Minuten später folgen wir dem Hauptweg in einer scharfen Rechtskehre und passieren ein weiteres Weidegatter. Der Hauptweg führt allmählich in die Niederung hinunter und quert am Ortsrand von **Tuili** einen Bach. Durch die Altstadt mit ihren schönen Steinfassaden,

Die Pferde der Giara

Die Giara di Gesturi ist berühmt für ihre halbwilden Pferde, von denen rund 600 bis 700 in kleinen Rudeln frei über die Hochfläche streifen. Diese Pferderasse, sardisch *akkètta*, gehört der seltenen Art *Equus przewalskii* an, von der nur noch wenige freilebende Exemplare in Zentralasien und der Mongolei vorkommen. Mit einer maximalen Schulterhöhe von 1,2 m ist das sardische Pferd recht kleinwüchsig. Es besitzt ein braunschwarzes Fell mit langer Mähne; kräftige Hufe erleichtern ihm das Laufen auf steinig-felsigem Boden und durch die Macchie. Seit einigen Jahren bemüht sich die Regionalregierung zusammen mit dem Istituto di Incremento Ippico in Ozieri um die gezielte Rückzüchtung reinrassiger Wildpferde.

Torbögen und Innenhofgärten kehren wir zum Ausgangspunkt zurück.

Am Wege

La Giara di Gesturi

Mit einer Fläche von rund 45 km² bildet die Giara di Gesturi (sard. Sa Jara) den größten Tafelberg der Marmilla. Die unbewohnte Basalthochebene diente über Jahrtausende als Weideland. Weit verbreitet ist lichter Korkeichenwald, dessen Stämme von den Bauern einiger umliegender Dörfer regelmäßig geschält werden. Größere Bereiche sind auch mit niedrigem Buschwerk bedeckt, das vom aromatischen Duft der Myrte *(Myrtus communis)* erfüllt ist. Die im Winter oft in dichten Nebel gehüllte Hochfläche liegt auf einer mittleren Höhe von 550 m. Zwei sehr flache Vulkanschlote, der Monte Zepparedda (609 m) und der Monte Zeppara Manna (580 m), bilden die höchsten Erhebungen der Giara *(zeppara = Berg)*. Aufgrund der stauenden Eigenschaft des tonigen Feinschlamms, der bei der Basaltverwitterung entsteht, läuft die Giara nach starken Niederschlägen vorübergehend über. Dann ergießen sich Wasserfälle über ihre Abhänge.

Von der einstigen strategischen Bedeutung der Giara zeugen 24 heute überwiegend verfallene Nuraghen, die ihre steil abfallenden Ränder säumten. An den Hängen und am Fuße der Giara stehen rund fünfzig weitere Nuraghen, unter ihnen eines der hervorragendsten Baudenkmäler aus dieser Zeit: der mächtige Festungskomplex **Su Nuraxi** bei Barumini (s. Farbabb.8). Die Anlage wurde um 1500 v.Chr. begonnen und später mehrfach erweitert. Der Mittelturm ist als ältester Baukörper von zwei Ringmauern mit bastionsartigen Ecktürmen umgeben. Vor der Festung liegen die Sockelmauern eines nuraghisches Dorfes mit über 200 Rundhütten, dessen guterhaltene Arbeitsvorrichtungen wie Getreidemühlen, Backöfen und eine Ölmühle eine lebendige Vorstellung vom Alltagsleben der Nuragher vermitteln.

Der Monte Ferru bei Cuglieri ▷

Il Montiferru

Mit einer Ausdehnung von rund 700 km² bildet der Monte Ferru das größte Vulkanmassiv Sardiniens; höchste Erhebung ist der Monte Urtigu (1050 m). Der ›Ätna der Sarden‹, wie der Monte Ferru von La Marmora einst bezeichnet wurde, erhebt sich südwestlich der Planargia. Hauptort des gleichlautenden Gebietes Montiferru ist das Bauerndorf **Cuglieri** (483 m, 3600 Einw.), herrlich am Nordhang des Vulkanmassivs inmitten von Ölgärten gelegen. Es wurde als römische Militärstation *Gurulis Nova* gegründet und erhielt später Zuwachs durch Einwohner der stets von Seeräuberüberfällen und Malaria bedrohten Küstenortschaften. Cuglieri besitzt einen malerischen Ortskern mit engen Gassen. Von der Terrasse der barocken Basilika Santa Maria della Neve bietet sich nach Norden ein schöner Blick auf die Planargia.

Etwa 3 km auf der Straße von Cuglieri Richtung Santu Lussurgiu kommt rechter Hand die Ruine des **Castello di Monte Ferru** (*Casteddu Etzu*) in Sicht. Die Burg wurde im 12. Jh. von den Richtern von Torres gegründet, fiel jedoch später vorübergehend an die Adelsgeschlechter Gherardesca und Malaspina. Am Osthang des Monte Ferru liegt **Santu Lussurgiu** (503 m, 3000 Einw.), zweitgrößter Ort der Gegend.

22 Rundwanderung durch die Gipfelregion des Monte Ferru

Kurzbeschreibung: Die Tour führt durch die scheinbar karge Gipfelregion des mächtigsten Inselvulkans. Bei näherem Hinsehen offenbart die Felsheide jedoch ihren ganzen botanischen Reichtum. Über waldige Hochtäler hinweg bieten sich herrliche Ausblicke auf die Westküste und die Inselmitte. Bei sehr guter Fernsicht reicht das Panorama von der Isola Asinara im äußersten Nordwesten Sardiniens über ungezählte Bergkämme, Gipfel, Täler und Ebenen bis hin zum Golfo di Cagliari im Süden.

Dauer/Länge: 2:45 Std./11 km
Wegbeschaffenheit: Sträßchen, Weg
Schwierigkeitsgrad: leicht

Orientierung: leicht
Unterkunft: Cuglieri, San Leonardo de Siete Fuentes
Bar/Restaurant: Cuglieri, San Leonardo de Siete Fuentes
Anfahrt: Mit dem Auto von Cuglieri (9 km) oder Santu Lussurgiu (9 km) Richtung Monte Ferru fahren, bis am Straßenrand ein gelbes Schild ›Rifugio La Madonnina, Centro di Formazione e Studi dell Collegium Mazzotti‹ kommt. Hier auf dem Seitenstreifen gegenüber dem Eingangstor oder direkt auf dem Waldparkplatz des Veranstaltungszentrums parken.
Museen: *Santu Lussurgiu*: Museo della Tecnologia Contadina, beim Centro UNLA, Via Roma, ✆ 0783/550617 (vorherige Anmeldung erfor-

derlich). Eine kleine Ausstellung bäuerlicher Arbeitsgeräte. *Cuglieri*: Collezione Civica Archeologica, in dem ehemaligen Kapuzinerkloster, ☎ 0785/39623. Eine archäologische Sammlung mit den frühchristlichen Funden von Cornus.

Feste und Feiern: Am 5. August sowie einigen nachfolgenden Tagen findet in Cuglieri das Kirchenfest Santa Maria della Neve mit einer farbenprächtigen Prozession in historischen Kostümen statt. – Zur Karnevalszeit (Sonntag bis Dienstag) sollte man es nicht versäumen, das berühmte Pferdewettreiten Sa Carrela 'e Inanti in Santu Lussurgiu zu besuchen, das mit traditioneller Maskierung in den engen Dorfgassen ausgetragen wird. Am 21. August findet hier das Fest Santu Lussurgiu mit Prozession und Reiterumzug statt.

Carta d'Italia alla scala di 1:25000: 206-III-NE Santu Lussurgiu

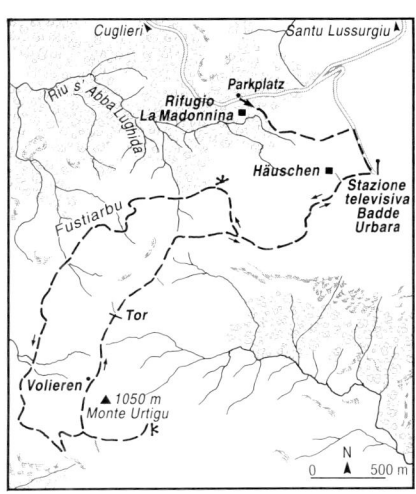

Wanderung 22

Der Wanderweg

Wenige Schritte hinter dem Eingangstor zum **Rifugio La Madonnina** biegen wir nach links und wandern einen Fahrweg hinauf, der an einigen Gebäuden vorbei im Eichenwald ansteigt. Hinter einem Holzgatter führt der Weg über offeneres Gelände, das mit Farnen und Affodill bewachsen ist. Bald überqueren wir ein Steinmäuerchen und gelangen auf ein Asphaltsträßchen, dem wir nach rechts zum Gipfel mit den Sendeantennen (**Stazione televisiva Badde Urbara**) folgen.

Hier biegen wir rechts auf einen Fahrweg ab (Schild ›AFDRS C.F. Pabarile, S. Lussurgiu‹) und gehen an einer Rechtsabzweigung vorbei auf diesem Fahrweg weiter, der sich hinter einer Eisenschranke fortsetzt. Uns umgibt Felsheide mit niedrigen Zistrosenpolstern; rechts öffnet sich das weite, waldige Tal des **Riu s'Abba Lughida**. An der nächsten Weggabelung nehmen wir den rechten Weg und unterqueren eine Stromleitung; später werden wir von links zurückkehren.

Wir erreichen einen Sattel. Nach Nordwesten bietet sich ein großartiger Blick über die teils bewaldeten Abhänge des Monte Ferru hinweg auf das Bergdorf Cuglieri, vor dem ein Felsen mit der Ruine des Castello di Monte Ferru aufragt. Zur Westküste hin erstreckt sich die flache Planargia, ein Ausläufer der Basalthochebene von Campeda. Der Weg verläuft nun leicht an- und absteigend am Hang entlang. Auf einem Gipfel links oberhalb des Weges steht eine Antenne mit rechteckigem Aufbau.

Wir halten uns stets auf dem Hangweg. Der Blick öffnet sich nach Süden auf die Sinis-Halbinsel (s. Farbabb. 10) und einige große Strandseen. Bald verschlechtert sich der Weg, um ein kurzes Stück als breiter Geröllweg bergabzuführen. Rechter Hand weitet sich ein saftig grünes Hochtal. Unser Hangweg steigt zu einem Sattel an, schwenkt nach links und führt in einigen Kehren in die Gipfelregion hinauf. Hier gelangen wir auf einen Fahrweg.

Die Wanderung führt geradeaus weiter, doch können wir zunächst einen kurzen Abstecher nach rechts machen. An der folgenden Gabelung halten wir uns links. Unser Stichweg endet an einem Häuschen, das am Rande der steilen Ostflanke des Monte Ferru steht. Ein Großteil der Insel liegt ausgebreitet vor uns. Am Fuße des Gebirges erstreckt sich die weite vulkanische Hochebene von Abbasanta.

Wir kehren zu unserer Wegeinmündung zurück und gehen nun geradeaus weiter. Bald nähern wir uns einem eingezäunten Gebiet mit großen Volieren, in denen verschiedene Greifvogelarten gehalten werden. Danach passieren wir ein Eisentor und halten uns an der Weggabelung rechts. An einer Rechtsabzweigung vorbei gelangen wir wieder auf den Hinweg der Wanderung, über den wir zu unserem Ausgangspunkt zurückkehren.

Am Wege

Monte Ferru

Der Monte Ferru gehört zu einer auffälligen, rund 70 km langen Geländestufe, die sich nach Nordosten über den niedrigen Gebirgsrücken von Macomer und die steilen Flanken der Catena del Marghine und Catena del Goceano fortsetzt. Diese Geländestufe stellt eine Bruchstufe dar, die im Tertiär mit dem Einbruch des Campidanograbens und der gleichzeitigen Anhebung der sich nördlich anschließenden Gebiete entstand. Da sich im Bereich des Monte Ferru die Verwerfungen des Campidanograbens und des Tirsograbens kreuzen, kam es hier in zwei unterschiedlichen Phasen zu besonders heftigen Vulkanausbrüchen:

Der mächtige Kern des Monte Ferru besteht aus Lavamassen, die im Oligozän und Miozän (vor 24 bis 13 Millionen Jahren) aus Spalten und Schloten in der Erdkruste emporströmten. Der Lavaausfluß verlief jedoch nicht kontinuierlich, sondern wechselte explosionsartig mit dem Auswurf von Ascheteilchen. Dem vulkanischen Trachytgestein sind daher immer wieder Tuffschichten aus verfestigter Asche zwischengelagert, die zur Entstehung eines typischen Schichtvulkans führten. Als der Monte Ferru im Pliozän (vor 3,9 bis 2,8 Millionen Jahren) erneut aktiv wurde, durchschlugen die aufsteigenden Lavaströme das oligo-miozäne Vulkanmassiv und breiteten sich an dessen Oberfläche deckenförmig aus. In diesen Gesteinsschichten sind Eisen- und Manganvererzungen enthalten, denen der Monte Ferru seinen Namen – ›Eisenberg‹ – verdankt.

Der oligo-miozäne Sockel des Monte Ferru tritt vor allem in den zahlreichen tief eingeschnittenen Tälern zutage, die an der Westflanke des Vulkanmassivs zum Meer hinabführen. Nach Norden und Westen überragt der Monte Ferru mit seinen bizarren Kegeln, Vulkanschloten und Lavazungen die eintönigen vulkanischen Hochebenen des Altopiano di Abbasanta und des höhergelegenen Altopiano della Campeda.

Die Hänge des Monte Ferru sind bis 850 m Meereshöhe größtenteils mit dichtem Steineichenwald bedeckt. Von dem Flaumeichenwald, der einst in höheren Lagen verbreitet war, sind nach dem Kahlschlag des vorigen Jahrhunderts und verheerenden Waldbränden nurmehr kleine Bestände erhalten. In diesen Bereichen herrscht heute Felsheide vor, in der neben dem Dornigen Ginster (*Genista acanthoclada*), dem Behaarten Dornginster (*Calicotome villosa*, *C. spinosa*) sowie verschiedenen Zistrosen, Farnen und Heidekrautgewächsen (z.B. *Erica manipuliflora*) auch einige endemische Pflanzenarten wie das zur Familie der Kreuzblüter gehörende Barbarakraut (*Barbarea rupicola*) vorkommen.

◁ Blick von der Aussichtsterrasse der Basilika auf Cuglieri

In der Planargia

La Planargia

Als westlicher Ausläufer der Hochebene von Campeda reicht das karge Basaltplateau der Planargia bis zur Küste hinab. Im Süden steigt die Landschaft zum Vulkanmassiv des Monte Ferru an, im Norden wird sie durch den breiten Taleinschnitt des Fiume Temo vom Trachytbergland von Montresta geschieden. Am nördlichen Ufer des Temo liegt Bosa, malerischer Hauptort der Planargia. Auf dem fruchtbaren Schwemmland im Unterlauf des Flusses breiten sich Zitrusplantagen, Ölbaumhaine und Weingärten aus.

23 Von Bosa entlang dem Fiume Temo

Kurzbeschreibung: Die Tour folgt dem Lauf des Temo in das Bergland von Montresta hinein. An Wallfahrtskapellen vorbei schlängelt sich der Weg anfänglich durch Ölgärten. Später wird das Tal wilder und ursprünglicher. Eichenwälder und Viehweiden breiten sich auf steilen

Hängen aus. Tief in das Gebirge eingeschnitten, mäandert der Fluß
durch eine unberührt wirkende Auenlandschaft.

Dauer/Länge: 5 Std./22 km
Wegbeschaffenheit: Straße, Weg
Schwierigkeitsgrad: mittel
Orientierung: leicht
Unterkunft: Bosa
Bar/Restaurant: Bosa
Anfahrt: von Osten auf der ›SS 129
bis‹, von Norden und Süden auf der
SS 292. Die Wanderung beginnt an
der alten Brücke (Ponte Nazionale)
im Zentrum von Bosa.
Feste und Feiern in Bosa: 29. Juni San
Pietro mit Bootsprozession zur roma-
nischen Kirche. 26. September Santi
Cosma e Damiano mit Kirchenpro-
zession. Erster Sonntag im August
Santa Maria del Mare mit Bootspro-
zession auf dem Temo nach Bosa Ma-
rina. 2. Sonntag im September Nostra Signora di Regnos Altos mit Kirchenprozession.
Carta d'Italia alla scala di 1:25000:
206-IV-NO Bosa und 193-III-SO
Montresta

Der Wanderweg

Ausgangspunkt ist die alte Brücke in
Bosa. Bis 1986 bildete sie die einzige
Straßenverbindung zwischen den
beiden Ufern des Temo. Auf der
Nordseite der Brücke (an der Kathedrale) folgen wir der Uferstraße
flußaufwärts. Sie schwenkt nach
links und mündet in eine Querstraße, die wir überqueren. Geradeaus geht es auf einem Feldweg weiter, der zwischen Gärten verläuft.
Bald passieren wir die unscheinbare

Kapelle **Santa Giusta**. Dahinter
zweigt links ein Weg zum Castello di
Serravalle ab, doch wandern wir geradeaus weiter.
Kurz darauf halten wir uns an der
Weggabelung rechts. Dort, wo der
Hauptweg nach rechts biegt, gehen
wir geradeaus auf dem Feldweg weiter. Fünf Minuten später erreichen
wir eine Wegverzweigung, an der ein
Querweg von rechts hinten heranführt: Wir überqueren ihn und wandern geradeaus auf einem Pfad weiter. Er verläuft etwas oberhalb der
mit Ölbäumen bestandenen Flußaue
an einem Steinmäuerchen entlang.
Im Frühjahr sind die Wiesen und
Wegränder von den leuchtendgelben
Blüten des Nickenden Sauerklees
(Oxalis pes-caprae) bedeckt.
Kurz hinter der Kapelle **Sant' Ol-
ma** (linker Hand) stoßen wir auf eine
Asphaltstraße, der wir nach links folgen. Sie verläuft unweit des **Temo** in
der breiten Flußaue. Gegenüber der
Wegeinmündung steht eine weitere
Kapelle, **San Martino**. Wir gehen an
der Linksabzweigung einer breiten
Asphaltstraße vorbei. Nach einer
Viertelstunde endet die Asphaltierung. Bevor wir die Wanderung auf
dem Fahrweg fortsetzen, können wir
wenige Schritte nach rechts zum
Fluß hinuntergehen. Vom Damm
über den Temo bietet sich ein schöner Blick auf den verschilften
Flußlauf und das flache Schwemmland **Su Adu** (›Die Furt‹).
Anschließend wandern wir auf
dem Fahrweg weiter. Die seitlichen
Talwände rücken allmählich enger
zusammen. Der Fluß schlängelt sich
durch das abgeschiedene Tal, und
außer seinem Rauschen durchbricht
nur das ferne Glockengeläut der Wei-

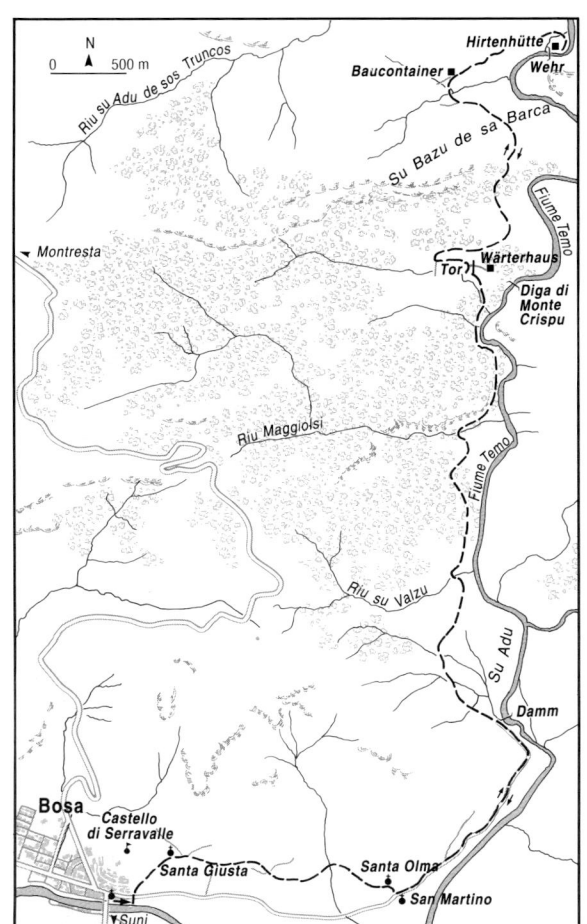

Wanderung 23

detiere die Stille. Jäh taucht eine mächtige Staumauer auf, die das wildromantische Tal abschließt (**Diga di Monte Crispu**). Wir gehen auf dem Fahrweg weiter, bis unmittelbar nach Überqueren einer kleinen Brücke ein Metalltor den Weg versperrt.

Hier biegen wir links auf einen ansteigenden Erdweg und gehen an der Weggabelung rechts den Hauptweg hinauf. Der Weg schwenkt nach rechts und verläuft nun am Hang entlang. Nach wenigen Schritten passieren wir einen prächtigen, uralten Ölbaum. Auf etwa gleichbleibender Höhe wandern wir in Richtung Staumauer und kommen unweit des Wärterhauses vorbei. Dort, wo wir nun den Stausee vermuten, öffnet sich ganz unerwartet das nie geflutete Tal. Die Staumauer dient heute einzig dem Zweck, Bosa vor möglichen Hochwasserfluten zu schützen.

Der Hangweg verläuft teilweise ziemlich steil auf und ab. Er wurde zur Verlegung einer Druckwasserleitung angelegt; betonierte Wasserbehälter säumen den Weg. Etwa 25 Minuten nach Passieren der Staumauer halten wir uns an der Weggabelung rechts und folgen dem teilweise zugewachsenen Weg in ein Seitentälchen hinunter. Sogleich geht es am gegenüberliegenden Hang wieder steil bergauf. Bei einem Baucontainer kommen wir auf einem Querweg heraus, dem wir nach rechts folgen. Wir wandern in das Haupttal hinunter und erreichen im Gebiet **Su Bazu de sa Barca** die flache Talsohle des **Temo**. Ein kleines Wehr staut das Wasser, Forellenfangnetze hängen in den Durchlässen. Einsam steht eine alte Hirtenhütte am grünen Flußufer. In beschaulicher Umgebung können wir hier Rast machen, bevor wir auf demselben Weg zurückkehren.

Am Wege

»Einst hauchte der Fluß die tödlichsten Miasmen aus« – Bosa und der Temo

Am schiffbaren Unterlauf des Fiume Temo liegt Bosa (7500 Einw.), eine der wenigen Ortschaften Sardiniens mit historisch intaktem Stadtbild (s. Farbabb. 12). Schmale Gassen führen durch die Reihen der hohen, in gelblichen und rötlichen Ockertönen gehaltenen Altstadthäuser, die sich auf der nördlichen Flußseite eng zusammenscharen. Von der palmengesäumten Uferpromenade bietet sich ein schöner Blick über farbige Fischerboote hinweg auf die ehemaligen Gerberhäuser *(Sas Conzas)* am gegenüberliegenden Ufer. Neben dem Obst-, Gemüse- und Weinanbau sind vor allem der Tourismus und das traditionelle Kunsthandwerk (Filetstickerei, Korallenverarbeitung,

Beschauliche Rast am Fiume Temo

Lederwarenherstellung) wirtschaftlich bedeutend.

Bereits die Phönizier hatten am
Unterlauf des Temo eine Niederlassung gegründet. Eine römische Siedlung namens *Bosa vetus* ist auf der
Südseite des Temo bezeugt – dort, wo
heute die Kirche San Pietro extramuros (s.S. 209) steht. Im Frühmittelalter schien hier eine Ortschaft namens *Calmedia* zu bestehen, die jedoch aufgegeben wurde, als die genuesische Adelsfamilie Malaspina
im Jahre 1112 mit der Erbauung des
Castello di Serravalle begann. Die
Burg wurde in beherrschender Lage
auf einer Anhöhe oberhalb des nördlichen Flußufers errichtet. Am Fuße
des Burghügels entstanden die Häuser der neuen Stadt, die nach der antiken Vorgängerin von Calmedia den
Namen Bosa erhielt. Die Lage der
Stadt rund 3 km von der Küste entfernt bedeutete kein Hindernis für
den Seehandel, denn als einziger
Fluß Sardiniens ist der Temo in seinem Unterlauf schiffbar. Zugleich
bot sich landeinwärts ein besserer
Schutz vor den häufigen Überfällen
der Seeräuber.

Nach der Unterwerfung der Malaspina unter die aragonesische Herrschaft im Jahre 1323 wurde das Castello di Serravalle 1354 von Marianus IV., dem Richter von Arborea,
eingenommen. Mit der aragonesischen Rückeroberung erhielt Bosa
gewisse administrative Privilegien
als Stadt. Um eine drohende französische Invasion zu verhindern, wurde die Temo-Mündung im Jahre 1528
durch den Bau eines Staudamms ver-

Bosa

sperrt. Der Aufschwung des Städtchens als Verwaltungs- und Handelszentrum der Planargia wurde dadurch gedämpft, denn die Bosaner hatten sich von der Handelsschifffahrt abgeschnitten. Überdies waren häufige Überschwemmungen im Unterlauf des Temo die Folge, die die Ausbreitung der Malaria begünstigten. Ein Teil der Bewohner zog daraufhin in das an den Hängen des Monte Ferru gelegene Bergdorf Cuglieri. Dennoch konnten sich Handel und Gewerbe im 17. und 18. Jh. entwikkeln. In dieser Zeit entstanden die meisten der aus rötlichem Trachytgestein errichteten Altstadthäuser.

Über Jahrhunderte war der Temo ein stagnierendes Gewässer, das »die tödlichsten Miasmen aushauchte. Daher die große Ungesundheit von Bosa, welches eines der berüchtigsten Fieberklima's von Sardinien bildet« (Maltzan 1869). Erst 1863 wurde der Damm beseitigt, doch blieb die Malaria in den weiterhin vom Temo überschwemmten Auenbereichen bis in die fünfziger Jahres dieses Jahrhunderts eine stete Gefahr. Auf manchen Hausfassaden in der Altstadt sind noch die Datenmarkierungen der DDT-Sprühaktionen zu sehen.

Der Aufstieg von der Stadt zum mächtigen **Castello di Serravalle**, der am besten erhaltenen Burganlage Sardiniens, lohnt nicht nur wegen der Aussicht. Bemerkenswert sind der zur Burgseite hin offene Nordturm aus dem frühen 14. Jh. und der fünfeckige Westturm aus der aragonesischen Zeit. Innerhalb der Festungsmauern steht die Burgkapelle Nostra Signora di sos Regnos Altos mit Wandfresken aus dem 14./15. Jh. Das Bildnis der Burg schmückt heute die 450 Lire-Briefmarke.

24 Spaziergang von Bosa zur frühromanischen Kirche San Pietro extramuros

Kurzbeschreibung: Entlang der Flußaue des Temo führt dieser bequeme Ausflug zu einer der bedeutendsten frühromanischen Kirchen Sardiniens.

Dauer/Länge: 1:20 Std./6 km
Wegbeschaffenheit: Straße, Fahrweg
Schwierigkeitsgrad: leicht
Orientierung: leicht
Unterkunft: Bosa
Bar/Restaurant: Bosa
Anfahrt: siehe Wanderung 23

Feste und Feiern: siehe Wanderung 23
Carta d'Italia alla scala di 1:25000: 206-IV-NO Bosa

Der Spazierweg

Von der Kathedrale in **Bosa** gehen wir über die alte Temo-Brücke und biegen links auf die Via San'Antonio. Die Straße führt an der Kirche **Sant' Antonio** aus dem 16. Jh. vorbei, ei-

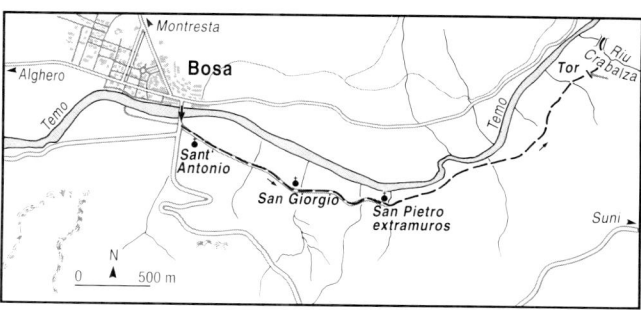

Wanderung 24

nem im Stil der katalanischen Gotik errichtetem Bau. Wir wandern durch fruchtbares Schwemmland auf dem Sträßchen weiter und passieren die Kirche **San Giorgio**. Danach erreichen wir die Kirche **San Pietro extramuros**. Falls verschlossen, ist der Schlüssel im Bauernhaus nebenan erhältlich.

Auf einem Fahrweg wandern wir weiter durch die Flußaue. In den üppigen Gärten stehen Obst- und Feigenbäume sowie vereinzelte Palmen, die der Landschaft ein für sardische Verhältnisse fast ungewohnt südliches Gepräge geben. Schon bald führt der Weg dicht an den hier noch breiten Flußlauf heran. Träge fließt der Temo seiner Mündung ins Meer zu, Angler sitzen am Ufer, das von Spanischem Rohr (*Arundo donax*) gesäumt ist.

Nach einer Viertelstunde führt der Fahrweg durch ein Tor auf ein privates Anwesen. Links davor können wir auf einen schmalen Weg abbiegen, der zwischen zwei Steinmäuerchen entlangführt und sich alsbald zum Pfad verengt. Er verläuft sich hinter einem kleinen Brückchen, das über den Bachlauf des **Riu Crabalza** führt. – Wir kehren auf demselben Weg zurück.

Am Wege

San Pietro extramuros

Auf der Südseite des Temo, fast 2 km von Bosa flußaufwärts und damit weit außerhalb der Stadtmauern (*extramuros*), steht die Kirche San Pietro extramuros. Dieser frühromanische Kirchenbau wurde 1073 als Hauptkirche des mittelalterlichen Ortes Calmedia gegründet und in den Jahren 1110 bis 1120 umgebaut. Sein besonderer Wert liegt in dem recht unverfälschten Erhaltungszustand aus der Erbauungszeit. Das balkengedeckte Hauptschiff beeindruckt durch archaische Schlichtheit. Massige Viereckpfeiler ohne Basis oder Kapitell sind durch einfache Mauerbögen miteinander verbunden. Durch schmale Rundbogenfenster dringt etwas Licht in den dämmrigen Innenraum. Eine dritte und letzte Bauphase, die bereits an der Schwelle zur Gotik steht, führte in der ersten Hälfte des 13. Jh. zu einer Erneuerung der Fassade und eines Teils des nördlichen Seitenschiffes. Der unplastische, beinahe ornamentale Stil des Architrav über dem Hauptportal erinnert an byzantinische und frühromanische Reliefs.

Il Goceano

Der langgestreckte Höhenzug der Catena del Goceano (*catena* = Kette) gehört zu einer ausgedehnten Bruchstufe, die sich bis zum Monte Ferru fortsetzt. Das Gebirge wird von granitischen Gesteinen gebildet, die an der Südostflanke zutagetreten, während die Hochfläche größtenteils von Kristallinen Schiefern bedeckt ist. Auf der schwach nach Nordwesten geneigten, zur Landschaft des Logudoro überleitenden Seite herrschen Eichenwälder und Weideland vor. Höchste Erhebung der kuppigen Kammregion ist der Monte Rasu (›Kahler Berg‹; 1258 m) oberhalb von Bono.

Nach Südosten fällt die Catena del Goceano steil in das Tirso-Tal ab. In der weiten, sanfthügeligen Talsohle, die im Osten durch die Serra d'Orotelli und das Granitplateau von Bitti begrenzt wird, liegen Weizenfelder, Weingärten und Korkeichenwäldchen. Im Winter treiben die Hirten aus dem Nuorese ihre Herden hierher. Am Zusammenfluß des Fiume Tirso mit dem Riu Mannu, neben dem romanischen Kirchlein San Saturnino, entspringt die **Terme di San Saturnino** (Terme Aurora). Diese 43 °C heiße Thermalquelle war den Römern als *Aquae Lesitanae* bekannt.

Fast alle Dörfer des Goceano liegen auf etwa 500 m Meereshöhe am Westrand des Tals unterhalb der mit Flaumeichen und Edelkastanien bedeckten Gebirgsflanke. Gleich am Taleingang scharen sich die Bergnester Esporlatu, Burgos und Bottida um das malerisch auf einem Granitsporn gelegene **Castello del Goceano**. Die Burg wurde 1129 als südliche Grenzfeste des Judikats Torres erbaut und wechselte später häufig den Besitzer. Von der recht gut erhaltenen Anlage bietet sich ein herrlicher Blick in das Tirso-Tal. Hauptort des Goceano ist **Bono** (4000 Einw.), dessen Häuser sich am Unterhang des Monte Rasu ausbreiten. In Bono wurde Giovanni Maria Angioi geboren, der 1796 einen Bauernaufstand gegen die Willkürherrschaft der Piemontesen und verschiedener Feudalherren anführte; nach der blutigen Niederschlagung konnte er sich ins französische Exil retten.

25 Rundwanderung durch die Wälder der Catena del Goceano zum ehemaligen Franziskanerkloster Monte Rasu

Kurzbeschreibung: Diese Tour bezieht ihren Reiz aus der Ruhe und Abgeschiedenheit, die wir auf schattigen Waldwegen genießen. Wir wandern durch dichte Eichenwälder und eine parkartige Weidelandschaft mit uralten, knorrigen Flaumeichen. Vom Monte Rasu (1258 m), dem höchsten Gipfel des Höhenzugs, bietet sich ein herrlicher Rundblick über Nordsardinien. Unterwegs machen wir einen Abstecher zum ehemaligen Convento Francescano di

◁ Die Catena del Goceano

Monte Rasu, das als erstes Franziskanerkloster auf Sardinien gegründet wurde.

Dauer/Länge: 4:50 Std./16 km (einschließlich des Abstechers auf den Monte Rasu)
Wegbeschaffenheit: Waldweg, Straße
Höhenunterschied: 950 m Auf- und Abstieg
Schwierigkeitsgrad: leicht
Orientierung: leicht
Unterkunft: Bono
Bar/Restaurant: Foresta di Burgos
Feste und Feiern in Bono: 31. August Festa di San Raimondo Nonnato (mit Reiterumzug) zu Ehren des Volkshelden Giovanni Maria Angioi.
Anfahrt: *mit dem Auto von Bono (7,5 km)*: Am nördlichen Ortsende die auf die Catena führende Asphaltstraße nehmen; sie steigt in Serpentinen am Hang an. Kurz nachdem man rechts oberhalb der Straße zwei rechteckige Parabolantennen sieht, erreicht man den Paß Ucc'Aidu. Am rechten Straßenrand verläuft eine Steinmauer; auf der linken Straßenseite zweigt der Waldweg in Richtung des Monte Rasu (Sendeantennen) ab.
Mit dem Auto von Burgos (17 km): Man folgt zunächst dem braunen Wegweiser ›Foresta Burgos‹, der an der Auffahrt nach Burgos steht, und erreicht über die Straße SP 101 die Hochebene der Catena. An der ersten Straßenverzweigung rechts halten und an der Gabelung, die nach etwa 1,5 km folgt, wiederum rechts fahren. An der Forststation Monte Pisanu vorbei erreicht man den Paß Ucc'Aidu (siehe oben).
Carta d'Italia alla scala di 1:25000: 194-III-NO Bultei u. 194-III-SO Bono

Der Wanderweg

Am Paß **Ucc'Aidu** folgen wir dem links ansteigenden Fahrweg. Gleich zu Beginn bietet sich nach Nordwesten ein erster Blick in den Logudoro. Auf dem Hauptweg erreichen wir eine Wegkreuzung und gehen links weiter bergauf. Uns umgibt Niederwald mit Flaumeichen und vereinzelten Stechpalmen. Aufgrund des Nebels, der hier im Winter häufig herrscht, sind viele Bäume mit Moos und Flechten bewachsen; Efeu klettert an den Stämmen empor.

Nach gut zehn Minuten gabelt sich der Weg. Nach rechts können wir einen bei guter Sicht lohnenden Abstecher (30 Minuten hin und zurück) zum Gipfel des **Monte Rasu** (›Kahler Berg‹; Sendeantennen) machen: Über die schwach nach Nordwesten geneigte, mit lockeren Ei-

An der Casa Pisanella

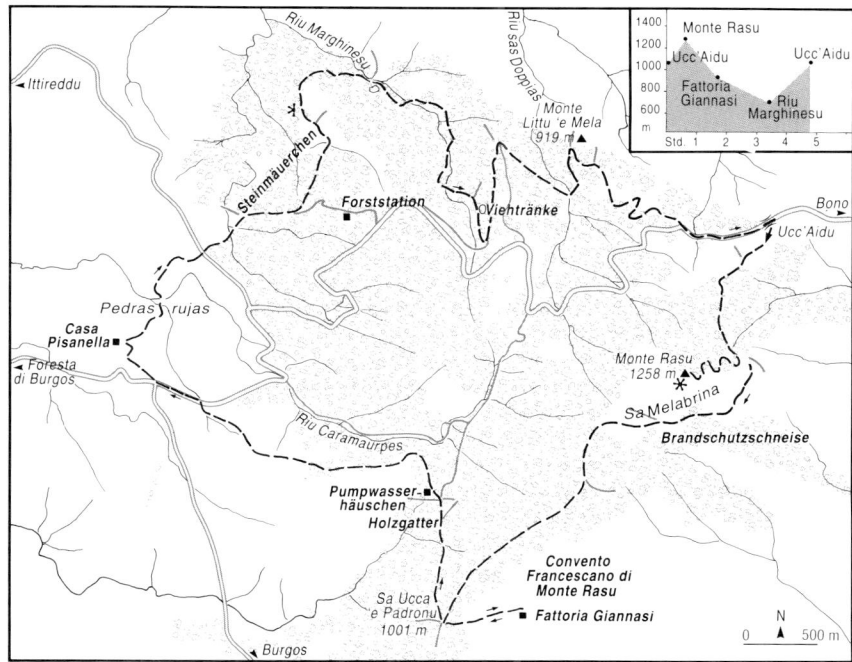

Wanderung 25

chenwäldern bedeckte Hochfläche hinweg erblickt man die Landschaft des Meilogu-Logudoro mit ihren Tafelbergen und Vulkankegeln. Im Osten, jenseits des Tirso-Tals, erstrecken sich die weiten Bergländer des Nuorese und der Barbagia.

Die Wanderung führt an dieser Weggabelung, die rechts zum Monte Rasu ansteigt, links weiter. Gleich danach halten wir uns an einer weiteren Gabelung rechts. Bald erlaubt eine Brandschutzschneise einen herrlichen Ausblick auf das Tirso-Tal. Bono liegt unterhalb von uns, etwas weiter entfernt Bottida. Auf einem Granitsporn erhebt sich die Ruine des Castello di Burgos. Auf einem

flachen Sattel (**Sa Melabrina** – ›Der Reif-Apfel‹, ein Hinweis auf das rauhe Klima) gehen wir an der Weggabelung links weiter. Wiederum bietet sich ein schöner Blick in den Logudoro. Im Westen erstreckt sich die aufgelockerte Waldweidelandschaft der Catena del Goceano mit dem Pferdegestüt Foresta Burgos.

An der nächsten Weggabelung halten wir uns rechts. Der Weg verläuft auf der Kammlinie der Catena gemächlich bergab. Nach einer guten Viertelstunde passieren wir ein Steinmäuerchen (Durchlaß) und erreichen die breite Wegverzweigung auf dem Sattel **Sa Ucca 'e Padronu** (›Der Paß des Herrn‹). Die Wanderung führt später rechts weiter, doch zunächst machen wir einen Abstecher nach links. Der schattige Weg verläuft zwischen Steinmäuerchen bergab. Bald erreichen wir die **Fattoria Giannasi**. Dieses Landgut ging aus einem Franziskanerkloster hervor, das 1233 als erstes auf Sardinien gegründet wurde und bis 1769 bestand; die Franziskusstatue wird heute in der Kirche San Raimondo in Bono aufbewahrt. Am Wohnhaus können wir um Erlaubnis zur Besichtigung der Kirche bitten. Der Klosterkomplex ist nicht zugänglich.

Anschließend kehren wir zum Sattel **Sa Ucca 'e Padronu** zurück und gehen nun schräg rechts auf dem Fahrweg bergab (links führt eine Brandschutzschneise zu Tal). Hinter einem Holzgatter folgen wir an einer Gabelung dem linken Weg bergab und erreichen eine größere Wegverzweigung vor einem Pumpwasserhäuschen (hier kommen fünf Wege zusammen). Wir wandern auf dem zweiten Weg von links, für uns etwa geradeaus, am Pumpwasserhäuschen vorbei weiter.

Der Weg führt allmählich durch Eichenwald bergab. Nach 25 Minuten passieren wir ein Holzgatter und stoßen auf eine Asphaltstraße, der wir nach links folgen, bis wir die Abzweigung nach Burgos erreichen. Hier gehen wir rechts durch ein Holzgatter und folgen dem Feldweg nach links auf das umfriedete Gehöft **Casa Pisanella** mit halbverfallenen Gebäuden zu. Wir wandern rechts an der Außenmauer entlang und an der Wegkreuzung vor der Einfahrt rechts weiter.

Der alte, teilweise grobgepflasterte Weg führt durch eine parkartige, offene Landschaft mit uralten Flaumeichen (**Pedras rujas** – ›Rote Steine‹). Über ein Brückchen queren wir den Bachlauf des **Riu Caramaurpes**. Bald passieren wir ein Holzgatter, überqueren die Asphaltstraße und gehen durch ein Holzgatter auf einem Waldweg weiter.

Dort, wo von links ein Weg heranführt, passieren wir rechts ein Steinmäuerchen (Durchlaß) und gehen dann den Hauptweg bergauf. An der nächsten Weggabelung halten wir uns links. Der Weg verläuft ohne große Höhenunterschiede am waldigen Hang entlang. Knapp zehn Minuten später gehen wir an der Gabelung links weiter. In einer Rechtsbiegung bietet sich ein schöner Blick nach Nordwesten auf die mit lichtem Eichenwald bedeckte Basalthochebene Pranu Mannu. Der Waldweg verläuft noch einige Zeit am Hang und führt dann in das Tälchen des **Riu Marghinesu** hinab. Hier schwenkt der Hauptweg nach links über den Bachlauf, wir jedoch wandern an der Viehtränke vorbei geradeaus auf dem Weg weiter, der im Tal ansteigt.

Der Weg quert mehrfach den Bach und vereint sich nach 20 Minuten mit einem Weg, der von links hinten heranführt. Knapp fünf Minuten später kommen wir auf einem Querweg heraus, dem wir nach links folgen. Wir kreuzen schließlich einen Querweg, der auf einem Rücken verläuft, und wandern am links abfallenden Hang in ein Nachbartal hinein. In der Talbiegung überschreiten wir den **Riu sas Doppias** und steigen am Hang des **Monte Littu 'e Mela** an. An der nächsten Weggabelung halten wir uns rechts. Nach 20 Minuten Aufstieg erreichen wir die Asphaltstraße und folgen ihr nach links zum Paß **Ucc'Aidu** zurück.

Am Wege

La foresta demaniale del Goceano

Auf den Höhenzügen der Catena del Marghine und der Catena del Goceano liegen Waldgebiete, die zu den wertvollsten der Insel gehören. Zum Schutze dieser Wälder wurde 1886 auf der Catena del Goceano der Staatsforst Goceano gegründet. Das Gebiet gliedert sich in die Teilbereiche Monte Pisanu, Anela und Fiorentini und umfaßt eine Gesamtfläche von 44 km². Unterhalb der kuppigen Kammlinie, in Höhenlagen zwischen 750 und 1000 m, liegen waldreiche Hochflächen. Rund ein Drittel des Forstgebietes ist mit Korkeichen bestanden, ein weiteres Drittel wird von Stein- und Flaumeichen eingenommen. Ökologisch besonders wertvoll sind die sommergrünen Laubmischwälder mit der bestandsbildenden Flaumeiche, die sich vor allem auf der Steilflanke zum Tirso-Tal erstrecken. Oberhalb etwa 1000 m nehmen die Bäume unter dem Einfluß des rauhen Klimas eine verkrüppelte Wuchsform an; aufgrund des im Winter häufig herrschenden Nebels sind die Äste mit Flechten behangen. Vereinzelt sind in den Wäldern der Catena auch Eiben, Stechpalmen und der Französische Ahorn *(Acer monspessulanum)* anzutreffen. Auf der Hochfläche westlich von Burgos, inmitten einer englisch wirkenden Parklandschaft, liegt das Gestüt Foresta di Burgos. Unter Leitung des Istituto Sardo per l'Incremento Ippico (Ozieri) wird hier eine Rückzüchtung der ursprünglichen sardischen Pferderasse (s.S. 196) versucht.

Ziel der Wanderung: das Franziskanerkloster Monte Rasu

Il Logudoro-Meilogu

Südöstlich von Sassari, ungefähr zwischen den Ortschaften Ittiri und Oschiri, erstreckt sich die vielgestaltige Landschaft des Logudoro. Mit seinen zahlreichen Dörfern, verstreuten Nuraghen und sehenswerten Pisanerkirchen stellt der Logudoro den geradezu klassischen Kulturraum Sardiniens dar. Die heutige Region umfaßt nur einen kleinen Ausschnitt des einstigen Judikats Torres, dessen mittelalterliche Hauptstadt Ardara am Westrand der Ebene von Chilivani längst zu einem unbedeutenden Dorf herabgesunken ist.

Der Süden des Logudoro geht ohne klare Abgrenzung in den Meilogu über, eine Landschaft, die bis zur steilen Geländestufe der Hochebene von Campeda reicht. Meilogu bedeutet wörtlich ›Mitteljudikat‹ und bezeichnet die räumliche Lage dieses Landstrichs innerhalb des ausgedehnten mittelalterlichen Judikats Torres. Bereits in vorgeschichtlicher Zeit war die Gegend dicht besiedelt. Im weiten Tal des Riu Mannu, das für den Tourismus zum Valle dei Nuraghi geworden ist, stehen einige der bedeutendsten Nuraghen der Insel, unter ihnen der Nuraghe Santu Antine.

L'Alvernia sarda

Das für den Meilogu typische Wechselspiel von weiten Talbecken, steil aufragenden Tafelbergen und isolierten Vulkankegeln hat der Sardinienforscher La Marmora aufgrund eines Vergleichs mit einer gleichfalls vom Vulkanismus geprägten Landschaft *Alvernia sarda* – ›Sardische Auvergne‹ – genannt.

Die reizvolle Landschaft des Meilogu ist durch eine geologische Schichtenfolge aus Mergel, Kalkstein und vulkanischem Gestein entstanden, die im Laufe der Jahrmillionen durch die Erosion unterschiedlich stark abgetragen wurde. Zunächst kam es im Oligozän und Miozän (vor etwa 24 bis 13 Millionen Jahren) zu heftigen Vulkanausbrüchen. Große Mengen saurer Lavamassen ergossen sich über die Landoberfläche. Als der Vulkanismus abzuklingen begann, überflutete im Unteren und Mittleren Miozän das Meer diese Vulkantafel und lagerte marine Sedimente ab. Die Zeiten blieben aus geologischer Sicht unruhig. Das Land wurde angehoben, und das Meer begann sich wieder zurückzuziehen.

Im Mittleren Pliozän (vor etwa 2,5 Millionen Jahren) setzte eine zweite, weitaus schwächere Phase des Vulkanismus ein, die bis in das Pleistozän andauerte und in deren Verlauf überwiegend basische Lavamassen die Landschaft überfluteten. Längst sind diese auf etwa 700 m Meereshöhe liegenden, dünnen Deckenbasalte weitgehend abgetragen worden. Dort, wo sie erhalten geblieben sind, konnten sie die unter ihnen liegenden, weichen Gesteinsschichten vor der Erosion schützen. Hier bilden sie heute isoliert zwischen den Talbecken aufragende Tafelberge wie zum Beispiel den Monte Santo. An den Rändern des Meilogu bauen die Deckenbasalte auch weite Hochflächen auf, etwa den Altopiano della Campeda und den Pranu Mannu.

Zum Reiz des Meilogu tragen die jungvulkanischen Schlackekegel bei, die im späten Pleistozän entstanden. Leider werden diese Vulkankegel inzwischen vielerorts industriell abgebaut, da die grob vermahlene und mit Zement vermischte Schlacke zu Hohlblocksteinen, einem auf Sardinien beliebten Baumaterial, verarbeitet werden kann.

26 Spaziergang zum Dolmen Sa Coveccada

Kurzbeschreibung: Durch eine landschaftlich reizvolle Gegend am Riu Mannu führt dieser Spaziergang zum schönsten Dolmen Sardiniens. Die Grabkammer der frühen Megalithkultur steht frei auf einem Trachytplateau.

Dauer/Länge: 1 Std./4 km
Wegbeschaffenheit: Feldweg
Schwierigkeitsgrad: leicht
Orientierung: leicht
Unterkunft: Ozieri
Bar/Restaurant: Ittireddu
Anfahrt: mit dem Auto von Ozieri

(21 km). Die Stadt in westliche Richtung verlassen und auf der ›SS 128 bis‹ fahren, bis links die ausgeschilderte Abzweigung nach Ittireddu kommt. Durch Ittireddu hindurchfahren und 3,5 km nach der Ortsausfahrt rechts auf die Richtung ›SS 128 bis‹ ausgeschilderte Asphaltstraße biegen. Dieser Straße bis zum Riu Mannu folgen und unmittelbar vor der Brücke links parken; hier beginnt ein Fahrweg. **Carta d'Italia alla scala di 1:25000**: 193-I-SE Mores

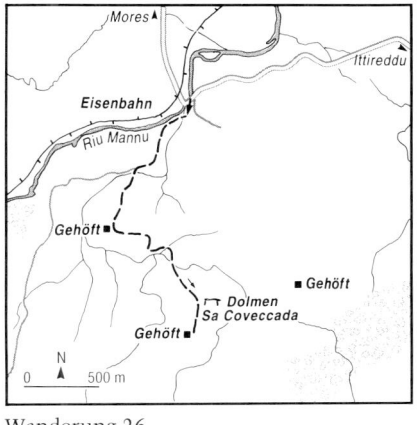

Wanderung 26

Der Spazierweg

Wir folgen dem Fahrweg, der von der Asphaltstraße abzweigt, in das breite Tal des **Riu Mannu** hinab. Es wird auf beiden Seiten von Felsen aus Trachyt und Trachyttuff flankiert. Nach knapp zehn Minuten kommt linker Hand ein rotes Eisengittertor; im Betonpfosten ist der Name ›Azienda Baragliu Dionigi‹ eingeritzt. Hier verlassen wir den Fahrweg und folgen dem leicht ansteigenden Karrenweg. Bald erreichen wir ein kleines Gehöft mit Stallungen, wo wir ein eventuell verschlossenes Gatter durchqueren. Wir gehen auf dem Weg weiter, der sich nach schräg links (Südosten) schlängelt. In einer Niederung überqueren wir einen kleinen Bachlauf. In dem Trachytgestein, das an den Hängen zutage tritt, sind durch die Verwitterung große Tafoni (Verwitterungshöhlen) entstanden. Der Weg steigt wieder auf die Trachytebene an und führt schließlich direkt am Dolmen **Sa Coveccada** vorbei. – Wir kehren auf demselben Weg zurück.

Am Wege

Sa Coveccada

Zahlreiche vorgeschichtliche Zeugnisse im Umkreis von Ittireddu belegen, daß die Gegend spätestens seit der mittleren Jungsteinzeit kontinuierlich besiedelt war. Zu den bedeutendsten archäologischen Denkmälern gehört der Dolmen Sa Coveccada, 5 km südwestlich von Ittireddu (im Gemeindebezirk von Mores) gelegen. Als Dolmen (bretonisch-keltisch ›Steintisch‹) werden die tischförmigen, aus großen Steinplatten erbauten Grabkammern mit steinerner Deckplatte bezeichnet, die als einfachste Form der Megalithgräber in der Jungsteinzeit und frühen Bronzezeit in Westeuropa errichtet wurden.

Sa Coveccada ist der größte Dolmen auf einer Mittelmeerinsel und zweifellos der schönste der etwa einhundert Dolmen Sardiniens. Im Unterschied zu den anderen Dolmen wurde Sa Coveccada nicht von ei-

Dolmen Sa Coveccada

nem Grabhügel (Tumulus) bedeckt, sondern steht – ähnlich den späteren nuraghischen Gigantengräbern – frei sichtbar in der Landschaft. Die längliche Grabkammer ist mit beiden Seitenwänden, der Vorderwand und einem Teil der ursprünglich 18 m² großen, 60 cm mächtigen Deckplatte erhalten. Die kleine Vertiefung in der Vorderwand links vom Eingang diente wohl zum Abstellen von Opfergaben; in die linke Innenwand der Grabkammer ist eine größere Nische eingelassen. Eine genaue Datierung des Dolmen ist wegen fehlender Grabungsfunde nicht möglich, doch wird er in der ausgehenden Kupferzeit (um 2000 v. Chr.) entstanden sein.

27 Von Ittireddu auf den Monte Zuighe

Kurzbeschreibung: Östlich von Ittireddu (650 Einw.) erhebt sich der 2,5 km lange, teilweise kaum 100 m breite Monte Zuighe mit steilen Flanken aus dem sanfthügeligen Umland. Sein einziger natürlicher Zugang liegt auf der Südseite und wurde einst von einem Nuraghen bewacht. Dieser ungewöhnliche Bergrücken, dessen Name (›Richter-Berg‹) auf seine frühere Bedeutung als Gerichtsstätte verweist, ist das Ziel unserer Wanderung. Auf seiner schmalen Hochfläche breitet sich ein herrliches Naturrefugium aus; nach allen Seiten bieten sich eindrucksvolle Ausblicke in die umliegenden Landschaften. Unterwegs haben wir Gelegenheit, einen Nuraghen zu besichtigen, dessen reiche archäologische

Funde im Museum von Ittireddu ausgestellt sind.

Dauer/Länge: 2:30 Std./10 km
Wegbeschaffenheit: Feldweg, Pfad, weglos über Ebene
Höhenunterschied: 240 m Auf- und Abstieg
Schwierigkeitsgrad: leicht
Orientierung: mittel
Unterkunft: Ozieri
Bar/Restaurant: Ittireddu
Anfahrt: mit dem Auto von Ozieri (14 km). Die Stadt in westlicher Richtung verlassen und auf der ›SS 128 bis‹ fahren, bis links die ausgeschilderte Abzweigung nach Ittireddu kommt. Im Zentrum von Ittireddu nahe der Pfarrkirche parken.
Museum: Museo Archeologico Etnografico neben dem Rathaus (Municipio) in Ittireddu, Via San Giacomo, ✆ 079/767623. Geöffnet montags bis freitags 9–13 Uhr und 16–18 Uhr, samstags und sonntags 10–13 Uhr und 16–18 Uhr. Eine sehenswerte Ausstellung zur Archäologie und Volkskunde.
Carta d'Italia alla scala di 1:25000: 193-I-SE Mores

Der Wanderweg

Wir beginnen die Wanderung an der Pfarrkirche von **Ittireddu** und suchen uns durch verwinkelte Gassen den Weg zur byzantinischen **Chiesa di Santa Croce**. Dann gehen wir die breite Betonstraße hinab, die das Dorf nach Südosten verläßt und sogleich am Vulkankegel **Monte Lisiri** vorbeiführt. Die rötlich-braune bis schwarze Schlacke wird in mehreren Steinbrüchen abgebaut; der ursprüngliche Kegel ist bereits zu einem guten Teil verschwunden. Wir biegen auf den Feldweg, der links von der Betonstraße abzweigt (gelber Wegweiser ›Zona archeologica Monte Zuighe Nuraghe Funtana‹). Dieser Weg führt in ein Tal hinab; auf der gegenüberliegenden Seite ragt die schmale westliche Steilwand des Monte Zuighe auf. Im Talgrund überqueren wir den **Riu Calarighes** (›Weißdorn-Bach‹), passieren sogleich ein Haus (rechter Hand) und gehen auf dem Hauptweg weiter. Schon bald sehen wir rechts den eingezäunten **Nuraghen Funtana**.

Nach der Besichtigung (s. S. 223 f.) gehen wir auf dem Feldweg weiter und überqueren den **Riu Filighedu**. Der Weg führt etwa fünf Minuten am Bach entlang, biegt dann nach rechts (geradeaus führt ein Nebenweg weiter) und schlängelt sich bergauf. Nach Westen bietet sich ein wunderbarer Blick über Wiesenhänge mit prächtigen Eichen; Ittireddu liegt eingebettet zwischen dem Monte Lisiri und dem Monte Ruju (›Roter Berg‹). Wir steigen weiter an und erreichen schließlich eine Trachytebene. Der Weg endet an einem Gehöft, der **Casa Filighedu**.

Es geht weglos auf der höchsten Stelle der Trachytebene Richtung Osten weiter. Zunächst müssen wir am Gehöft mehrere Weidegatter durchqueren (falls Hirten in der Nähe sind, diesen am besten das Wegziel mitteilen). Wir wandern dann über die teils felsige Trachytebene, bis wir nach knapp zehn Minuten ein Steinmäuerchen erreichen, das von Nord nach Süd (quer zur Gehrichtung) verläuft. Links von uns

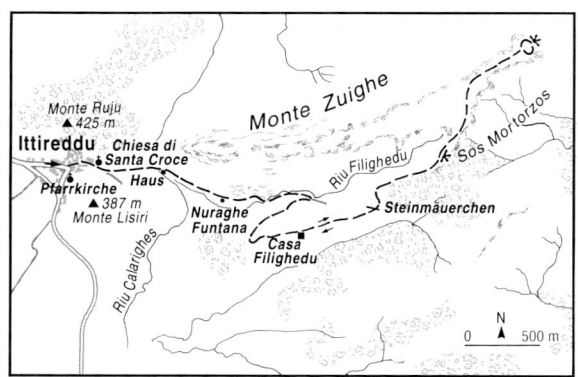

Wanderung 27

erstreckt sich ebenfalls ein Mäuerchen, welches das Quermäuerchen
kreuzt. Wir durchqueren das linke
Mäuerchen an einem mit Zweigen
versperrten Durchlaß (wieder verschließen!) und gehen auf eine freistehende, windgebeugte Korkeiche
zu (etwa 20 m von der Mauer entfernt). Dann wandern wir geradeaus
(nach Norden) weiter und steuern einen Fußweg an, der am Hang zwischen Zistrosen ansteigt.

Stark verblaßte blaue Pfeile auf
weißem Grund, die in größeren Abständen auf Felsen und Bäumen aufgemalt sind, markieren den weiteren
Wegverlauf. Wir befinden uns auf einem alten Weg, der den einzigen Zugang auf den fast allseitig steil abbrechenden Monte Zuighe bietet. Linker Hand öffnet sich das Tal des Riu
Filighedu; dahinter erhebt sich die
langgestreckte Südflanke des Monte
Zuighe. In der steilen Felswand sind
Tafoni (Verwitterungshöhlen) erkennbar.

Unser Weg erreicht schließlich eine nur spärlich bewachsene Hochfläche und verläuft sich hier. Wir gehen weglos weiter und halten
zunächst unsere Richtung bei. Vom

rechten (südlichen) Rand der Hochfläche bietet sich ein großartiger
Rundblick über die Landschaften des
Meilogu und Goceano. Das einsame
Weideland am Fuße des Monte Zuighe, auf das wir hier hinunterblicken,
trägt den dunklen Namen ›Sos Mor-
torzos‹ – ›Die Mörder‹.

Die Hochfläche wird nun immer
schmaler, und wir steigen schließlich direkt auf den stellenweise
kaum mehr als 100 m breiten
Rücken des **Monte Zuighe** auf. Dann
gehen wir rechts – nach Osten – auf
einem der Pfade weiter, die hier verlaufen und teilweise mit blauen Pfeilen markiert sind. Sie führen durch
ein herrliches Naturrefugium, das
sich auf der Hochfläche aus Trachyttuff erhalten hat: Lichte Baumgrup-
pen und kleine Dickichte wechseln
mit kleinen Wiesenplätzen; bizarre
Felsen ragen aus dem üppigen Grün.
Im Frühjahr bilden sich kleine Tüm-
pel. Wir erreichen schließlich das
östliche Ende der Hochfläche. Die
Felsen brechen hier nahezu senkrecht zum Umland ab; nach Norden
bietet sich ein weiter Blick in das
Becken des Campo d'Ozieri am Unterlauf des Riu Mannu.

Es empfiehlt sich, auf demselben Weg zurückzukehren. Blaue Pfeile markieren zwar eine Abstiegsmöglichkeit an der Südflanke des Monte Zuighe, doch ist dieser Pfad äußerst steil und rutschig.

Am Wege

Die Chiesa di Santa Croce in Ittireddu

Das einschiffige Kirchlein entstand in zwei Phasen. Im 6./7. Jh. wurde der Zentralbau mit einer Apsis errichtet, an den noch im Frühmittelalter zwei Seitenapsiden angefügt wurden. Der schlichte byzantinische Baukörper wurde im 12. Jh. durch eine Verlängerung des Kirchenschiffes romanisch erweitert. Die beiden unterschiedlichen Bauphasen sind am Mauerwerk deutlich ablesbar.

Der Nuraghe Funtana

Im Tal des Riu Filighedu, am Fuße der steilen Südwestflanke des Monte Zuighe, steht der aus unregelmäßigen Lagen von Trachytblöcken errichtete Nuraghe Funtana. Seinen Namen verdankt er der 500 m entfernten, hübsch gefaßten Quelle Funtana 'e Josso. Der älteste Teil des Nuraghen besteht aus dem mächtigen Hauptturm. In einer späteren Bauphase wurden zwei Ecktürme und eine Umfassungsmauer ange-

Blick auf Ittireddu, links der Schlackekegel des Monte Lisiri

fügt, welche zugleich einen kleinen rechteckigen Innenhof einschlossen. Der Hauptturm kann nur über den östlichen Eckturm und den sich anschließenden Innenhof betreten werden, was den wehrhaften Charakter der Anlage unterstreicht.

Vom Innenhof gelangt man durch einen 3,6 m langen Korridor, von dem auf beiden Seiten je ein Treppenaufgang abzweigt, in den 5,1 m hohen Innenraum des Hauptturms (4,25 m Durchmesser). Dieser kreisrunde Raum war nicht von der sonst bei Nuraghen üblichen Kragkuppel überwölbt, sondern vielmehr mit einer (längst verschwundenen) Holzdecke abgeschlossen. Der Raum ist um drei Nischen erweitert, die in der 3,2 bis 3,6 m dicken Mauer des Hauptturms angelegt wurden. Eine Besonderheit stellen einige Korkplat-

ten dar, die bei der Erbauung in die Wände eingefügt wurden und sich bis heute erhalten haben. Vermutlich hatten sie die Funktion, dem Mauerwerk eine gewisse Unabhängigkeit gegenüber Temperaturschwankungen zu verleihen.

Bei Grabungen, die 1982 begonnen wurden, machte man eine Reihe wertvoller Funde, die heute im Museum von Ittireddu ausgestellt sind. Im Hauptturm des Nuraghen fand man eine aus sieben tortenstückförmigen Trachytblöcken bestehende Feuerstelle sowie monolithische ›Rundtische‹, deren Funktion noch ungeklärt ist. Zu den weiteren Grabungsfunden gehören Töpferwaren, kleine Metallgegenstände sowie rund 19 kg Kupferbarrenreste – eine für die damalige Zeit beachtliche Menge.

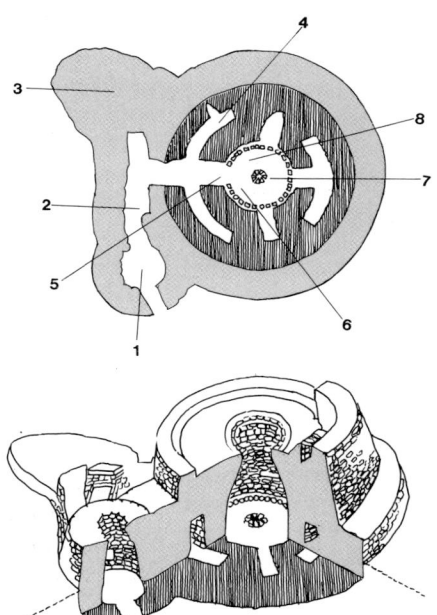

Nuraghe Funtana,
Grundriß und Schnitt
  1 Ostturm
  2 Innenhof
  3 Südturm
  4 Treppe
  5 Abstellraum
  6 Tische
  7 Herd
  8 Sitzbank

28 Rundwanderung zu historischen und archäologischen Stätten um Ittireddu

Kurzbeschreibung: Auf einem Landsträßchen, das dem Verlauf einer alten Römerstraße folgt, wandern wir in das Tal des Riu Mannu hinab. Unterwegs machen wir einen Abstecher zu vorgeschichtlichen Höhlengräbern *(domus de janas)*, die sich in einer Trachytfelswand öffnen. In der häufig überschwemmten, von Erlen gesäumten Flußaue sehen wir zwei erhaltene Bogen einer römischen Brücke. Dann führt die Wanderung zu dem nuraghischen Quellenheiligtum Funtana 'e Baule. Durch Gärten und Obstbaumhaine kehren wir nach Ittireddu zurück.

Dauer/Länge: 2 Std./7,5 km
Wegbeschaffenheit: Asphaltsträßchen, Feldweg
Schwierigkeitsgrad: leicht
Orientierung: leicht
Unterkunft: Ozieri
Bar/Restaurant: Ittireddu
Feste und Feiern in Ittireddu: 25. Juli San Giacomo mit Reiterprozession.
Anfahrt: mit dem Auto von Ozieri (14 km). Die Stadt in westliche Richtung verlassen und auf der ›SS 128 bis‹ fahren, bis links die ausgeschilderte Abzweigung nach Ittireddu kommt. Am Ortseingang parken; rechts zweigt die u.a. zum Municipio (Rathaus) ausgeschilderte Via San Giacomo ab.
Carta d'Italia alla scala di 1:25000: 193-I-SE Mores

Der Wanderweg

Von der Hauptstraße in **Ittireddu** biegen wir in die Via San Giacomo; links befinden sich Rathaus und Museum. Wir folgen der Straße durch ein kleines Neubaugebiet und erreichen einen breiten Platz, an dem sich schräg rechts ein Asphaltsträßchen in etwa gleicher Wegrichtung fortsetzt. Es führt, von Steinmäuerchen gesäumt, durch Gärten und Obsthaine. Nach fünf Minuten weist rechts ein gelbes Hinweisschild ›**Chiesa di Santa Elena**‹ auf die Ruine einer einschiffigen, in ihren Ursprüngen byzantinischen Landkirche.

Das Sträßchen schlängelt sich weiter bergab. Bald kommt rechts ein gelbes Hinweisschild ›**Domus de Janas Partulesi**‹. Wir folgen dem rechts abzweigenden Fahrweg und erreichen nach etwa 300 m eine Felswand aus rötlichem Trachyt, in der sich rund dreißig Höhlengräber *(domus de janas)* befinden. Die Höhlengräber sind durch rechteckige Öffnungen in der Felswand zugänglich und teilweise direkt miteinander verbunden.

Wir kehren zum Asphaltsträßchen zurück und gehen weiter bergab. Bald passieren wir das ursprünglich romanische, später jedoch stark veränderte Kirchlein **San Giacomo** (linker Hand). Wir gehen noch ein kurzes Stück geradeaus weiter, bis das Sträßchen nach links biegt (ausgeschildert Richtung ›Fonte Sacra Funtana 'e Baule‹), und wandern hier geradeaus auf einem Feldweg weiter. An der nächsten Weggabelung halten wir uns rechts. Wir erreichen einen Querweg, dem wir nach rechts zum **Riu Mannu** (›Großer Fluß‹) hinabfolgen.

In der sumpfigen Aue, durch die sich der Fluß schlängelt, stehen zwei Bogen einer in ihren Ursprüngen römischen Brücke, über die einst die Straße von Ittireddu nach Mores führte. Die Außenwand der Pfeiler besteht aus Basaltquadern, die teilweise mit hellem Tuffstein wechseln. 150 m flußaufwärts befindet sich ein Wehr mit schmalen Durchlässen, das von den Einheimischen als Pont'Ezzu (›Alte Brücke‹) bezeichnet wird. Es wurde angelegt, als die römische Brücke nach dem Einsturz des Hauptbogens nicht mehr benutzbar war.

Wir kehren auf demselben Weg zum Asphaltsträßchen zurück und gehen rechts weiter Richtung Fonte Sacra. Das Sträßchen verläuft durch ein kleines Tal, an dessen Flanken das anstehende Trachytgestein felsig

zutage tritt. Nach 15 Minuten zweigt rechts ein Feldweg ab, ausgeschildert zur ›Fonte Sacra‹. Wir folgen diesem Weg etwa 200 m, bis wir links am Hang ein weiteres gelbes Schild sehen. An dieser Stelle öffnet sich das kleine nuraghische Quellenheiligtum **Funtana 'e Baule** (›Kastenquelle‹) unauffällig im Boden.

Wir kehren zur Asphaltstraße zurück und gehen nun auf dem steinigen, schmalen Feldweg weiter, der auf der gegenüberliegenden Straßenseite beginnt. Er verengt sich, führt durch Dornengestrüpp, das seitlich umgangen werden kann, steigt an und mündet auf einen Querweg. Wir gehen wenige Schritte nach links und biegen sogleich rechts auf einen leicht ansteigenden Weg, der durch Gärten und Obstbaumhaine führt. Das Gebiet trägt den Namen **Paules** (*paúle* = sard. ›Sumpf‹), ein Hinweis auf die wasserstauende Eigenschaft der Trachytdecke. Bei einem weiteren, breiten Querweg gehen wir rechts weiter. Auf den Feldern sind nun mächtige Lesesteinhaufen zu se-

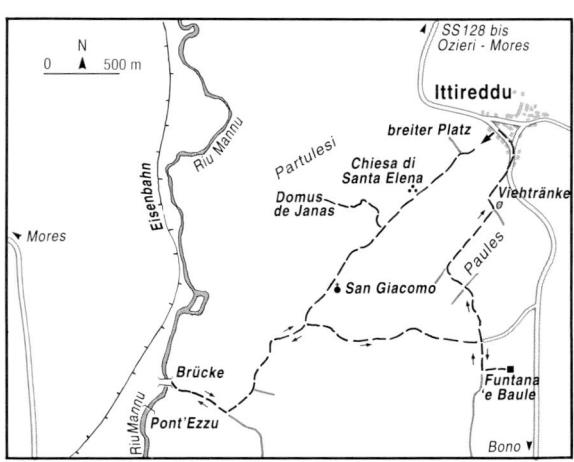

Domus de Janas – ›Feenhäuser‹

Auf Sardinien sind Höhlengräber (sard. *domus de janas* – ›Feenhäuser‹) weit verbreitet. In der späten Jungsteinzeit legten viele mediterrane Kulturen zur Bestattung ihrer Verstorbenen Höhlengräber an, doch nirgendwo entwickelten sie sich so kunstvoll wie auf Sardinien. Hier werden sie mit der Ozierikultur (3400–2700 v.Chr.) in Verbindung gebracht. Die Menschen dieser Kulturstufe lebten in Höhlen oder Hüttendörfern, betrieben Ackerbau, Viehzucht und Fischfang, stellten stilvolle Keramiken und Steingefäße her.

Aus der Weiterentwicklung anfänglich einfacher und schmuckloser Grabkammern sind vielfältige Formen von Höhlengräbern hervorgegangen – bis hin zu weitverzweigten Nekropolen mit im Fels nachgeahmten Häusern, in denen sich die Verstorbenen wie zu Hause fühlen sollten. Eine genaue Datierung der Höhlen ist nur selten möglich, da sie vielfach bis in historische Zeit weiterbenutzt wurden. Falls die Höhlengräber im sauren Trachytgestein angelegt wurden, haben sich Skelette und Metallgegenstände überdies zersetzt. Häufig dienen *domus de janas* heute den Hirten als Unterstand, Viehpferch oder zur geschützten Lagerung von Viehfutter.

hen. Wir halten uns geradeaus auf dem Hauptweg und erreichen am Ortsrand von **Ittireddu** einen Platz mit Viehtränke. Nach links führt die Straße in den Ort zurück.

Am Wege

Das nuraghische Quellenheiligtum Funtana 'e Baule

An einem sanft nach Westen geneigten Wiesenhang etwa 2 km südlich von Ittireddu tritt eine Quelle aus, die mit Quadern aus Trachyt eingefaßt ist. Während die Steine im oberirdischen Teil des Heiligtums nur grob behauen sind, wurden sie im unterirdischen Bereich sorgfältig bearbeitet. Die gleichmäßigen Steinlagen sind hier leicht voneinander versetzt angeordnet, was dem Mauerwerk Leichtigkeit und Eleganz verleiht.

Die Anlage folgt im wesentlichen dem üblichen Bauschema nuraghischer Quellenheiligtümer. Von einem kurzen, ursprünglich gepflasterten Vorraum (1,5 m breit, 0,8 m lang) mit seitlichen Steinbänken führt eine Treppe mit fünf Stufen in den 1,7 m tiefen Brunnenraum hinab. Er wird von einer weitgehend erhaltenen Kragkuppel überwölbt, die den Boden um 90 cm überragt und im hinteren Bereich mit einem Erdhügel bedeckt ist. Sowohl die Treppe als auch der Brunnenraum besitzen einen trapezförmigen Grundriß.

La Nurra

Im Nordwesten Sardiniens, zwischen dem Golfo dell'Asinara bei Porto Torres und der Meeresbucht von Alghero, erstreckt sich die Nurra. Ihre sanftgewellte Landschaft wird durch das Wechselspiel niedriger Bergkuppen aus Kalkstein und fruchtbarer Schwemmlandebenen charakterisiert. Diese waren in vorgeschichtlicher Zeit als Siedlungsraum geschätzt. Zur Zeit der Römer blühte der Hafenort **Porto Torres**, das antike *Turris Libyssonis*, auf. Im Mittelalter wurde Torres die Hauptstadt des gleichnamigen Judikats, bis die Residenz unter dem Druck anhaltender Seeräuberüberfälle im 12. Jh. nach Ardara verlegt wurde. Die Nurra entvölkerte sich immer mehr, die fruchtbaren Schwemmlandebenen versumpften. Zu Beginn des 20. Jh. bot sie das Bild eines trostlosen, einsamen und malariaverseuchten Landstrichs, der nur im Winter von Hirten aufgesucht wurde.

Während des Faschismus wurde in der südlichen Nurra mit der kanalisierten Be- und Entwässerung (Melioration) begonnen. In verstreuten Gutshöfen wurden norditalienische Bauern angesiedelt; als Verwaltungszentrum entstand 1936 am Stagno di Calich die Ortschaft **Fertilia** (*fertile* = fruchtbar). Fertilia ist ein interessantes Architekturbeispiel aus faschistischer Zeit – mit regelmäßigem Grundriß, einer imposanten, von Arkaden flankierten Hauptstraße und strengen Wohn- und Verwaltungsgebäuden.

Größte Ortschaft der Nurra ist **Alghero** (36.000 Einw.), das mit seinem historischen Zentrum zu den schönsten Städten Sardiniens zählt. Im Jahre 1102 von der genuesischen Familie Doria gegründet, fiel Alghero 1353 an Aragón. Im darauffolgenden Jahr wurde die einheimische Bevölkerung vertrieben, um die Stadt ausschließlich mit Katalanen zu besiedeln. In jener Zeit der spanischen Fremdherrschaft wurde Alghero zur Festung ausgebaut, die nicht nur vor Angreifern von der See schützte, sondern zugleich auch als Bollwerk gegen Sardinien gerichtet war. Noch heute, bald 300 Jahre nach dem Ende der spanischen Herrschaft, spricht etwa die Hälfte der Einwohner Algheros einen katalanischen Dialekt. Die belebte Altstadt mit ihren engen Gassen, hohen Häusern, Torbögen, Plätzen und Promenaden wird von einer zur Seeseite gut erhaltenen Stadtmauer mit mächtigen Festungstürmen eingeschlossen.

Der ganze Zauber der Altstadt entfaltet sich nach Sonnenuntergang, wenn die *passeggiata*, die allabendliche Promenade, beginnt. Vom Schein der Lampen erhellt, sind die schmalen, von hohen Häusern gesäumten Gassen bald voller Menschen. Jung und alt flanieren durch die Stadt, man unterhält sich, scherzt miteinander, *bambini* springen ungeachtet der späten Stunde umher ... und vor den Bars sitzen die Greise, trinken ihren *acquavite* und beobachten das lebhafte Treiben.

29 Küstenspaziergang zur Punta del Giglio

Kurzbeschreibung: Von der Torre Nuova, einem alten spanischen Wachtturm an der Meeresbucht Porto Conte, führt ein bequemer Weg durch Pinienwald zur Steilküste an der Punta del Giglio (s. Farbabb. 1). Hier bietet sich ein herrlicher Blick auf die Kalksteinkliffs am Capo Caccia. Eine botanische Besonderheit ist die um den Porto Conte herum verbreitete, sonst auf Sardinien eher seltene Zwergpalme (s. S. 234). – Bei der Anfahrt mit dem Auto bietet es sich an, diese Rundwanderung mit einer Besichtigung der Grotta di Nettuno, des Nuraghen Palmavera, der Ortschaft Fertilia sowie der Römerbrücke am Stagno di Calich zu verbinden.

Dauer/Länge: 1:40 Std./7 km
Wegbeschaffenheit: Straße, Weg
Schwierigkeitsgrad: leicht
Orientierung: leicht
Unterkunft: Alghero
Bar/Restaurant: Hotel El Faro am Ausgangspunkt
Anfahrt: mit dem Auto (13 km) von Alghero auf der SS 127 an Fertilia und dem Nuraghen Palmavera vorbei. An der Straßengabelung vor der Meeresbucht links Richtung ›Porto Conte‹ weiterfahren. Die Straße endet auf einem Parkplatz an der Torre Nuova (El Faro).
Busverbindung: stündlich mit dem Stadtbus von Alghero Richtung Porto Conte/El Faro; Fahrzeit 30 Min.
Besichtigung: Grotta di Nettuno/Capo Caccia: Führungen stündlich 9–12 Uhr und 15–18 Uhr, während der Hochsaison bis 19 Uhr. Die Grotta Verde ist der Öffentlichkeit nicht zugänglich.
Carta d'Italia alla scala di 1:25000: 192-IV-SE Capo Caccia und 192-I-SO Alghero

Der Spazierweg

An der Spitze einer kleinen Landzunge, von der sich der weite Naturhafen **Porto Conte** gut überblicken läßt, steht neben dem Leuchtturm (El Faro) ein mächtiger Rundturm aus dem 17. Jh., die **Torre Nuova**. Dieser Sarazenenturm, der heute einen Nachtclub beherbergt, erinnert an die unruhigen Zeiten, da die Küstenbewohner Sardiniens in steter Angst vor Seeräuberüberfällen lebten. Die glatte Wasserfläche des Porto Conte wirkt von hier beinahe wie ein Binnensee, und ihr tiefes Blau bildet einen wunderbaren Farbkontrast zu dem dunkelgrünen Pinienhain, der die weite Bucht umgibt.

Wir gehen auf der von prächtigem Oleander gesäumten Straße zurück, bis 150 m nach Passieren der **Casa Cantoniera** rechts ein Fahrweg in den Pinienwald ansteigt. Nach etwa fünf Minuten erreichen wir eine Weggabelung vor einer Metallstange; links auf einem Felsen befinden sich ein roter Pfeil nach rechts sowie die Lettern VIIA. Wir gehen den rechten Weg hinab. Oberhalb der Küste treten wir aus dem Wald heraus. Am gegenüberliegenden Ufer erheben sich zwei Sarazenentürme; das Vorgebir-

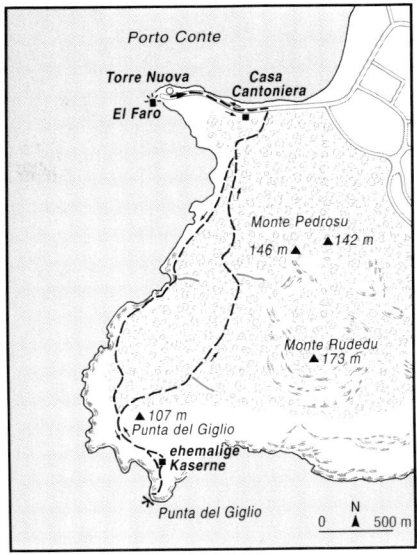

Wanderung 29

ge bricht nach Süden am Capo Caccia in steilen Klippen ab.

Der Weg führt um eine kleine Bucht herum, in die von links ein anderer einmündet, und beginnt sich allmählich wieder von der Küste zu entfernen. Wir steigen durch hohe Macchie an. Unser Weg vereint sich mit einem Fahrweg, der von links heranführt, und wir gehen geradeaus weiter. Über das mit niedrigem, lichten Buschwerk bedeckte Kalksteinplateau hinweg erblicken wir schräg rechts vor uns die Punta del Giglio. An der Weggabelung ist es egal, wie wir uns entscheiden, denn beide Wege führen an einer ehemaligen Kaserne wieder zusammen.

◁ Am Porto Conte – Blick auf Capo Caccia

Möwengeschrei kündet die nahe Küste an. Der Weg endet am steil abbrechenden, rund 70 m hohen Kliff der **Punta del Giglio** (›Landspitze der Lilie‹). Hier stehen Steinhütten und eine Geschützstellung aus dem Zweiten Weltkrieg. Nach Westen bietet sich ein wunderbarer Blick auf das Capo Caccia (›Jagd-Kap‹), das die Westseite des Porto Conte zur offenen See hin begrenzt. Es hat seinen Namen aufgrund der hier früher beliebten Wildschweinjagd erhalten, da die Tiere auf dem schmalen Vorgebirge in die Enge getrieben werden konnten.

Von der Punta del Giglio gehen wir zunächst bis zur Linksabzweigung unseres Hinweges zurück und hier rechts auf dem Fahrweg weiter. Uns umgibt parkartiger Wald mit Pinien, Zypressen und Zwergpalmen. Wir halten uns auf dem Hauptweg, gelangen nach einer halben Stunde wieder auf unseren Hinweg und kehren über ihn zur **Torre Nuova** zurück.

Am Wege

Porto Conte

Westlich von Alghero öffnet sich eine tief in das Land eingreifende, beinahe allseitig umschlossene Meeresbucht, deren Eingang im Süden von zwei steil aufragenden Vorgebirgen beherrscht wird, den Kalksteinkliffs des Capo Caccia und der Punta del Giglio. Dieser beste Naturhafen Sardiniens heißt heute Porto Conte, trug jedoch in der Antike den klangvolleren Namen *Portus Nympharum* (›Hafen der Nymphen‹). Zu jener Zeit gab es am Rande der Bucht, unweit

Die Zwergpalme

Vorwiegend in den sandigen und felsigen Küstenlandstrichen Nordsardiniens gedeiht die Zwergpalme *(Chamaerops humilis)*, logudoresisch *palmittu*. Diese einzige im europäischen Mittelmeer beheimatete Palmenart stellt eine Reliktpflanze aus dem wärmeren Tertiär dar und braucht zu ihrem Gedeihen viel Sonne und Trockenheit. Die Zwergpalme bleibt durch Beweidung oft buschig, doch erreicht ihr Stamm an unzugänglichen Standorten bis 4 m Höhe. Die gelben, später rötlichbraunen Früchte sind ungenießbar. Die elastischen Blattfasern werden unter anderem zur Herstellung von Polstermaterial und Besen sowie (vor allem in Castelsardo) zur Korbflechterei verwendet.

Früher verzehrte man die Wurzeln der Zwergpalme in großen Mengen, jedoch nicht als Delikatesse, sondern, wie der Sardinienreisende Maltzan 1869 zu berichten wußte, »um den Hunger zu täuschen, und das hat seinen Werth in einem Hungerland wie Sardinien, wo die von Trockenheit und Heuschrecken schwer heimgesuchten Ackerbauern noch froh sind, daß sie überhaupt ein Gewächs besitzen, welches nichts kostet und doch äußerlich wie ein Lebensmittel behandelt werden kann«.

des Nuraghen Sant'Imbenia, ein römisches Landgut, doch hatte der Hafen offenbar keine größere wirtschaftliche oder militärstrategische Bedeutung. Eine Römerstraße führte nach Osten und überquerte den Stagno di Calich über eine ursprünglich 24-bogige Brücke. 13 Bögen dieser im Mittelalter ausgebesserten Brücke sind bei Fertilia (unmittelbar neben der SS 127) erhalten.

Im Porto Conte sammelte Kaiser Karl V. im Jahre 1541 eine riesige Flotte aus 516 Schiffen mit 36.000 Soldaten, um mit seinem Admiral Andrea Doria gen Algier zu ziehen. Arabische Seeräuber (auch Sarazenen genannt) hatten die sardischen Küsten seit dem 15. Jh. immer unsicherer gemacht, so daß sich Karl V. genötigt sah, Stärke zu demonstrieren. Vor der afrikanischen Küste nahm das Unternehmen einen verheerenden Ausgang, als ein Sturm

die Hälfte der Flotte vernichtete und viele Soldaten in die Sklaverei verkauft wurden. Die Seeräuberüberfälle nahmen kein Ende, und so ließ der spanische König Philipp II. an den sardischen Küsten rund achtzig Wachttürme errichten. Der Porto Conte wird allein von drei solchen Sarazenentürmen flankiert, zu denen auch die Torre Nuova gehört.

Tropfsteinhöhlen am Capo Caccia

Die Grotta di Nettuno (›Höhle des Neptun‹) und die Grotta Verde (›Grüne Höhle‹) in den Kalksteinkliffs des Capo Caccia gehören zu den bekanntesten Tropfsteinhöhlen Sardiniens. Ihren Namen verdankt die **Grotta**

Capo Caccia

Verde einem winzigen, tiefgrünen Gewächs, das die Stalaktiten überwuchert. Berühmt wurde diese Höhle jedoch aus einem anderen Grund: Unterwassergrabungen haben Keramikscherben zutage gebracht, die zu den ältesten der Insel zählen und die Anwesenheit von Menschen in der frühen Jungsteinzeit (um 5000 v. Chr.) bezeugen. Jüngere Kulturstufen haben ebenfalls Siedlungsspuren hinterlassen. In die Felswand eingeritzte Zeichnungen zeigen geometrische Motive und schematisierte Menschengestalten, die der Ozieri-Kultur (3400–2700 v. Chr.) zugeordnet werden. Zu dieser Zeit diente ein trockener Abschnitt im Eingangsbereich der Höhle als Siedlungsplatz, wie Keramikscherben, Steinwerkzeuge und Nahrungsreste bezeugen.

In römischer Zeit wurden in der Grotta Verde vermutlich kultische Handlungen zu Ehren der Nymphen zelebriert. Ein kleiner Altar aus dem 16. Jh. war dem Heiligen Erasmus geweiht.

Der Eingang zur **Grotta di Nettuno** befindet sich dicht über dem Meeresspiegel auf der Westseite des Capo Caccia. Bei windstiller See kann man die Höhle mit dem Boot anfahren. Zu Land gelangt man über die in die senkrecht abbrechenden Klippen gehauene Escala del Cabirol (›Treppe des Rehbocks‹) zum Höhleneingang hinab. Die Grotta di Nettuno ist gegenwärtig auf etwa 500 m Länge zugänglich und bietet großartige Tropfsteinlandschaften, die sich nach allen Seiten um einen 120 m langen See herum öffnen.

30 Rund um den Lago di Baratz

Kurzbeschreibung: Von üppigem Uferbewuchs umsäumt, liegt der Lago di Baratz in einem kleinen Pinienwald. Auf bequemen Spazierwegen wandern wir um diesen einzigen natürlichen Süßwassersee Sardiniens herum. Durch die Baumwipfel hindurch bieten sich immer wieder schöne Ausblicke auf den See. Die Wege sollten nicht verlassen werden, um das ökologisch sensible Biotop nicht zu beeinträchtigen.

Dauer/Länge: 1:30 Std./6 km
Wegbeschaffenheit: Weg
Schwierigkeitsgrad: leicht

Orientierung: leicht. Der Spaziergang führt in Ufernähe im Uhrzeigersinn um den See.
Unterkunft: Alghero
Bar/Restaurant: Santa Maria la Palma
Anfahrt: Mit dem Auto von Alghero (20 km). Auf der ›SS 127 bis‹ nach Fertilia fahren und an der Straßenkreuzung rechts abbiegen Richtung Santa Maria la Palma. Nach 6,5 km an der Querstraße links weiterfahren und nach 2,5 km rechts abbiegen Richtung ›Lago di Baratz‹ (ausgeschildert). Die dritte Linksabzweigung (wiederum ausgeschildert) nehmen und an der folgenden Weggabe-

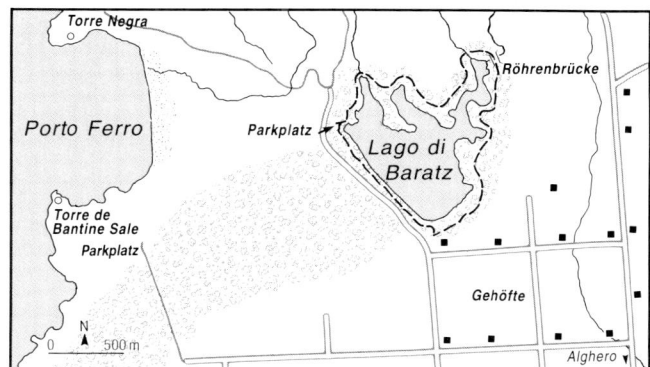

Wanderung 30

lung rechts halten. Die Asphaltstraße endet auf einem Parkplatz.
Carta d'Italia alla scala di 1:25000:
179-II-SO La Corte

Der Spazierweg

Vom Parkplatz folgen wir zunächst
dem Fahrweg, der sich in Fahrtrich-
tung fortsetzt, und biegen nach wenigen Schritten rechts auf den Weg, der
in den Pinienwald hinabführt. Noch
bevor wir ganz aus dem Wald heraus-
treten und den Uferbereich erreichen, achten wir auf eine undeutliche Linksabzweigung. Dieser Weg
verläuft zunächst auf gleichbleibender Höhe oberhalb des Seeufers. Wir
genießen erste schöne Ausblicke auf
den **Lago di Baratz**.
  An der nächsten Gabelung halten
wir uns links auf dem zunächst ansteigenden Weg. Auch an der folgenden Weggabel gehen wir links weiter.
An einer weiteren Abzweigung nehmen wir den rechten Weg. Ein schöner Spazierweg umrundet nun den
Nordwestzipfel des Sees. Am Wasserrand gedeiht Rohrkolben, Tamarisken säumen das verschilfte Ufer.

Zwanzig Minuten nach Beginn des
Spaziergangs stoßen wir auf einen
Querweg, dem wir nach rechts folgen. Bald überqueren wir eine
Röhrenbrücke, die über einen Bachlauf führt, und halten uns unmittelbar danach an der Wegkreuzung
rechts. Der See bleibt die nächste
Zeit unseren Blicken verborgen, da
der Weg im Pinienwald verläuft.
  An einer nicht gut erkennbaren
Wegkreuzung gehen wir geradeaus
auf dem Hauptweg weiter. Bald erreichen wir eine Gabelung, die uns
links ansteigend in den Pinienwald
führt. An den beiden folgenden Ga-
belungen halten wir uns rechts. Der
Hauptweg verläuft im Wald und
führt in ein Tälchen hinab (linker
Hand stehen Schrottautos). Wir gehen geradeaus den gegenüberliegenden Hang hinauf und kommen auf einem Querweg heraus, dem wir nach
rechts folgen. Bald stoßen wir auf einen weiteren Querweg und gehen
rechts am Waldrand entlang. Im
Blickrichtung vor uns erhebt sich die
Bergkuppe des Monte Doglia.
  Nach 70 m biegen wir rechts auf
einen Weg, der sich durch den Wald
schlängelt. Wir kommen schließlich

wieder am Waldrand heraus und biegen nach wenigen Schritten erneut rechts auf einen Waldweg. Auch dieser Weg führt wieder zum Waldrand zurück. Im Blick vor uns liegen Gehöfte, die im Rahmen der Wiederurbarmachung der Nurra entstanden. Wir wandern rechts am Waldrand entlang. Hier gedeihen Akazien und Eukalyptusbäume, die zur Trockenlegung angepflanzt wurden. Unmittelbar bevor der Weg zur Asphaltstraße ansteigt, gehen wir rechts einen Weg zum Seeufer hinab. Nun bietet sich wieder ein schöner Blick auf den Lago di Baratz, im Hintergrund überragt vom Argentiera-Bergland.

Zunächst wandern wir am sandigen Ufer weiter und folgen dann einem Pfad in dessen Nähe. Wir kommen alsbald auf einem sandigen Weg heraus, der schräg links in den Wald hinaufführt, und haben hier unseren Hinweg erreicht. In wenigen Minuten sind wir wieder am Parkplatz.

Am Wege

Lago di Baratz

Östlich des Porto Ferro liegt der Lago di Baratz (oder Barazza) am Fuße der flachen Kuppe des Monte de s'Abe (86 m). Dieser einzige natürliche Süßwassersee Sardiniens bedeckt eine Fläche von 0,4 km^2 bei einer maximalen Tiefe von 21 m. Der See ist in einem alten Tal entstanden, dessen Öffnung zum Meer offenbar durch mächtige Wanderdünen verschüttet wurde. Diese Vermutung wird durch den Umstand erhärtet, daß an der gesamten Küste – von der Cala Viola bis zum Porto Ferro – einst Flußtäler ins Meer mündeten. Heute sind alle diese Täler mit sogenannten äolischen Sedimenten aufgefüllt, die im Laufe des Quartärs (der letzten zwei Millionen Jahre) durch den kräftigen Nordostwind (*maestrale*) herangeweht wurden. (Äolus war im griechischen Mythos der Gott der Winde.)

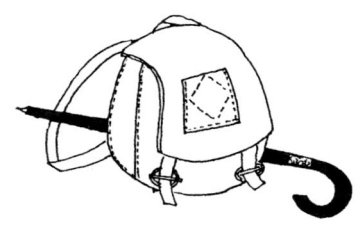

Abbildungs- und Literaturnachweis

Werner Stuhler, Hergensweiler S. 9, 10, 22 oben und unten, 24, 41, 43, 45, 70, 77

Klas Winter, Meschede S. 12, 29, 35, 39

Werner Neumeister, München Farbabbildung 16. Schwarzweißabbildungen S. 18, 56, 57 links und rechts, 60, 69, 88, 93, 101, 131, 153, 190, 197, 200, 206, 228, 235

Ariane Stieglitz, Marburg S. 1, 20, 26, 27, 31, 32, 38

Andreas Stieglitz, Frankfurt Farbabbildungen 1 bis 7, 12, 14, hintere Umschlaginnenseite. Schwarzweißabbildungen S. 52, 58, 82, 92, 95, 96, 105, 109 oben und unten, 130, 132, 140, 143, 145, 150, 152, 154, 157, 159, 161, 163, 167, 168, 173, 175, 181, 185, 194, 197, 202, 205, 210, 212, 215, 216, 220, 223, 232

Martin Thomas, Aachen Farbabbildungen 8 bis 11

Marie Luise Oertel, Odenthal Farbabbildung 15

Norbert Hermanns, Würzburg S. 139

Reinhard Michel, Oberursel S. 33

Reinhardt Scholz, Düren Umschlagvorderseite

Archiv für Kunst und Geschichte, Berlin S. 65, 85

Achim Seiffert, Köln S. 240

Sabine Schaffmeister, Köln S. 144, 178, 189, 225

Die Karte auf S. 103 entnahmen wir dem Buch: Reinhard Exel: Sardinien. Geologie, Mineralogie, Lagerstätten, Bergbau. Sammlung geologischer Führer Band 80. Hrsg. von Manfred P. Gwinner, Stuttgart 1986 (© Verlag Gebrüder Borntraeger)

Wanderkarten: DuMont Buchverlag

Alle anderen Abbildungen entstammen den Archiven des Autors oder des Verlages.

Die Zitate wurden entnommen aus:

Lawrence, David H.: Das Meer und Sardinien, Zürich 1985, © Diogenes-Verlag

Ledda, Gavino: Padre Padrone. Mein Vater, mein Herr, Frankfurt/Main 1980, © 1978 by Benziger Verlag Ag, Zürich

Maltzan, Heinrich Freiherr von: Reise auf der Insel Sardinien, Leipzig 1869

Peterich, Eckart: Italien, dritter Band, München 1963, © Prestel-Verlag

Wagner, Max Leopold: Reisebilder aus Sardinien. I–IV: Sulcis und Iglesiente. Das Gennargentu-Gebiet. Das Nuorese. Sárrabus und Ogliastra. Das Campidano. Temotal, Macomer und Tirsotal. In: Globus, Braunschweig 1907, Bd. 92, Nr. 1 S. 4–11; 1908, Bd. 93, Nr. 7, 16, 17; Bd. 94, S. 57–61, S. 71–76

Praktische Reise- und Wanderinformationen von A bis Z

Bitte schreiben Sie uns, wenn sich etwas geändert hat

Alle in diesem Buch enthaltenen Angaben wurden vom Autor nach bestem Wissen erstellt und von ihm und dem Verlag mit größtmöglicher Sorgfalt überprüft. Gleichwohl sind – wie wir im Sinne des Produkthaftungsrechts betonen müssen – inhaltliche Fehler nicht vollständig auszuschließen. Daher erfolgen die Angaben ohne jegliche Verpflichtung oder Garantie des Verlages oder des Autors. Beide übernehmen keinerlei Verantwortung oder Haftung für etwaige inhaltliche Unstimmigkeiten. Wir bitten dafür um Verständnis und werden Korrekturhinweise gerne aufgreifen. DuMont Buchverlag, Postfach 10 10 45, 50450 Köln

Praktische Reise- und Wanderinformationen von A bis Z

Agriturismo

Die italienische Version von ›Ferien auf dem Bauernhof‹ bietet die Möglichkeit, mit Einheimischen in Kontakt zu kommen, und stellt zugleich eine ökologisch verträgliche Form des Fremdenverkehrs dar. Seit 15 Jahren gibt es Agriturismo auf Sardinien, nachdem zunächst eine Frauenkooperative in Oristano den Einstieg gewagt hatte. Mehrere Organisationen vermitteln inzwischen Unterkünfte; trotz zunehmender Professionalität ist die Gastfreundschaft der Anbieter nicht verloren gegangen. Mehr und mehr Urlauber schätzen die Möglichkeit, zu mäßigen Preisen bei einer Bauernfamilie zu wohnen. Neben der Übernachtung nimmt man meist auch an den Mahlzeiten teil.

Terranostra (Sardischer Regionalverband für Agriturismo)
Via Sassari 3, I-09123 Cagliari
✆ 070/668367, Fax 665841

Cooperativa Allevatrici Sarde
(für die *Provinz Oristano*)
Casella Postale 107, I-09170 Oristano
✆ 0783/418066, Fax 418193
1.5.-15.9.: Piazza Cattedrale, I-09170 Oristano, ✆ 0783/73954

Cooperativa Agrituristica Gallurese
(für die *Gallura*)
Tenuta Valentino, I-07023 Calangianus
✆ 0789/50881 und 630181

Turismo Verde (für die Gegend um *Cagliari*)
Via Libeccio 31, I-09126 Cagliari
✆ 070/373733

Cooperativa Agrituristica Dulcamara
(für die *Nurra*)
Via Sassari 180, I-07041 Alghero
✆ 079/979153 und 975092

Anreise

...mit dem Flugzeug: Täglich Linienflüge mit Umsteigen in Mailand, Bologna oder Rom nach Cagliari, Olbia und Alghero. Im Sommerhalbjahr (etwa Mitte April bis Mitte Oktober) auch Direktflüge mit Lufthansa und Meridiana. Die Lufthansa fliegt von Berlin, Bremen, Düsseldorf, Frankfurt, Hamburg, Hannover, Köln/Bonn, Nürnberg und Stuttgart nach Olbia sowie von Berlin, Bremen, Dresden, Düsseldorf, Frankfurt, Hamburg, Hannover, Köln-Bonn, Leipzig/Halle, München und Münster-Osnabrück nach Cagliari. Die Meridiana fliegt von Frankfurt und München nach Olbia und Cagliari.

...mit dem Auto: Die kürzeste Fährverbindung führt über Korsika (Livorno–Bastia 4 Stunden, Bonifacio–Santa Teresa di Gallura 50 Min.). Die Direktverbindung von Livorno nach Olbia dauert 9 Stunden, von Genua nach Olbia 11,5 Stunden. Eine rechtzeitige Buchung im Frühjahr ist für den Sommer unbedingt empfehlenswert, da sonst mit mehrtägigen Wartezeiten am Hafen gerechnet werden muß. Beim ADAC ist eine aktuelle Übersicht der Fährverbindungen mit Preisen und Fahrzeiten erhältlich; ein genauer Routen- und Preisvergleich lohnt. Reisebüros übernehmen die Buchung.

Camping

Fast alle der rund 100 Campingplätze und Feriendörfer Sardiniens liegen an der Küste; sie sind meist nur von Mai bis September geöffnet. Die ESIT gibt ein jährlich aktualisiertes Verzeichnis (Campeggi, Sardegna) der Campingplätze, Feriendörfer und Jugendherbergen heraus, das bei der Italienischen Fremdenverkehrszentrale erhältlich ist (siehe Informationsstellen). Mit vorheriger schriftlicher Genehmigung ist das Campieren auch in einigen Wäldern erlaubt, die von der staatlichen Forstbehörde A.F.D. verwaltet werden (siehe ›Staatsforstgebiete‹ S. 245). Auf ganz Sardinien ist das Wildzelten verboten.

Diplomatische Vertretungen

Deutsches Konsulat: 09100 Cagliari,
Via Garzia Raffa 9, ✆ 070/307229
Österreichische Botschaft: 00198 Rom,
Via Pergolesi 3, ✆ 06/8558241
Schweizer Botschaft: 00197 Rom,
Via B. Oriani 61, ✆ 06/803641

Feiertage

Es gelten die üblichen katholischen Feiertage. Ausnahme: Karfreitag, Pfingstmontag, Christi Himmelfahrt und Fronleichnam sind Arbeitstage. Der 25. April (Tag der Befreiung) sowie der 1. Mai sind in Italien Feiertag. Örtliche Feste siehe Kapitel ›Feste und Feiern‹ S. 54f. sowie die einleitenden Hinweise zu den Wanderungen. Nützlich ist auch das Taschenbuch ›1000 Feste‹ (siehe Literaturverzeichnis S. 248).

Geld und Geldwechsel

Der Wechselkurs ist in Italien günstiger, so daß vor Reiseantritt nur eine kleine Geldmenge getauscht werden sollte. Geldautomaten für ec- und Kreditkarten sind inzwischen recht verbreitet. Bei Barauszahlung per Scheck oder Kreditkarte wird zusätzlich der Personalausweis verlangt. Abseits der größeren Ortschaften und Ferienzentren gibt es keine Banken, so daß man sich vorab mit genügend Bargeld eindecken sollte.

In vielen Geschäften, Hotels und Restaurants werden Euroschecks und Kreditkarten (am häufigsten VISA und Eurocard) akzeptiert. Alle Quittungen (ricevuta fiscale) sind aufzuheben, da sie beim Verlassen des Landes eventuell von italienischen Steuerbeamten kontrolliert werden.

Gesundheit

Gesetzlich Krankenversicherte sollten vor Reiseantritt von der Krankenkasse einen Auslandskrankenschein (Vordruck E 111) anfordern. Im Bedarfsfall muß man diesen Schein vor Ort bei einer Niederlassung der USL (Unità Sanitaria Locale) abstempeln lassen. Wesentlich schneller geht eine Privatbehandlung gegen Bezahlung, die bei vielen Ärzten ohnehin obligatorisch ist. Daher empfiehlt sich der Abschluß einer privaten Reise-Krankenversicherung. In leichten Fällen leistet die in allen größeren Ortschaften vorhandene Guardia Medica kostenlos ambulante Hilfe.

Informationsstellen

Staatliches Italienisches Fremdenverkehrsamt ENIT:
40212 Düsseldorf, Berliner Allee 26,
✆ 0211/132231
60329 Frankfurt, Kaiserstraße 65,
✆ 069/237410
80336 München, Goethestraße 20,
✆ 089/530369
A-1010 Wien, Kärntnerring 4,
✆ 0222/652380
CH-8001 Zürich, Uraniastr. 32,
✆ 01/3012011

Sardische Fremdenverkehrszentrale ESIT (Ente Sardo Industrie Turistiche): I-09124 Cagliari, Via Mameli 97, ✆ 070/60231, Fax 790134. Anfragen (auch auf Deutsch) werden zuverlässig beantwortet.

In den sardischen Provinzhauptstädten ist das jeweilige regionale Fremdenverkehrsamt EPT (Ente Provinciale per il Turismo) ansässig. Man erhält hier unterschiedliches Informationsmaterial, Fahrplanauskünfte usw. Der EPT ist auch für die Überwachung von Hotels zuständig, so daß man sich im Falle einer Beschwerde an ihn wenden sollte.

I-09125 Cagliari, Piazza Deffenu 9,
✆ 070/663207
I-08100 Nuoro, Piazza Italia 19,
✆ 0784/30083
I-09170 Oristano, Via Cagliari 276,
✆ 0783/74191
I-07100 Sassari, Viale Caprera 36,
✆ 079/299544

Örtliche Fremdenverkehrsämter der AAST (Azienda Autonoma di Soggiorno e Turismo) bestehen in Alghero, Arzachena, Cagliari, La Maddalena/Palau, Muravera, Olbia, Santa Teresa di Gallura und Sassari. In vielen kleineren Ortschaften gibt es den lokalen Verkehrsverein Pro Loco, eine oft sehr nützliche Anlaufstelle für den Reisenden (allgemeine Beratung, Zimmernachweis). Meist sind diese Büros nur im Sommer geöffnet.

Kriminalität

Entführungsfälle sind auf Sardinien leider nicht ganz selten, doch braucht sich der normale Reisende hiervor nicht zu ängstigen: Wirklich bedroht ist nur ein kleiner, gutsituierter Personenkreis, der den Entführern durch sorgfältige Recherchen gut bekannt ist. In den größeren Städten und Tourismusgebieten Sardiniens muß allerdings mit Autoeinbrüchen und Trickbetrügereien gerechnet werden. Gepäck sollte nie unbeaufsichtigt im Auto gelassen wer-

den. In den Städten empfiehlt es sich, das Auto auf bewachten Parkplätzen oder vor bewachten öffentlichen Gebäuden abzustellen.

Notrufnummern

112 Carabinieri
113 Polizei und Unfallrettung (Soccorso Pubblico di Emergenza)
116 Pannenhilfe (Soccorso Stradale) des Italienischen Automobilclubs ACI
06/4440404 Deutschsprachiger Notrufdienst von ADAC und ACI in Rom (vom 1.6. bis 30.9.)
ADAC-Notrufzentrale München; Telefonnummern von Italien:
0049/89/222222 (Tag und Nacht erreichbar, Beratung nach Unfällen usw.)
0049/89/76762244 (Ambulanzrückholdienst und Telefonarzt)

Öffnungszeiten

Die meisten Geschäfte öffnen um 8.30 Uhr. Zwischen 13 und 16 Uhr herrscht allgemeine Mittagsruhe *(siesta)*; gegen 20 Uhr ist Geschäftsschluß. Mittwoch- und Samstagabend sind die *supermercati* meist geschlossen, dafür aber Sonntagabend geöffnet. Banken und Behörden sind meist nur vormittags geöffnet. Die Post ist montags bis samstags vormittags von 8.10 bis 12.40 geöffnet, in den größeren Städten auch bis 18.30 (außer samstags). Briefmarken bekommt man auch an Kiosken *(tabacchi)*. Museen sind im allgemeinen vormittags zwischen 9 und 12 Uhr, an Werktagen auch nachmittags zwischen 16 und 18 Uhr geöffnet; montags geschlossen.

Reiseveranstalter

Sardinienspezialist ist Oscar Reisen GmbH, Bäckergasse 8, 86150 Augsburg,

✆ 0821/158091, Fax 0821/158096. Eine direkte Kontaktaufnahme empfiehlt sich, da man von echten Kennern der Insel zuverlässig beraten wird. Über diesen Reiseveranstalter können Pauschalreisen, Flüge, Hotels, Leihwagen sowie Spezialarrangements gebucht werden. Auch Wanderreisen werden angeboten. Ein umfangreicher, gut bebilderter Prospekt wird auf Anfrage zugeschickt.

Reisezeit

März bis Juni sind je nach Höhenlage gute Wandermonate. Wer eine grüne Insel entdecken möchte, die sich noch in ihrer frühlingshaften Blütenpracht präsentiert, der sollte Sardinien im Mai, dem idealen Wandermonat, besuchen. Die Temperaturen sind angenehm, das Wetter ist recht stabil, und Regen ist bereits selten. März und April sind etwas unsichere Jahreszeiten mit wechselhafter Witterung. Man kann herrliche Tage mit Sonnenschein und frühlingshaften Temperaturen erleben, doch ebenso können Kälteeinbrüche Regenwetter mit heftigem Wind bescheren. Im Juni läßt sich auf Sardinien insbesondere in höheren Lagen gut wandern. Gegen Ende des Monats setzt die hochsommerliche Hitzeperiode ein, die das Wandern auf einige Stunden am frühen Morgen und späten Abend beschränkt.

Mit der herbstlichen Abkühlung kann ab Mitte September wieder ganztägig gewandert werden. Anfang Oktober ist mit den ersten Niederschlägen zu rechnen. Nun setzt die regenreiche Jahreszeit ein; in höheren Lagen wird es bereits empfindlich kalt. Ab Mitte Dezember tritt mit den *secche di gennaio* eine gewisse Wetterberuhigung ein, und bis Ende Januar sind sonnige Tage mit klarer Luft nicht ungewöhnlich. Allerdings ist auf diese mittwinterliche Trockenperiode kein absoluter Verlaß, zumal sich der Zeitraum um Wochen verschieben kann.

Restaurants

Die meisten Restaurants bieten italienische Küche. Nach der Vorspeise *(antipasto)* sind zwei Gänge üblich: zunächst ein Nudelgericht *(primo piatto)*, dann Fleisch oder Fisch *(secondo piatto)*. Immer häufiger wird bei gleicher Speisenabfolge auch sardische Küche angeboten. Generell kommen auf der Rechnung *pane e coperto* (›Brot und Gedeck‹) hinzu. Die meisten Restaurants öffnen erst nach 19 Uhr. Pizzerien sind häufig ein Treffpunkt der Jugend. Meist ißt man hier gut und preiswert.

Sprache

In ländlichen Gebieten sollte man (außer Italienisch!) nicht mit Fremdsprachenkenntnissen rechnen. Die Mitnahme eines kleinen Sprachführers sowie Wörterbuches empfiehlt sich; wichtige Wörter und Redewendungen lassen sich rasch einprägen.

Staatsforstgebiete

Auf Sardinien gibt es 24 Waldgebiete mit einer Gesamtfläche von 685 km^2, die von der staatlichen Forstbehörde AFD (Azienda Foreste Demaniali) verwaltet werden. Die ersten Staatsforste entstanden Ende des 19. Jh., als der verheerende Kahlschlag der sardischen Wälder gerade seinen Höhepunkt erreicht hatte. Zielsetzung der AFD ist eine Waldwirtschaft unter vorwiegend ökologischen Gesichtspunkten. Die Wälder dienen als Schutzgebiete für bedrohte Pflanzen und Tiere; der Mufflon, der Korsische Hirsch und verschiedene Greifvogelarten haben hier ihren letzten Überlebensraum. In den AFD-Forsten gelten strenge Schutzbestimmungen (z.B. absolutes Jagdverbot). Das Wandern ist gestattet, mehrtägige Aufenthalte sowie Camping sind jedoch genehmigungspflichtig. Nähere Auskünfte bei der Azienda Foreste Demaniali Regionali, Via Merello 86, 09100 Cagliari, ✆ 070/27991.

Telefon

Früher benötigte man für das Telefonieren von öffentlichen Apparaten stets *gettoni*, doch inzwischen können auch Geldmünzen sowie Telefonkarten benutzt werden. Öffentliche Telefone stehen auch in vielen Bars, Läden und Restaurants (gelbes Hinweisschild) sowie in den Telefonzentralen der SIP (auf Stadtplänen mit dem Telefonsymbol eingetragen). Die internationalen Vorwahlen sind: 0049 Deutschland, 0043 Österreich, 0041 Schweiz, jeweils gefolgt von der Ortsvorwahl ohne Null.

Umweltgruppen

C.A.I. (Club Alpino Italiano), Sede Regionale, Via Piccioni 13, 09100 Cagliari, ✆ 070/667877
ITALIA NOSTRA, Via Crispi 19, 09100 Cagliari, ✆ 070/662510
LIPU, Delegazione regionale (Lega Italiana Protezione Uccelli/Vogelschutzverband); Via Liguria 10/b, 09121 Cagliari, ✆ 070/400507
WWF, Delegazione della Sardegna, Via Sonnino 205, 09124 Cagliari, ✆ 070/670308. Auf Sardinien gibt es außerdem rund 20 örtliche WWF-Gruppen.

Unterkunft

Sardinien bietet Hotels aller fünf Kategorien. Die meisten Hotels befinden sich an der Küste, während sie im Landesinneren recht dünn gesät sind. Im Juli und August ist eine Reservierung unbedingt zu empfehlen; während der Vor- und Nachsaison ist dies meist nicht nötig. Außerhalb der Saison (Oktober–April) sind viele Hotels geschlossen. Detaillierte Informationen mit verbindlichen Preisangaben enthält das jährlich aktualisierte Hotelverzeichnis (Annuario Alberghi) der ESIT. Es ist bei der Italienischen Fremdenverkehrszentrale erhältlich.

Für Wanderer als Ausgangsquartier ideal sind zwei Hotels im ostsardischen Bergland: Das Hotel Su Gologone (***) bei Oliena, an der Nordflanke des Supramonte gelegen (Loc. Su Gologone, 08025 Oliena, Fax 0784/287668) sowie das Hotel Sa Muvara (***) in Aritzo im Gennargentu (Via Funtana Rubia, 08031 Aritzo, ✆ 0784/629336, Fax 629433). Das Hotel Sa Muvara zeichnet sich durch eine besonders persönliche Atmosphäre aus. Über den Direktor, Signore Nini Paba, können Wanderungen, Ausflüge zu Pferd und mit dem Jeep sowie Kanufahrten auf der Flumendosa organisiert werden. Das Hotel bietet ausgezeichnete regionale Küche (s. auch ›Agriturismo‹ S. 242).

Verkehrsmittel

Viele Wandergebiete sind nicht mit öffentlichen Verkehrsmitteln erreichbar, so daß für einen Wanderurlaub ein Auto unverzichtbar ist.
Auto: Allgemeine Informationen (Tempolimit, bleifreies Benzin usw.) geben ADAC und ENIT. Stets muß auf den Straßen Sardiniens mit unerwarteten Hindernissen (z.B. Schafherde, parkende Autos) gerechnet werden. Kurvenschneiden, Überholen an unübersichtlichen Stellen, unerwartetes Anhalten und plötzliches Abbiegen ohne vorheriges Blinken gehören zu den weiteren Gefahrenmomenten. Die Ausweis- und Wagenpapiere sollten stets griffbereit liegen, da Polizeikontrollen nicht gerade selten sind. Verstöße gegen die Verkehrsvorschriften werden teuer geahndet.

Die Straßen sind im allgemeinen in gutem Zustand, doch dauern Fahrten auf den kurvenreichen Bergstraßen meist viel länger als vermutet. Autobahnähnlich ausgebaut ist die vierspurige SS 131 ›Carlo Felice‹ von Cagliari nach Porto Torres mit dem

Seitenast der SS 131 dir. von Abbassanta bis Posada. Schotter- und Staubstraßen *(strade biance)* sind oft mühsam zu fahren (Spülfurchen, Querrillen, Schlaglöcher) und sollten nach Möglichkeit gemieden werden. Straßenschilder sind leider häufig durch Vandalismus zerstört; oft sind auch die Spitzen der Wegweiser abgeknickt.

Leihwagen: Die bequemste und schnellste Art der An- und Weiterreise ist die Kombination von Flug und Leihwagen. Leihwagen sind an allen Flughäfen und in größeren Ortschaften erhältlich. Bei einer Buchung vor Reiseantritt von Deutschland aus bieten die großen internationalen Autovermieter günstige Spezialtarife an, Europcar zum Beispiel ab drei Tagen den Superdrive-Tarif. Der Abschluß einer Vollkaskoversicherung ist unbedingt zu empfehlen. Bei Vorlage einer Kreditkarte braucht keine Kaution hinterlegt zu werden.

Bus: Wichtigstes öffentliches Verkehrsmittel Sardiniens sind die zahlreichen Busse. Ein recht engmaschiges Linienbusnetz mit gut aufeinander abgestimmten Fahrplänen verbindet alle Ortschaften. Am häufigsten sind die öffentlichen Busse der Gesellschaft ARST (Azienda Regionale Sarda Trasporti). Fast jedes Dorf wird von diesen blauen Überlandbussen angefahren, oft jedoch nur einmal am Tag. Fahrpläne hängen lediglich in den Busbahnhöfen der größeren Städte aus. Informationen über Abfahrtszeiten sind in Bars, Kiosken und beim Pro Loco erhältlich. Der Fahrtkartenverkauf erfolgt auf Überlandstrecken im Bus; für orangefarbigen Stadtbusse muß die Fahrkarte vorher am Kiosk besorgt werden. Für größere Entfernungen empfehlen sich die Schnellbusse der Gesellschaft PANI.

Bahn: Die F.S. (Ferrovie dello Stato) verbindet die wichtigsten Städte Sardiniens: Cagliari, Carbonia, Iglesias, Oristano, Sassari, Porto Torres und Olbia. An Bahnhöfen ist das F.S.-Fahrplanheft (Principali Collegamenti–Rete Sarda) erhältlich.

Nostalgischen Wert hat eine Fahrt mit der sardischen Schmalspurbahn (Ferrovie Complementari Sarde). Drei Strecken sind in Betrieb: Cagliari-Mandas-Sorgono, Mandas-Arbatax und Alghero-Palau. Landschaftlich besonders lohnend ist der Abschnitt zwischen Nurri und Lanusei an den Südhängen des Gennargentu. Gedruckte Fahrpläne sind derzeit nicht erhältlich; Auskunft über die Fahrzeiten bekommt man in den Bahnhöfen.

Unter dem Stichwort ›trenino verde‹ werden von der ESIT Sonderfahrten mit einer Dampflokomotive veranstaltet. Ab 1994 sind reguläre Fahrzeiten (einmal wöchentlich) geplant. Nähere Informationen hierzu über die sardische Fremdenverkehrszentrale ESIT in Cagliari (Anschrift siehe ›Informationsstellen‹ S. 243).

Wandergruppen

Geführte Wanderungen, die von Tagesausflügen bis zu mehrtägigen Trekkingtouren reichen, werden neben dem italienischen Alpenwanderverein C.A.I. und dem WWF (siehe ›Umweltgruppen‹) von folgenden örtlichen Organisationen angeboten:

Cooperativa ENIS
Località Monte Maccione, I-08025 Oliena
✆ 0784/288363

Cooperativa Turistica ›Sardegna da scoprire‹, Via Dante 29, I-08100 Nuoro
✆ 0784/30400 und 36324

Cooperativa ›Golfo degli Angeli‹
Via delle Cicale 5, I-09100 Cagliari
✆ 070/522056

Im Veranstaltungsverzeichnis ›Sardinia When & Where‹ (italienisch/englisch) finden sich aktuelle Hinweise auf Ausflüge und Wanderungen, die von Gemeinden, Kooperativen und Ortsgruppen veranstaltet werden. Das Verzeichnis erscheint monatlich und ist in Fremdenverkehrsbüros (siehe ›Informationsstellen‹) kostenlos erhältlich.

Literaturhinweise

Zur Einstimmung

Ackermann, Rolf: 8mal Sardinien, München/Zürich [2]1988 (Piper Panoramen der Welt)

Merianheft ›Sardinien‹, Hamburg 1986

Reiseführer

Adrario-Jösel, Claudia: Sardinien, Zürich/München 1985 (Artemis-Cicerone)

Baedekers Allianz-Reiseführer: Sardinien, Ostfildern 1992

Biehusen, Karl Wolfgang & Norbert Nepaschink: Sardinien, Köln 1993 (DuMont ›Richtig reisen‹)

Buschbeck, Malte, Wolftraud de Concini & Rainer Pauli: Sardinien, München [2]1989 (dtv MERIAN reiseführer)

Fohrer, Eberhard: Sardinien, Ebermannstadt [5]1992

Friedrich, Clemens (Hg.): Sardinien, Leer 1992 (Express Reisehandbuch)

Guadagna, Ingeborg: Sardinien, München 1992

Pauli, Rainer: Sardinien. Geschichte – Kultur – Landschaft, Köln [7]1990 (DuMont Kunst-Reiseführer)

Touring Club Italiano (TCI): Sardegna, Milano [5]1984 (Guida d'Italia)

Bildbände

Borsig, Tet Arnold von, Giovanni Lilliu & Dora Fischer: Sardinien, München 1977

Buttigieg-Jaklin, Marianne & Marie Luise Oertel: Sardinien, München 1990

Müller, Gerhard P., Bene Benedikt & Edda Benedikt: Sardinien, München/Luzern 1988

Schneiders, Toni: Sardinien. Ein Bildbuch. Einleitung von Eckart Peterich, Zürich/Stuttgart 1958

Literarisches, Reiseberichte

Deledda, Grazia: Schweres Blut, Nördlingen 1987

dies.: Marianna Sirca, München 1992

dies.: Cosima, Frankfurt a.M./Berlin 1991

dies.: Die Maske des Priesters, München 1992

dies.: Die offene Tür und andere sardische Novellen, Stuttgart 1989

dies.: Schilf im Wind, Zürich 1992

Jünger, Ernst: Am Sarazenenturm, Stuttgart 1955

Karlinger, Felix (Hrsg.): Das Feigenkörbchen, Kassel 1973

Lawrence, D. H.: Das Meer und Sardinien, Zürich 1985

Ledda, Gavino: Padre Padrone – Mein Vater, mein Herr, Frankfurt a.M. 1989

ders.: Die Sprache der Sichel, Frankfurt a.M. 1988

Maltzan, Heinrich Freiherr von: Reise auf der Insel Sardinien, Leipzig 1869

Satta, Salvatore: Der Tag des Gerichts, Frankfurt/Main 1980

Schramm, Godehard: Sardinien, München 1983

Vittorini, Elio: Sardinien, Land der Kindheit, München 1986

Spezialliteratur

Asole, Angelo et al.: Sardegna, l'uomo e le montagne, Milano [2]1990

Camarda, Ignazio & Andrea Cossu (ed.): Biotopi di Sardegna, Sassari 1989

Camarda, Ignazio & Franca Valsecchi: Alberi e arbusti spontanei della Sardegna, Sassari 1979

Chiappini, Manlio: Guida alla flora practica della Sardegna, Sassari 1985

Colomo, Salvatore & Francesco Ticca: Sardegna da salvare, due volumi, Nuoro 1987

Exel, Reinhard: Sardinien. Geologie, Mineralogie, Lagerstätten, Bergbau, Berlin/Stuttgart 1986 (Sammlung Geologischer Führer Bd. 80)

Fadda, Antonio Franco & Antonio Pala: Le acque della Sardegna, Cagliari 1992

Guidotti, S.: Guida alla natura della Sardegna, Milano 1993

Hiller, Otto K.: Die Gebirgstreppe Ostsardiniens. Eine geomorphologische

Analyse, Augsburg 1981 (Augsburger geographische Hefte Nr. 3)

Lilliu, Giovanni: La Sardegna, Cagliari 1982

ders.: La civiltà dei Sardi, Torino [3]1983

Pietracaprina, Antonio & Giancarlo Brizzi: La Sardegna e i suoi minerali, Cagliari 1987

Pirisinu, Salvatore: 1000 feste. Guida alle feste tradizionali della Sardegna, Sassari/Cagliari 1988

Pratesi, Fulco & Franco Tassi: Guida alla natura della Sardegna. Flora, fauna, itinerari segreti, Milano [4]1986

Reden, Sibylle von: Die Megalith-Kulturen, Zeugnisse einer verschollenen Urreligion, Köln [6]1989 (DuMont Dokumente-Archäologie)

Sanna, Salvatore A.: Sardinien-Bibliographie. Deutsche Beiträge zur Erforschung der Insel, Pullach 1974

Serra, Renata: La Sardegna, St. Léger Vauban 1989. (Volume 10 di Italia Romanica)

Seuffert, Otmar: Die Reliefentwicklung der Grabenregion Sardiniens, Würzburg 1970

Thimme, Jürgen: Kunst und Kultur Sardiniens vom Neolithikum bis zum Ende der Jungsteinzeit, Karlsruhe 1980

ders.: Kunst der Sarden bis zum Ende der Nuraghenzeit, München 1983

Wagner, Max Leopold: Das ländliche Leben Sardiniens im Spiegel der Sprache, Heidelberg 1921

Dank

Mein Dank gilt allen, die an der Entstehung dieses Buches beteiligt waren und mir immer wieder wertvolle Anregungen und Unterstützung gegeben haben, ganz besonders meiner Schwester Ariane, James Török, meiner Freundin Karin Mertzlin sowie meinem ehemaligen Lehrer Reinhard Michel, der meine Arbeit ideenreich und sachkundig begleitet hat. Auf den Wanderungen war niemand so aktiv und freudig beteiligt wie Thomas Lothar Schum, der mir auch bei Sturm und Regen ein unermüdlicher Weggefährte war. Ganz besonders danke ich auch Dr. Norbert Hermanns für die Begleitung auf vielen teils anstrengenden Wanderungen.

Ganz herzlich möchte ich einer exzellenten Sardinien-Kennerin meinen Dank aussprechen: Frau Sonja Erhard-Sworowski, Oscar-Reisen, Augsburg, für ihren persönlichen Einsatz bei der Verwirklichung dieses Buches. Mein ganz besonderer Dank gilt Signor Elio Marongiu, Promotions-Abteilung ESIT Cagliari, für sein großartiges persönliches Engagement. Signor Nini Paba und seiner Gemahlin Gianna, Hotel Sa Muvara, Aritzo, danke ich für die außerordentliche Gastfreundschaft sowie die bereitwillige Hilfe bei der Ausarbeitung von Wanderrouten. Für großzügig gewährte Unterstützung meiner Reise möchte ich Frau Marianne Arnold, Leiterin Öffentlichkeitsarbeit der Lufthansa, sowie Herrn Frank Zweigel, Direktor für Deutschland der Meridiana, freundlichst danken.

Register (Orte und Personen)

(Hauptverweise erscheinen halbfett)

Sardinien
Geschichte, Kultur, Landschaft
Entdeckungsreisen auf einer der schönsten Inseln im Mittelmeer

Von Rainer Pauli. 448 Seiten mit 40 farbigen und 130 einfarbigen Abbildungen, 142 Zeichnungen und Plänen, 37 Seiten praktischen Reisehinweisen, Register, kartoniert (DuMont Kunst-Reiseführer)

»Sardiniens Küsten mit ihren touristischen Einrichtungen sind vielen bekannt, doch im Innern dieser Insel gibt es noch vieles zu entdecken. Das merkt man bei der Lektüre des DuMont Kunst-Reiseführers. Gründlich beschreibt der Autor Geschichte, Kultur und Landschaft dieser zweitgrößten Mittelmeerinsel. Mit viel Detailkenntnis geht er auf Feengrotten, Nuraghen und Kastelle ein, auf die Kulturdenkmäler in der Abgeschiedenheit einer archaischen Landschaft, die heute noch manche Rätsel aufgeben.«   *Stuttgarter Zeitung*

»Richtig reisen«: Sardinien
Von Karl Wolfgang Biehusen und Norbert Nepaschink. 320 Seiten mit 30 farbigen und 167 einfarbigen Abbildungen, 12 Karten und Plänen, 23 Seiten praktischen Reisehinweisen, Literaturverzeichnis, Glossar, kartoniert

»Daß Sardinien einen Besuch lohnt, verdeutlichen mit Nachdruck Karl Wolfgang Biehusen und Norbert Nepaschink. Die Autoren erläutern zunächst die wechselvolle, durch zahlreiche Eroberer geprägte Geschichte der Insel und beleuchten dann verschiedene Aspekte des täglichen Lebens, des Brauchtums, der sardischen Gesellschaft, ehe sie den Besucher auf ausgewählten Reiserouten durch das Land führen. Naturschönheiten und Reste vergangener Kulturen liegen gleichsam am Wegesrand. Mehrere Wandervorschläge vermitteln ungeahnte ›Entdeckungsmöglichkeiten‹ auf Sardinien, zahlreiche Abbildungen sorgen überdies dafür, daß der Leser sich auch optisch auf die Insel einstimmen kann. Ein umfangreicher Info-Teil rundet den Band ab, der zur Vorbereitung einer Reise ebenso nützlich ist wie vor Ort.«   *Hellweger Anzeiger*

»Dank des Angebots des DuMont Buchverlages wird die Reisevorbereitung zum reizvollen Abenteuer. Neben den eigentlichen Reiseführern, die sich an Kulturinteressierte und Leute wenden, die sich für Hintergründe begeistern lassen, bietet der bekannte Verlag auch eine qualitativ hochstehende Video-Reihe an.«
Sport und Verkehr

DuMont Video Reiseführer »Reisewege zur Kunst«: Sardinien
Zwischen Olbia und Nuoro
Von Bosa nach Calgiari

Ein Film von Hansgeorg Dickmann und Peter de Leuw. Eine Produktion des Hessischen Rundfunks. Video-Kassette im Schuber, Spielzeit 90 Minuten.

»Richtig reisen« / »Richtig wandern«

DuMont Kunst-Reiseführer